コリーン・マーシャル　アネット・S・ニールセン 著

原井宏明 監訳　大出めぐみ 訳

Motivational

組織の変化と
動機づけ面接

Interviewing

for Leaders in the Helping Professions
Facilitating Change in Organizations Colleen Marshall, Anette Søgaard Nielsen

医療・福祉領域におけるリーダーのために

金剛出版

Motivational Interviewing
for Leaders in the Helping Professions:
Facilitating Change in Organizations
by
Colleen Marshall, Anette Søgaard Nielsen

Copyright © 2020 The Guilford Press
A Division of Guilford Publications, Inc.

Published by arrangement with The Guilford Press
through Japan UNI Agency, Inc., Tokyo

シリーズ編者の付記

あなたが手にしているこの本は、「動機づけ面接の応用」シリーズに加えられた歓迎すべき本である。私たちは長年にわたり、組織のリーダーにとっての動機づけ面接（MI）の価値について書かれた本を世に送り出そうとしてきた。私たちは、MIには複雑な組織に対する自然な適合性があると見ていたが、同時に、MIを従業員や同僚を操り、彼らの利益にならないことをさせる方法として描く本にはしたくなかった。この待望の本は、まさに私たちが望んでいたものである。本書は、複雑な組織で働く2人の傑出したMIの専門家によるものであり、私たちが少なくとも2つの読者グループにとって有用だと期待している豊富な情報をもたらしてくれる。まず第一に、本書が、日々共に働く従業員や同僚の中でリーダーとしてのスキルを伸ばしたいと考えている人々の役に立つことを期待している。さらに、本書のアイデアを組織全体の前進に役立てようとする人々の可能性にも期待している。リーダーシップについての新たな考え方に備えよう！

テレサ・B・モイヤーズ

謝　辞

私たち2人にとって，この本は真の協力，パートナーシップ，サポート，リーダーシップとはどのようなものかを考える旅となった。このような手助けをしてくれたすべての方に感謝したい。私たちに影響を与え，リーダーとしての成長を助けてくれたすべての人の名前を挙げることはできないが，お礼を伝えたい人が何人かいる。Orville Coonce，Karen Thomsen，Unni Bille-Brahe――あなたたちは完璧なリーダーだった。いつも私たちを信じ，私たちが挑戦し，成長できる場を作ってくれた。私たちに教えてくれたことすべてに感謝する。本書のアイデアの多くは，あなたたちを手本としたものから生まれた。Terri Moyers――私たちの背中をそっと押してくれてありがとう。私たちへの信頼とサポートにとても感謝している。William Miller と Stephen Rollnick ――あなたたちのパートナーシップと協力がなければ不可能だっただろう。あなたたちの与えるスピリット，思いやり，そして才覚が世界を変え，そして私たちをも変えた。私たちに動機づけ面接を紹介してくれてありがとう。MINT（Motivational Interviewing Network of Trainers）コミュニティの皆さん――私たちがいつも歓迎され，受け入れられ，刺激を受け，愛されていると感じられる場を作ってくれてありがとう。このような素晴らしいロールモデルや思いやりのある人たちに囲まれて，私たちはとても幸運だった。Susan Dew――編集，言語指導，そして私たちの考えを明確にする手助けに感謝している。Lone Vester Nielsen――美しくシンプルなアートワークをありがとう。あなたのイラストは，この本のコンセプトを生き生きとしたものにしてくれた。Jim Nageotte とギルフォード・プレスのスタッフの皆さん――本書の編集とガイドへの協力に感謝申し上げる。皆さんのサポートに心から感謝している。

　コリーン：Renee Sievert に感謝の意を表したい。あなたの友情と協力に感謝

v

します。私がリーダーシップについて学んだ最良のアイデアの多くは，あなたのトレーニングや会話から得たものです。夫の Greg Marshall——あなたは私にとって完璧なパートナーシップのモデルです。私の人生のすべてを可能にしてくれている。あなたを夫と呼ぶことができて本当に幸せです。私の両親，Clarence, J. と Donna Ross——いつも私の一番のチアリーダーでいてくれてありがとう。家族，愛，子育ての素晴らしいモデルを与えてくれてありがとう。私の息子たち，Thomas，Jeffrey，Russell，Daniel——あなたたちはいつも，そしてこれからも私の理由であり，原動力です。

アネット：夫の Peter Schøning には，私を支えてくれたこと，そして辛抱強く付き合ってくれたことに感謝の意を表したい。愛しています。いつも私を信じてくれた両親，Anne-Lise と Karl Nielsen。私の息子と娘，Anders と Amalie ——彼らは素晴らしく，思いやりがあり，親切な若者に成長した。君たちをとても誇りに思う。

この本を一緒に書くのは本当に楽しかった。私たちはお互いに多くのことを学び，その結果，本だけでなく友情も生まれた。私たちを助けてくれてありがとう。

まえがき

動機づけ面接（Motivational Interviewing: MI）について，筆者が長年かけて学んできたことや職場での活用から得た経験を共有できることが大変嬉しい。本書の目的はシンプルである。MIを紹介することによって，あまり取り上げられることのない職場特有の問題に対する読者の関心を引き出したい。本書の中で紹介したアイデアについて考えてもらい，そして何より重要なことだが，本書から学んだことを実践してもらうことで，リーダーの多くが日頃，職場で直面している特有の問題によりよく対応できるようになってほしいと願っている。この特有の問題とは，**従業員と組織が変化を受け入れられるようになるための最善の支援は何か？**ということである。

　MIは他者の自己変容動機を促進する方法である。変容に伴う内的な両価性感情を解消する方法でもあり，そして職業を含めた人生に変化をもたらす方向に動かしていく方法でもある。本書は，従業員の成長や重要な変化を起こす能力の向上を支援するために，どのようにしてリーダーがMIを活用できるかについて説明する。また，組織全体の変革においても，MIの原則を適用することでどのような効果を得られるかについて解説する。

　何十年も前から，MIとリーダーシップは筆者の仕事の根幹になっている。筆者は医療や社会福祉，援助に関わる大小さまざまな団体や機関のリーダーを20年以上務めてきた。また，MIのトレーナーやコンサルタントとして，対人援助の専門職によるMIの学習と実装に対する支援を15年以上続けてきた。本書は，リーダーやトレーナーの仕事を通じて得た筆者自身の経験に基づいている。執筆するなかで，MIに関わった経験が，従業員や組織に対する筆者の態度に与えた影響にも気づいた。特に，MIのスピリットとプロセス，戦略が組織のミッションを達成しようとする従業員のモチベーションや出勤したいと思えるよう

vii

な職場作りに役立っていた。

　本書の執筆にあたって，筆者自身のスーパーバイザーやマネージャー，トレーナーとしての経験に加えて，仲間とのディスカッションから得たことを参考にした。筆者はMIトレーナーの国際ネットワーク（Motivational Interviewing Network of Trainers: MINT）のメンバーである。MINTの中で，人の動機づけを強化し，生活の変化を支援するベストの方法を探ろうとしている全世界のトレーナーや研究者，臨床家，援助職に会うことができるのは幸運というしかない。このコミュニティでは意見や情報，アイデアを惜しみなく共有できる。本書で提示している考え方のほとんどはこうした仲間との長年の共同作業に由来する。このことに筆者は感謝している。

　本書の事例は，筆者のリーダーやトレーナーとしての仕事や実生活における経験と，MIのトレーニングやサポートを受けてもらったマネージャーの経験から取り上げた。これらの事例の中では，実際の経験を反映し，組織のトップに立つリーダーを取り上げる傾向があるが，あらゆる層のリーダーにとって有用であると考えている。個人やチームの成長と変化をサポートする役割を持つ人であれば有意義だと思うはずである。つまり，日々の考え方やアプローチにMIを取り入れて結果を出すためには，トップに立つリーダーである必要はない。他の事例は，説明の便宜上，いくつかの経験を一つの話に複合させたものや，特定の状況や従業員との特定のやり取りを詳述しているものがあるが，職場や仕事を一緒にしてきた従業員を特定できないようにしている。事例はすべて匿名化されており，プライバシー保護の観点から架空の名前や役職を用いている。

　読者と同様，筆者もリーダーシップに関する本を調べてみたり，読んだりした。そのため，忙しいリーダーは本を端から端までじっくり読むことはほとんどしないと承知している。限られた時間の中で拾い読みしたい人のために，特に興味のある部分を選択できるよう，次のガイドを用意した。

　本書は5つの部から構成されている。第Ⅰ部「始める」（第1～3章）では，MIの基礎およびこの技法がなぜリーダーシップと作用し合うかについて説明する。第1章では，MIが現代におけるリーダーシップとなぜ，どのようにして上手く機能するかについて述べる。本章を読むことで，MIを戦略の一環とする利点を理解できると思う。

第2章ではMIについて簡単に説明する。すでに基本的な原理をおさえている方はこの章を省いて良いが，知識のブラッシュアップが必要な場合は参考になるだろう。

第3章ではリーダーシップにおいてMIが有効である場合とそうではない場合について説明する。リーダーシップとは，単に従業員や組織の変化を支援すること以外で必要になる局面が存在するものである。したがって，MIを使用せず他の戦略に目を向けるべき場合もある。MIはとても役立つツールである一方，用いることが適切とは言えない場面もあるということを理解してもらうため，本章をじっくり読むことを推奨する。

残りの4つの部では，MIを四つのプロセスに沿って説明する。

第II部「関わる」（第4〜6章）では，関わるプロセス，すなわち組織のリーダーとして傾聴し，従業員や組織が求めるものを見定め，変化を検討する段階から関係者を巻き込む働きかけなどについて述べる。

第III部「フォーカスする」（第7〜8章）では，変化するにあたり，正しい方向に焦点をあてる方法を説明する。

第IV部「引き出す」（第9〜10章）では，変化に対する動機を引き出し，強化することで，従業員と組織における変化の実現にどのように役立つかを詳述する。

第V部「計画する」では，第11章と第12章で計画するプロセスの概観について述べたうえで，第13章で読者自身がMIを習得し，実践するための計画策定をサポートする。

MIの4つのプロセスの説明にあたっては，組織全体に対して展開していく過程を示す前に，従業員個人の観点からそれぞれのプロセスについて述べ，そのあと従業員と組織の双方に対する適用例を紹介した。プロセスを大まかに捉えたあとに具体的な適用例をもとにした説明があるほうが，理解を深められるだろう。

従業員への個々のサポートに特に関心がある読者は，第3章と第4章，第7章，第9章，第11章の概要と事例を重点的に，組織全体への変化を実行する方法について知りたいなら，第3章，第5章，第6章，第8章，第10章，第12章の事例を参照してもらいたい。どのような場合でも，重点的に読みたい章に飛び込む前に，すべての章にざっと目を通すことを勧める。各章の終わりには，要点

まえがき　　ix

を簡単にまとめている。さらに，MIを自分の考え方やリーダーシップのアプローチに適用する際に役立つ自己振り返り演習を載せている[注1]。

マネジメントチームのリーダーになることは，大組織を率いることとは少々異なる。筆者の経験上，マネジメントチームの健康状態がMIの活用に与える影響を理解することが大切である。リーダーはMIを使う前に，信頼感のようなチームダイナミクスを築く必要性について考えるべきである。リーダーシップチームについては第6章で特化して取り上げた。チームのリーダーあるいはチームの一員なら役立つだろう。

最終章となる第13章では，MIの学び方と学んだことをリーダーシップアプローチに組み込む方法を案内する。これによって第4章から第12章の自己振り返り演習による学習の強化が期待できる。MIの習得と実践には練習とフィードバックが必要であることがわかっている。演習と最終章がMIの技術を磨くための実践的教材になる。

筆者が楽しみながら書くことができたこの本が，読者にとっても役立ち，興味深いものになることを願っている。FacebookとLinkedInグループを作成のうえ，本書に関するウェブサイト上（目次の末尾参照）に掲載したので，是非，グループに参加し，リーダーシップアプローチの一環としてMIを採用する際のアイデアや実践例の共有，コミュニティからのサポートを得てもらいたい。

[注1] 従業員と組織それぞれにおける適用例と自己振り返り演習の全体は，本書のウェブサイト（目次の末尾参照）にて閲覧可能。

目　次

シリーズ編者の付記◉テレサ・B・モイヤーズ　iii
謝　辞　v
まえがき　vii

第Ⅰ部

始める BEGINNING │ 1

第1章　動機づけ面接とリーダーシップの関連性 │ 3

成功するリーダーシップ　3

動機づけ面接──リーダーの役に立つ戦略　4

リーダーシップとはなにか？　7

リーダーシップの定義　8

リーダーのスタイルと価値観, 考え方　10

トランスフォーメーショナル・リーダーシップ　13

リーダーシップと動機づけ面接の相互関係　14

動機づけ面接の目的は？　15

要約　16

自己振り返り演習　16

【自己振り返り演習】自分の思考を観察する　17

第2章　動機づけ面接とは？ | 19

間違い指摘反射　19

動機づけ面接のスピリット　21

重要性, 自信, 準備性（準備が整い, やる気があり, 可能だ）　23

ガイド・スタイル　24

チェンジトーク　25

動機づけ面接に効果はあるか？──エビデンス　27

組織における動機づけ面接　28

要約　29

第3章　リーダーシップにおいて動機づけ面接をいつ用いるか？ | 31

従業員の経験とリーダーシップにおけるコミュニケーションスタイル　31

考え方と信念　34

従業員の強みと役割を一致させる　36

変化するのに十分な時間がない　37

業績の問題が対象となる場合　38

倫理的配慮　39

誰が受益者となるのか？　42

組織の利益　44

自己振り返り用の質問　48

要約　49

事例　49

【自己振り返り演習】自身の行動に着目する　52

第II部

関わる ENGAGING | 55

第4章　従業員を傾聴する | 57

関わる　60

間違い指摘反射　60

リーダーが傾聴するために役立つスキル　63

共感　69

両価性を理解する　70

重要性　71

自信　72

両価性は抵抗のように聞こえる　73

関わりは始まりであり，終わることのないプロセスである　78

要約　79

【自己振り返り演習】従業員を傾聴する　81

第5章　組織を傾聴する | 85

何のために傾聴するのか？　86

組織における両価性　87

なぜ協働的なリーダーシップが重要なのか？　89

組織改革を検討するうえで，なぜスタッフを巻き込むべきか？　90

答えは組織の知識と専門性の中にある　91

説得という罠 ── より強力な説得が必要である　92

性急なフォーカスの罠 ── もっとトレーニングが必要である　93

いじめっ子の罠 ── 怖がらせればよい　94

傾聴 ── パートナーシップ　95

安心感を与えることの重要性　95

どうすればスタッフの声に傾聴し, 関与を促すことができるか？　97

傾聴のための構造化されたプラットフォームをつくる　98

組織の規模が大きい場合, どのように傾聴するか？　99

ロールモデルになることの重要性　101

要約　101

【自己振り返り演習】組織に傾聴する　105

第6章　マネジメントチーム │ 109

チームに影響を与えるダイナミクス　109

チームの健全性にフォーカスする　114

両価性ではなくチームの健全性であることをどうやって見分けるか？　115

チームの傾聴を練習する　117

リーダーはいつ自身の考えを共有するか？　118

要約　120

【自己振り返り演習】チームに傾聴する　120

第III部

フォーカスする FOCUSING │ 123

第7章　従業員とフォーカスする 125

いつフォーカスするか？　125

フォーカスの見つけ方　127

フォーカスの対象をどのように選ぶか？　130

テーマが不明確な場合は？　131

フォーカスする対象について異なる考えを持っていたら？　133

フォーカスする対象の変更　133

目標は行動か, 決断か? 134

最初にフォーカスする対象を設定すること 135

業績のフィードバックと組み合わせたMI 136

要約 138

【自己振り返り演習】従業員とフォーカスする 140

第8章 組織とフォーカスする 143

最適なタイミングは? 143

フォーカスの見つけ方 145

フォーカスの対象をどのように選ぶか? 146

フォーカスに終わりはない 153

要約 154

【自己振り返り演習】組織とフォーカスする 157

第IV部

引き出す EVOKING | 161

第9章 従業員と引き出す | 163

準備的なチェンジトーク 164

選択的な注意 166

重要性と自信 170

引き出す質問をする 171

評価尺度を使って重要性と自信の度合いを示す 173

チェンジトークへの反応──どうやって育むか 180

実行チェンジトーク 181

要約 183

【自己振り返り演習】従業員と引き出す 188

第10章 組織と引き出す | 193

組織におけるチェンジトークを傾聴し, 引き出す　194

組織の中のチェンジトークに気づく　195

組織における両価性の解消　198

組織の一部は変化に消極的で, 一部はそうでない場合, どう対応すべきか?　203

信頼関係の重要性　205

重要性と自信　206

目標と価値観を探る　208

チェンジトークへの反応　209

実行チェンジトーク　210

要約　211

【自己振り返り演習】組織と引き出す　213

第V部

計画する PLANNING | 217

第11章 従業員と計画する | 219

従業員は計画を立てる準備ができているか?　220

従業員がすでにコミットしている場合は?　221

「失敗」への対処法　224

弱点をさらすことが安全であることを示す　226

失敗が許されない場合は?　226

良い計画とは?　227

別の計画が必要な場合は?　241

要約　242

【自己振り返り演習】従業員と計画する　247

第12章 組織と計画する | 251

組織は計画を立てられる段階にいるか？　251

失敗への開示性　254

合理的とは呼べない変化をスタッフが希望した場合は？　256

良い組織計画とは？　257

要約　264

【自己振り返り演習】組織と計画する　269

第13章 傾聴力を高めるには？ 273

知識　275

スキル　277

心構え　286

要約　290

付録 APPENDICES | 293

付録A 変化は誰に利益をもたらすか？
──リーダーと従業員の対比 | 295

付録B 変化は誰に利益をもたらすか？
──リーダーと組織の対比 | 299

付録C 動機づけ面接の学習計画 | 303

文　献　305

監訳者解説◉原井宏明　309

索　引　312

著者について　315

『Motivational Interviewing for Leaders in the Helping Professions』の購入者は，著者のFacebookとLinkedInグループにアクセスし，また，個人的な使用に限り，WEBサイト（www.guilford.com/marshall-materials）から一部の資料の拡大版，従業員と組織のヴィネット全文，およびすべての自己振り返り演習をダウンロードして印刷することができる。

第 I 部

始める
BEGINNING

第 **1** 章 | Why Motivational Interviewing and Leadership?

動機づけ面接とリーダーシップの関連性

本書を手にとった読者には，マネージャーやリーダー格の立場を務める方が多いと想定している。スーパーバイザーやマネージャーなどリーダーのポジションにいる人だけでなく，単に影響力を持つことからリーダーと呼ばれる人もいるだろう。あるいは，将来リーダーになるために成長したいと望んでいるか，リーダーとして成功するために必要な要素について探している方かもしれない。現在の役職や本書に関心を持った理由がいかなるものであれ，読者には有能で影響力のあるリーダーになりたい，という共通した思いがあることを願う。

リーダーとして成功するためには，本書の中に書かれたことを実践するだけでは足りない。だが，本書ではまず，動機づけ面接（Motivational Interviewing: MI）を紹介することで，あまり取り上げられることのない職場特有の課題について関心を持ってもらいたいと思う。本書で共有した内容について考え，得たことを実践に移すことにより，多くのリーダーが日頃，職場で直面する問題に適切に対処できるようになることを期待している。ここでいう問題とは，**従業員と組織が変化を受け入れられるようになるための最善の支援とはどのようなものか**，ということである。

成功するリーダーシップ

優れたリーダーシップは組織の成功に欠かせない条件の一つである。従業員と組織にとってポジティブな成果をもたらす秘訣としてますます認識されるよ

3

うになった（Gifford, Graham, Ehrhart, Davies, & Aarons, 2017; Green, Albanese, Cafri, & Aarons, 2014; Judge & Piccolo, 2004）。とはいえ，成功するリーダーになるということは，果たして何を意味するのだろうか？　有能なリーダーになるという目標は，永遠に到達することのないものであり，その道のりは果てしない。このトピックに関しては記事や本，オンラインセミナー，カンファレンス，コンサルティング会社などあらゆる媒体を通し，多岐にわたって取り上げられているが，どの媒体も一貫して，リーダーシップが組織の成功にとっていかに重要であるかを力説している。そのうえで，成功するために何をすべきかを提案しているものが多い。例えば，従業員の士気を高めながら実行していくためには，組織が担う仕事の意義について，説得力のあるビジョンを持っている必要がある（Sinek, 2009）。健全なチーム体制と戦略，メッセージ，方向性を構築するスキルも必要である（Lencioni, 2012）。安全で革新的な風土を確立するために，ヴァルネラビリティ[訳注1]や信頼，個人の成長を自身がロールモデルとなって示すことができる能力と人格も求められる（Covey, 1989; Quinn, 2004）。従業員の行動を動機づける要素を理解することも重要であるし（Pink, 2009），組織固有のミッションとタスクの達成に必要な技術的スキルも身に付ける必要がある。それだけでなくコーチや教師，ビジョナリー（先導者），メンター，味方，マネージャーとあらゆる役割を兼任しなくてはならない。つまり，リーダーには多くのことが求められる。周囲はビジョンや方向性を示し，前に進める道へ導いてくれることをリーダーに期待する。ここでさらなる難問が残る――リーダーはどのようにして，従業員や組織を動機づけることができるか？どのように導き，どのようにして変化を支援できるか？ということである。

動機づけ面接――リーダーの役に立つ戦略

　本書では，動機づけ面接（Motivational Interviewing: MI）という行動変容に対する科学的なアプローチが，チームや従業員，メンターからの指導を受ける

［訳注1］自分の弱さを開示する勇敢さ。

人（メンティー）と組織の変化・成長をどのようにして補完するかを説明する（Miller & Rollnick, 2013）。筆者は，組織のトップに立つリーダーとしての役割と，利用者と直接に接する治療者としての経験の両方を通して，MIの利点を多く見出してきた。また，MIに関する洞察が組織と従業員を導くことにも役立ち，組織全体も，従業員一人ひとりについても成功を収めるための変化を起こせるようになった。こうした成功体験の例は後で共有するが，MIを活用することで，読者も同じように成功してほしいと思う。

　成功するリーダーシップとはミッションを確実に組織に達成させる能力である，と定義されることが多い。医療と社会福祉の分野では通常，有効な治療の提供，患者の満足，医療費の削減という三つの目標を達成することを意味する。クライエントからの求めに応じ，最新の研究を統合し，その分野で最も関連性のある効率改善についていくためには変化を実装することが必要である。

　品質向上を継続的に追求することは，他者の変化を支援するという課題にリーダーが向き合うことを意味する。この課題には，与えられたタスクに消極的な従業員を助けるといったシンプルなものや，自己の能力を超えた役割へ挑戦できるようにコーチングするといった大がかりなものなど，さまざまである。また，変化とは，組織の中の簡単なプロセスを微調整するといった日常的なものから，臨床プログラムを丸ごと再設計するような大規模なものまで幅広く指す。しかし，いかなる挑戦であっても，行動変容が従業員と組織にとって成功の鍵となる状況において，MIはとても有用だろう。

　スタッフが成長し，実力を最大限に発揮し，成功を収められるように助けることは，リーダーにとって最も重要な役割の一つであり，不可欠な能力といってもいいだろう。一方で，従業員が目標を達成できるよう，リーダーとして彼らに理解を示し，指導し，教育したにもかかわらずその挑戦が失敗に終わったときは，個々の従業員に不満を持ち，咎め立てたくなることもある。従業員がその仕事にふさわしくなかったことや，必要なスキルを持っていなかったこと，人格に関する問題や，単純に一緒に仕事しづらかったことなど，あらゆる理由をもって個人を非難したくなってもおかしくない。なかには，その従業員を組織から排除するよう，人事部に打診するリーダーもいるかもしれない。こういった対応は，依存症や行動変容の分野においてクライエントが長年受けてきた扱いに似ている。クライエントたちは，それぞれの病気や行動，失敗につ

動機づけ面接とリーダーシップの関連性　｜　第1章

いて，たびたび非難されてきた。周囲は彼らをコミュニティや学習課程，ある
いは家族から除外することで対処してきた。しかし，彼らを援助するためには，
生活から排除する以外にもっと良い方法があったはずである。そこで彼らにより良い支援を提供する一助としてMIが用いられ，かつては不可能だと思われていた変化が実現可能になったのである。また，今ではMIが従業員の変化においても，より良い支援を提供するのに役立つことがわかっている。MIをスキルとして習得することで，将来的に従業員を解雇することがなくなると保証できるわけではない。しかし，MIのスピリットとコミュニケーション戦略をリーダーシップの中で実践することで，多くの場合，単に解雇して入れ替えるよりも，より良い解決策にたどり着けることがわかったのである。

　筆者のリーダーとしてのスキルにMIが与えてくれたものは人と関わり，信じるための具体的な方法である。願わくは読者のスキルの一つにもなってほしい。MIは従業員自身の視点から見ることを可能にしてくれる。また，この方法は，リーダーたちが従業員の感じる**行き詰まり**について理解し，変化に向けて対話を持ちかける実践的なスキルの習得に役立つ。リーダーであれば従業員の意見に耳を傾けるべきだ，と幾度となく言われるが，その**方法**についてはめったに教えられてこない。MIの中で使用されるスキルがまさに役立つのは，対応し解決するために傾聴するのではなく，理解するために傾聴する方法を習得できるからである。傾聴の仕方を学び，人々の行動を変える動機やそのプロセス促進のためにできる行動を理解することで，従業員と組織の成功に直接影響を与えられるようになると期待される。

　他の方法やアプローチと同様に，MIも決して万能薬ではない。MIの限界について，この方法を活用できる状況と，全く異なるリーダーシップアプローチを用いたほうがいい状況について説明しておく必要はある。それでも，あなたがMIを学び，従業員とともに活用するようになれば，以前は変化が期待できなかった人が信じがたいほどのパフォーマンスを職場で発揮するだろう。

リーダーシップとはなにか？

　MIが傾聴と変化のための戦略として，リーダーにとってどのような場合に役立つか説明する前に，リーダーシップの定義について説明したい。リーダーシップはさまざまな形で言い表されてきたが，おおよそ，その人がどんな人であるか，そして何をするかという問題を中心に展開される。リーダーシップは，何に価値をおき，何を規範とするかといった在り方だと定義する人もいる。例えば，Quinn（2004）は，「リーダーシップとはまず，それがどんな人物であるかを意味する……それは［リーダーが］何をするかではない，なぜなら，それぞれがユニークなアプローチで成功しているからだ。リーダーは何をするかではなく，どういう人物であるかで定義される」と述べる。反対に，価値観や美徳，考え方は非常に重要である一方で，リーダーシップとはリーダーが何を達成しようとするか，どのように行動し，どのような役割を担うかによって定義される，と述べる人もいる。Drucker（1967）は，リーダーの目的が「他者の強みを最大限に活かし，弱さを問題としない」ことであると説く。これに加え，BlanchardとMiller（2004）によると「サーバントリーダー[訳注2]は部下などの追従者各人のポテンシャルを把握し，個々の力やスキルに敬意を示し，彼らの心の声に傾聴することで，親身な態度を示す。向かいたくない方向へ先導される者はいない。ビジネス書には，リーダーの目標は他者にモチベーションを与えることである，と書かれることが多いが，すでにモチベーションを持っている人々に対し，動機づけをすることはできない。すなわち，リーダーにとっての目標は個々のモチベーションを見極め，上手く活用すること」である。

　実際には，どのような人物であるか，またはどのように行動するか，リーダーシップを定義するうえでは両者ともに重要である。これについて，BlanchardとMiller（2004）の言葉が最も適切である。「多くの人は，スキルさえあれば影響力のあるリーダーになれると信じている。あるいは，人格を養うことで優れたリーダーになれると考える者もいる。しかし，これらはいずれも間違った考えだ。スキルと人格，双方を兼ね備える必要があるからである」

［訳注2］まず相手に奉仕し，その後相手を導くことを理念とするリーダー。

これから，この二つの視点について簡単に述べる。二つとはリーダーが担う役割と，成功するリーダーが体現する価値観や美徳である。最後に，MIとリーダーシップがどのように作用し合うかについて探っていく。

リーダーシップの定義

リーダーは組織の中で特定の機能を持つ役割を担う。その役割には下記のようなものがあげられる。

- **ビジョナリー（先導者）**
  組織のビジョンを積極的に伝え，組織の存在意義を説明する。それは，なぜこの組織が存在するのか？　なぜそうするのか？　なぜそうすることが世界にとって重要なのか？　なぜ周囲に関心を持ってもらうべきなのか？である（Sinek, 2009）。

- **マネージャー**
  ミッションを達成し業務を遂行できるよう，組織を監督する。これは，タスクや業務負荷の配分管理，業務の質が期待値より低かった際の対応，リソースの最適化と予算や組織における需要の把握を含め，全体を監督することである。

- **スーパーバイザー**
  マネージャーとは対照的にスーパーバイズする際には従業員にフィードバックやガイド，サポートを与え，それぞれがタスクをこなすためのスキルを伸ばすことが仕事である。

- **実装者**
  このリーダーは変化のファシリテーターである。組織の中では役職やタスク，方法が変化していくが，こうした変化を組織が実装できるよう

8 第Ⅰ部 始める

にすることが仕事である。

• **デュアルリーダーシップ**

　リーダーは常に組織と従業員双方に注力する。このことを，よくデュアルリーダーシップと呼ぶ。すなわち，従業員を導き，サポートすることに力を注ぐと同時に，組織全体への影響についてもフォーカスすることである。例えば，業績に貢献した従業員に昇給を与えたいとしよう。他方では，その個人への昇給が他の従業員や予算に与える影響，あるいは給与全体との整合性などについて考慮する必要がある。成績の悪い従業員にアプローチする際にも同様である。その従業員からの反発を恐れて躊躇する一方，その行動回避が他の従業員の目にどう映るかについて考慮すべきである。

　上記を含めてリーダーの役割に関連する機能やタスクは幅広い。リーダーシップを題材とした書籍や論文でも，リーダーたちがどのように行動し振る舞うべきかについて，長いチェック項目を列挙することが多い。具体的にどういった項目が挙げられるかについて，リーダーシップの尺度に関する論文（Gifford et al., 2017）をヒントに下記のようにまとめてみた。

• 組織および組織が提供するものに対する深い知識を持つ。
• 変化の実装に対する計画を策定する。
• 従業員の努力を認め，評価する。
• 従業員をサポートする。
• 実装される変化についての質問に答える。
• 変化の実装プロセスにおける浮き沈みの間，粘り強く努力を続ける。
• クリティカルな問題に対処する。
• 障害を取り除く。
• 明確な基準を設ける。
• 従業員のさらなる成長や学びをサポートする。

　行動に移すことは必ずしも容易とはいえないが，一見すると単純で理解も簡

単なタスクや機能がある。反対に従業員へのサポートや努力への評価，成長と学習の支援などは明確に定義することが難しいだろう。こういった，広義の意味を持つ課題は実際の解決が難しいが，組織の成功に関連するリーダーシップ機能として最も重要であると常に強調されている。こうした漠然とした機能は，変化の実装に必要なものとして認識されており（Sfantou et al., 2017），また，従業員の仕事に対する満足度の向上や（Pishgooie, Atashzadeh-Shoorideh, Falco-Pegueroles, & Lotfi, 2018）燃え尽き症候群の防止（Green, Albanese, Shapiro, & Aarons, 2014; Madathil, Heck, & Schuldberg, 2014）に不可欠であるとされている。要するに，リーダーシップの機能やタスクのうち難しいとされる要素は，最も重要でありながら，上手くできているかどうかを認識しにくいという理由で最も難しく感じられようである。MIは，このように比較的曖昧な機能を操作可能にする点で役立つことがわかっている。

リーダーのスタイルと価値観，考え方

　上記で述べた重要な機能を十分に果たせているかどうかを知る方法の一つは，リーダーの意志がリーダーとしての姿勢から伝わっており，単に何をしているかからだけではないことを見極めることである。言い換えれば，リーダーシップには特定のタスクや機能を果たす以上の役割が求められる。同じくらい重要なことはリーダーが何を大切にしているのか，どのようなリーダーシップのスタイルを体現しているのか，である。

　リーダーシップのスタイルは全体として反社会的にも向社会的にもなりうる。反社会的なリーダーシップスタイルの特徴は攻撃性や欺瞞性，反省の欠如，他者や特に部下からの批判に対する攻撃的な反応があげられる（Piotrowska, Stride, Croft, & Rowe, 2015）。対照的に，向社会的なスタイルを持つリーダーは，他者の発展と幸福に関心を持っており，従事する者のニーズや感受性，困難に共感を示す。協力的で友好的である傾向が強く，それが従業員や組織の自信と創造性を育成する（Colonello, Petrocchi, & Heinrichs, 2017; Ewest, 2017）。また，自分自身にも組織に対しても高い道徳的基準を持ち，自分や他人へ危害を加え

ることを回避する（Boyatzis, Smith, & Blaize, 2006）。さらに，高い責任感を
もっており（Ewest, 2017），変化期においても組織の安全と保護を担保できる
よう努める（Mikulincer & Shaver, 2007）。リーダーが示すリーダーシップのス
タイルはロールモデルとなって従業員や組織に直接的な影響を与える。反社会
的な視点や自己中心的な視点から行動するリーダーは，恐怖心に基づく職場を
作り上げ（Gilbert & Basran, 2019），良くても服従を得られるだけである。こ
ういったリーダーは他者が成長し，創造することを援助する能力に欠ける。一
方で，向社会的な視点を含む他の視点を持つリーダーの場合，組織や従業員に
ポジティブな変化や個人の成長を促し，さらに組織全体を革新に導くことが多
い（Guerrero, Padwa, Fenwick, Harris, & Aarons, 2016; Lorenzi, 2004; Swensen,
Pugh, McMullan, & Kabcenell, 2013）。特に信頼や相互共有，チーム・ビルディン
グ，創造性，イノベーションなどを促進する傾向がみられる（Gilbert & Basran,
2019; Øvretveit, 2008）。

　リーダーシップのスタイルに加え，リーダーが何を大切にし，何をモチベー
ションとするかも組織の変革を成功に導くうえで重要である。首尾よく変化
を導くリーダーは，実現できないリーダーとは異なった価値観や意志を持つ。
Quinn（2004）は，特に難しい変化を導くことができるリーダーは目的志向で
あり，内的動機づけを持ち，他者に意識が向かい，周囲に対してオープンに接
する，と説明する。このような振る舞いは，リーダーが外的要因に影響されて
行動し，自己に意識が向かいがちで，閉鎖的であり，安穏を志向するような従
来からのリーダーシップ概念とは異なる。行動が外的要因によって動機づけら
れているリーダーは，組織全体よりも自身の利益を優先させる傾向にある。変
化の兆候を無視したり，否定したりすることが多く，本人が考える他者評価や
外部から得られるものに基づいて自分を定義しようとする。このタイプのリー
ダーは，変化を受け入れ，対処する能力に欠ける。このような外的要因の視点
から役割を認識しているようなリーダーには他者を傾聴し，適応し，動機づけ
し，ひらめきを与え，さらにモチベーションや影響力を与えて導くことはでき
ない。

　対照的に**他者に意識が向いている**リーダーは，自己の利益を超越して他者の
利益や公共の福祉を第一に考える。こういったリーダーには信頼性や透明性が
あり，チーム内における信頼や繋がりが育まれる。**外部の環境に対してオープ**

ンで，安穏な場所から飛び出すことを躊躇しないし，傾聴し，挑戦することも惜しまない。また，真実のフィードバックを求め，それに順応し，発見や認識，能力，ビジョンにおいて指数関数的な高い水準を達成しようとする。また，**内的に動機づけられている**。自身の自己欺瞞を検討し，価値観と行動のギャップを埋めていく。さらに高い水準の安心と信頼を得る努力をする。**目的指向性が高く**，出したい結果を明確にする。意義ある目的を追求するという目標のためにエネルギッシュにコミットメントし，揺るぎない取り組みを続ける（Kirkeby, 2004; Quinn, 2004）。

一般的に，成功するリーダーや組織には誠実さと正直さ，思いやり（コンパッション）を重んじる価値観が不可欠である，といわれる。Covey と Conant (2016) は従業員からの信頼と組織の財務パフォーマンスとの関連性について，『*Harvard Business Review*』の記事の中で以下のように論じている。「彼らは『*Fortune*』誌の働きがいのある企業100選（100 Best Companies to Work For）の調査結果を引用し，信頼度の高い企業は［Ｓ＆Ｐ 500の平均年率換算リターンを３倍をも上回る］ことを示している。……信頼があればすべてのことが可能である。そのうち最も重要なことは，継続的な改善と市場における持続可能で測定可能，具体的な結果である」

リーダーの価値観と行動は本人が成功するかどうか，他者の成功を援助できるかどうかに直接的に影響を与える。ごまかしは効かない（Covey, 1989）。まず，自分の在り方と信念に基づいて，周りに対するモデルになり，率いることから始めなければならない。自分が富むことだけを目的に事業に携わり，従業員のことは単に道具としてしか捉えていないリーダーは，従業員の発展や成長に関心がない。そうなると，この考え方自体が組織全体に浸透し，リーダーと組織の関係は，ただの取引関係となってしまう。一方で，リーダーが他者の可能性を信じ，従業員のことを独自の考えや価値観を持ったうえで組織に貢献できるチームメンバーとして捉えている場合，その信念がリーダーシップのスタイルに反映され，周囲はそれを受け取り，同様の信念を抱くだろう。

他者をある目的やビジョンへ導くリーダーになるためには，まず自分の内面をしっかりと見つめなければならない。自分自身の動機や価値観を見つめたうえで，他者を導く際にも，自分の意図や考え方に沿った方向を選ぶ必要がある。

成功しているリーダーはあらゆる判断や交流，会話を通じて，自らの価値観と振る舞いにおけるギャップを埋めていく。BlanchardとMiller（2004）が述べるように，「本物のリーダーシップはどれも信頼の上に成り立つ。信頼を築く方法は多いが，その一つは自らが公言する価値観を貫いて生きることである」。

　リーダーの持つ人物像，リーダーシップスタイル，美徳や価値観は，組織変革の成否を左右する重要な要素なのである（Aarons, Ehrhart, & Farahnak, 2014; Greenhalgh, Robert, Macfarlane, Bate, & Kyriakidou, 2004; Øvretveit, 2008）。

トランスフォーメーショナル・リーダーシップ

　MIを活用してくれそうなリーダー像を考えるとき，もう一つ思い浮かぶのがトランスフォーメーショナル・リーダーシップである。これは個々の従業員の才能や強みを把握し，知的刺激を与えることで新しい思考方法と問題解決を引き出す能力である。また，インスピレーションを引き出すことで共通の目的意識を生みだし，ポジティブなロールモデルになることである（Aarons, Sommerfeld, & Willging, 2011; Brimhall et al., 2016）。トランスフォーメーショナル・リーダーシップは従業員に活力を与え，変化を通して個人の動機や利己心を超越し，より大きな目標や他者のために働けるように力づける。研究者によると，これは従業員の成長や創造性を刺激し，それに伴い従業員は変化を受け入れられるようになる（Aarons, 2006）。さらに，従業員のパフォーマンスと正の相関がある（Bass, Avolio, Jung, & Berson, 2003）。変革的なリーダーとは，「他者が本来持っていたモチベーションや可能性を超えて成果を出せるよう動機づけする」リーダーのことを指す。しかし，どのようにして動機づけるか，について再び問いかける必要がある。変革的なリーダーは，どのようにして従業員の変化を支援し，彼らの持つ可能性を超えて成果を上げさせることができるのか？　どのようにして従業員と組織のモチベーションを高めているのか？　ここでMIが登場すると筆者は信じている。

リーダーシップと動機づけ面接の相互関係

QuinnやCovey，Blanchard，Aaronsなどはその人の**人柄**や**信念**，**価値観**が人を導くうえでの礎になることを明らかにしている。価値観や信念，自分の役割をどう捉えているかは行動と決断，人間関係を通して周囲に明確に伝わる。自分が何者であるか，また，何に価値を見出すかという見方はMIの要でもある。しかし，リーダーシップのグル（権威）と呼ばれる人たちは，自分が何者であるかを実践の中で見せることをほとんどの場合，怠っている。どのように従業員と関わり，彼らを動機づけることができるか，彼らや組織が変化することをどのようにして支援できるかを教えてくれる人は少ない。

MIは，相手に共感や理解，受容，敬意を示すことから人の変化の援助が始まるという信念のもとに生まれた。MIの訓練を受けた専門家はあらゆる形で人を支援してきた。それは減量やデンタルフロスの使用頻度の増加，運動量の増加，アルコールや薬物使用の減量・中止から，総合的な健康状態や慢性疾患の症状の改善など，多岐にわたる。MIの具体的なスピリットと，変化し前進する相手の選択を支援する方法を理解することに加え，変化の通常のプロセスと両価性の関係や**間違い指摘反射**（後の章で説明）がいかにして自己の妨げになるかを知ることによって，相手がこれまで経験したことのない激しい変化をも乗り越えられるよう，手助けすることができる。

前に述べたとおり，リーダーシップとはテクニックではなく，在り方や美徳（Covey, 1989; Kirkeby, 2004）のことをいう。同様にMIが単なるテクニックではないことを理解することも重要である。MIは一方的に相手に向かって行うものではない。習得すれば，相手を錯覚させ思い通りの行動をとらせることができるわけでもない。MIは本人の価値観に基づいている。すなわち，人との関わりの中での自己の在り方である。「MIは人へ行うものではなく，人と行うものである」（Miller & Rollnick, 2013）。

動機づけ面接の目的は？

　MIを使用する目的が，こちらの思い通りに人を動かすことでないとしたら，何が目的になるのだろうか？　何を達成したいのだろうか？　シンプルな答えは，協調的な対話を通じて行き詰まっている従業員や組織の問題を解決し，助けになることである。すなわち，変化を検討する理由を与え，変化が可能であると信じる心を強化し，どう変化するかについて，ともに探求する。また，彼らが必要な変化を自律的に望み判断できるようサポートすることが目的である。決して，小細工を使って彼らが**やりたくないこと**や**信念に逆らうこと**をやらせることが目的ではない。相手の可能性を信じている，と情熱的に語りかけることでも，変化することをひたすら応援するわけでもない。

　他者や組織が目の前の変化に対して備え，意欲的になり，対応するようにサポートすることが目的ではあるが，必ずしも相手が**変化する**とは限らない。実際には，こちらが相手にとって必要だと信じていた変化とは全く違う道を選択するかもしれない。例えば，従業員が当初の想定とは別の役職につくことを選んだり，退職を選択したりすることも大いにありえる。しかし，従業員にとっての変化や彼らが抱える苦悩や問題についてオープンとなり，思いやりを持って対話することで，彼らが決断し前進するように背中を押すことができる。MIを使用すれば，従業員が組織に必要となる変化を起こし，成功をもたらすケースのほうが多い。仕事上のパフォーマンス向上やエンゲージメントの増加が生じることが多く，さらには組織に留まり成長し，最終的に成功することを選択する従業員が多いのである。

　この本を書いた背景にある意図はシンプルだ。職場におけるMIの活用のしかたを学ぶことで，リーダーたちが日々直面する問題を解決できるようになることである。それはすなわち，従業員にとっても組織にとっても最善の変化をもたらすために，どのようにして従業員を手助けすべきか，という課題でもある。

要約

　リーダーにとって最も重要で厳しい課題の一つは，従業員と組織全体を行動変容へと誘導することである。そして，この行動変容を成功させるためには，向社会的なリーダーシップが不可欠であることが研究からわかっている。MIとは，変化に対する他者の意欲やコミットメントを強化することを目的とした特別な面接法である。MIはリーダーたちにとって，個人との関係および組織全体との関わり方，双方において役立つだろう。MIのスピリットは成功するリーダーシップに関する既存の知識に新しい要素を加えるものである。

自己振り返り演習

　本書では，MIの理解を深めるための演習を設けている。演習は，MIを職場で採用したいと思えるか，採用する場合はどのようにしてこの方法を活用すべきかの判断に役立つように構成されている。各演習は，一つ前の段階の内容をベースにしており，積み上げていくことでMIのすべてを網羅できるようになっている。

　個人と組織のそれぞれに関連する演習を用意している。すべてを行っても良いし，読者がMIを活用するのに直接的に必要なものだけ選択しても良いだろう。なお，すべての演習が本書のウェブサイトでダウンロードできるようになっている（目次末尾の枠内参照）。

自己振り返り演習

自分の思考を観察する

あなたのもとに変化を考えている従業員が来ることがあれば，あるいは，何かしらの変化が必要であると感じる従業員と接する機会が訪れたときには，それを受けたときの自分の思考について振り返ってみよう。ここでいう変化とは，特定の状況での振る舞い方や，何かを管理し，改善する方法，あるいはプロセスを変更することかもしれない。いずれのケースにおいても，同僚が変化に直面しているときに，自分の思考に意識を向けてもらいたい。

その場面で瞬間的に考えたことだけでなく，その従業員と接した後の思考にも意識を向け，自然と出た反応を数分かけて振り返ろう。本書を読み終えたあとに復習できるよう，考えを書き留めておこう。

- 気づいたことは何か？
- アプローチしてきた人のことをどう思ったか？
- その人はどんなジレンマを抱えていると理解したか？ なぜその人は行き詰まっているのか？
- その人のことを，どの程度理解しようとしたか？ また，解決策の提案やアドバイスをする前に，どの程度理解を示したか？
- アプローチされたときに，何を求められていると感じたか？ その場面で，自分は何をすべきだと感じたか？
- その人が行き詰まっていることについて，説明できるか？
- その人にとって，その変化はなぜ重要であるか？ 本人は，その変化を行うことに対しどれほど自信を持っているか？
- 対話をしたことで，その人が成長するのにどの程度役立つことができたと思うか？
- もし何か違うことができたとすれば，それは何か？

動機づけ面接とリーダーシップの関連性 | 第1章 | 17

第2章 | What Is Motivational Interviewing?

動機づけ面接とは？

MIは個人に対し，行動変容についてアプローチするための特殊な技法であり，具体的には，協働的なスタイルの会話によって，その人自身が変わるための動機づけとコミットメントを強める方法である（Miller & Rollnick, 2013）。研究や臨床家の経験によれば，問題行動を変える動機づけのために対人援助の専門家が与える影響は大きい。幸いなことに，変化に対する動機づけは固定的なものではなく，リーダーが影響を及ぼすことのできるものである。ただ，その方法について知る必要があるだけである。

間違い指摘反射

　最初に理解すべき点は，変化に直面したときに人は両価性をもつことである。これは何かに対して相反する姿勢を同時に持つことを意味する。人は変わりたい理由と現状を維持したい理由を持ち合わせているが，リーダーがこのことを見逃し，理解を示す前に従業員と議論してしまうと，かえって物事を難しくしてしまう。専門家による行動と患者への影響について行われた研究では，動機づけを患者に強制することはできないことがわかっている（Miller, Benefield, & Tonigan, 1993）。専門家が，患者の生活を改善すべく患者の問題行動を非難することや，説得により変化させようとすることは，実際には逆の結果を生むことになる。人は非難されると身を守り，説得されると抵抗して問題のある行動を取り続ける傾向にある。これは至極当然の反応である。誰かが誰かを非難し

19

たり，説得したり，攻撃したりすると，これを受ける側は自己防衛のために防御的な反応を示すのである。誰かから変わるように促された最近の出来事を思い出してもらいたい。何かをするよう指示されたり，そうすべき理由について説得されたり，脅されたり，あるいは単に説教されたりしたときのことである。あなたは本能的にどう反応しただろうか？

　従業員やチームのメンバー，同僚が，心配や迷惑をかける態度や間違った行動をとっていることに気づいたとき，多くのリーダーが最初に試みるのは忠告や説得，さらには圧力をかけるという戦略である。リーダー自身はよく理由を考えた上でこのような戦略を選択するのだろう。相手のことを助けたいと願い，自分の選んだ策が相手にとって最善であると心から信じている。リーダーが変化の必要性を訴え説得しようとするのは，相手が間違った道に進むのを防ごうとしているからである。MIでは，問題行動を示している相手を目の前にした際に，忠告や説教，説得といった形で反応してしまう傾向を**間違い指摘反射**と呼ぶ。間違いや問題のある状態を指摘したいと思うことは，他者を助けたいという善意にもとづく当然の反応である。ただし，残念なことに，アドバイスを求めていない人に対し説得をしたり，議論したり，プレッシャーをかけることは，変化を促すのに効果的な戦略ではない。それどころか，こういったアプローチは大抵の場合，失敗する。変化すべき理由や可能性についてひたすら列挙し相手を説得しようとすると，それに対して得られる典型的な反応は，現状維持がいかによいかという理由を同じだけ列挙されるだけである。言い換えれば，相手の心の中に潜んでいた両価性が表に出てくるのである。変化を促すために必要な論拠を示すと，対する相手は現状を維持する（変化しない）ことへの論拠を示す。また，相手は脅威を感じたことで，主張が強くなり想定以上の説得力を持って反論してくることもある。相手に変化すべき旨を主張すればするほど，相手は頑固になり，実際に変化を起こそうと考える可能性は低くなる。それどころか，現状のままでいると決意を固めることすらある。このような状況を，法廷にいる二人の弁護士にたとえて考えてみよう。検察官側の立場が被告は変わるべきだと主張するとしたら，弁護人に残された唯一の弁護手段は，被告が変わることができない，あるいは変わるべきではないと主張することである。リーダーが両価性を理解するということは，対象となる従業員が自身の中ですでに対局した双方の立場から議論をしていることに気づくことである。そこで，

リーダーが果たすべき役割は，その相手が自己の中で議論し両価性を解消するためのサポートである。それによって，相手は前進できる。

動機づけ面接のスピリット

　前段では，リーダーの間違い指摘反射と，それが従業員の変化に対するモチベーションにいかに影響を与えるかを理解することが重要であると述べた。これに加え，MIにより，リーダー自身が変化のプロセスの中で従業員とどのように関わるか，自分の役割がどのようなものかを明確にすることができることも知っておくべきだ。従業員との関わり方や自身が考える自分の役割，会話の中にある意図はMIの**スピリット**と呼ばれ，MIの基本であり要となる概念である。筆者がスピリットと言うとき，他者と対面する際の心構えのことを意味している。それは他者と会うまでの動機や実際に会った際の心構え，話の聞き方のことである。従業員のやる気を引き出し，成長を促すためには，リーダーは信頼される存在であること，共感を持ち偏見を持たずに話を聞くこと，そして従業員の立場を理解できることが必要なのだ。

　リーダーは思いやり（コンパッション）を持って行動する必要がある。これは，自己の願望を抑え，従業員にとって何が最善であるかに関心を注ぐということである。思いやりのあるリーダーは従業員に対して協力的な会話を求めるパートナーとしてアプローチし，受容のスピリットに基づき，変化に対しても各人の判断や考えが存在することを理解している。このような協働と思いやり，受容，引き出す（すなわち，相手からアイデアや解決策を引き出す）心構えは，図2.1で示す通り，MIのスピリットを要約したものである。

　MIのスピリットが根源にあれば，従業員のことをよく知る専門家はその従業員自身であり，個人にとって何が最善であるかを知るのはその人自身であると信じるようになる。同じように，リーダーと従業員は同等な専門性をもち，リーダーには従業員個人の最善を判断できる能力はないものの，両価性を乗り越える手助けについての専門家であると信じるようになる。前述のスピリットはMIを構成する最も重要な要素であり，この方法が単なる技法の集約以上のも

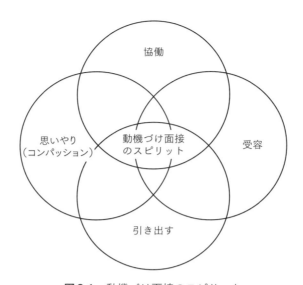

図2.1　動機づけ面接のスピリット
（MillerとRollnick（2013）より許可を得て転載。Copyright © The Guilford Press.）

のであることを示す。また，MIが真のリーダーシップと上手く適合するのは，このスピリットが要にあるからである。

　自己に潜在する動機を理解し，それをMIのスピリットに照らし合わせることは，この方法を上手く活用するうえでも従業員と信頼関係を築くうえでも不可欠といえる。MIの背景にある哲学は明快である。他者が直面する変化を助けるとき，自己の利益ではなく，助けようとしている相手の利益を追求するという考えだ。これが，MIの観点における思いやり（コンパッション）の定義である。もし，リーダーの動機が自分自身の成功や目的に基づいているならば，MIを効果的に活用し，求められている思いやりと受容のある環境を作り出すことは難しいだろう。MIを組織の中で，あるいは従業員とともに使用する以前に，この方法のスピリットを構成する要素（協働，思いやり，受容，引き出す）について振り返ることが重要である。従業員のパートナーとなり，彼らを全面的に受け入れることができるか？　彼らの自律性と選択を受け入れ，彼らの視点に立ち，共感を示すことができるか？　思いやり，誠実さを示し，彼らにとって最善となる利益のためだけに行動できるか？　どのように変化するかについ

ては，従業員自身の考えを**引き出す**べきだと考えられているか？　MIのスピリットを貫くことができるか？　これらの問いに対し，「いいえ」と答えることがある場合は，MIは役立つツールにはならないだろう。では，「状況による」や「時々」など明確でない答えではどうだろう。リーダーがMIの使用を選択したほうがよい場合とそうでない場合の考え方については，後の章で説明しよう。

重要性，自信，準備性
（準備が整い，やる気があり，可能だ）

　変化に直面している相手と対話する際，まず自己の中にある意図と間違い指摘反射について理解することから始めると良いだろう。ただし，従業員の変化に対する準備性に影響を与える要因について理解しておくことも同様に重要である。準備が整ったことを示すサインを見極めることができれば，建設的な方法で相手と接することができるようになるからだ。従業員が変化を計画し，実際に行動に移せるかどうかについて，いくつか考えておくべきことがある。例えば，変化のもつ重要性は，個人の変化に対するモチベーションを大きく左右する。変化が本人にとって重要な結果をもたらし，現状を維持すべき理由を上回るのであれば，変化をする決断へと繋がりやすい。しかし，本人にとってその変化がいくら重要であっても，実際に**変われる**という自信が不足している場合は別である。従業員が自身の能力を疑うのは，経済的な要因や知識・技術不足からの自信喪失，新しい習慣や行動を継続できないという固定概念など，さまざまな理由が考えられる。変化するための**自信やノウハウ**を持ち合わせていないと，たとえそれが本人にとって最善の行動であると理解していても，行動に移せないことが多い。よって，変化の準備をするためには重要性と自信の双方が必要なのである。

　仮に従業員がその変化に重要性を見出し，実行に移せる自信があったとしても，今度は，実行するタイミングが合わないと言い出すこともある。準備が整っていないのか，あるいは，先に他のことを変える必要があるのか。少し時間を置くと言いながら，そのまま無期限に行動を延期しかねない。そういった状況

動機づけ面接とは？　|　第2章　|　23

においてリーダーは，プロセスが前に進まない理由が多数あることを認識し，そのうえで従業員の視点から彼らの考えに耳を傾けることで，上手く彼らを導く必要がある。

ガイド・スタイル

　MIは，個人中心としながらも指導的なコミュニケーションスタイルである。個人中心に考えるということは，常に相手の利益を念頭に置き，相手の視点，関心，価値観や要望などへの理解にフォーカスすることである。相手の立場を理解することはよく共感と呼ばれる。**共感**はおそらく，一般的な援助関係において不可欠な要素であり，特に両価性や変化を題材とした会話において最も大事な要素である（Moyers & Miller, 2013）。また，成功するリーダーにとっても非常に重要な資質であるといえる。共感は，相手に対し「私は理解している」と伝えるものであり，相手の状況の捉え方の背景にある感情や意図への繋がりを示す行為である。共感により，相手の視点に立って状況を考えることもできる。共感力はもちろん重要であるが，相手が持つ関心や不安，価値観，要望などに寄り添うだけでは，相手を両価性から解放することはできない。MIが提供するコミュニケーションスタイルは，単に従業員の立場を理解することからさらに一歩踏み込み，従業員が最終的に両価性を解消し意思決定するまでのコミュニケーションプロセスである。このようなスタイルを**ガイド・スタイル**と呼ぶ。**ガイド**とは，片足を**追従モード**にし（従業員が会話を持っていきたい方向についていく），もう片足を**指示モード**にする（特定の焦点に向かって自身が会話を進める）ことである。このガイド・スタイルでは，従業員が立っている視点や重視している焦点から徐々に方向転換し，前進するために設計されたプロセスに向け，会話を導いていく。

　MIにおける対話の中にはガイド・スタイルを用いる上で役立つ焦点や目標対象が存在する。この目標対象の探し方については，後の章で「フォーカスする」プロセスを説明する際に述べる。ほとんどの状況においては何に焦点をあてるべきかが明確である。MIは，アルコール依存症患者の治療の一種として編み出

されたが，ここでの対話が対象とする目標は明確で，飲酒行動の変化を考えるように患者を援助することである。依存症に対するカウンセリングでは，セラピストは対話の中で患者のあらゆる言動に焦点をあて，減酒や断酒，飲酒の原因となる不健康な習慣を見直すことに繋がる要素を探る。まるで焚火での火起こしのように，飲酒習慣を変える方向を示す小さな火を見つけては消さないようにやさしく息を吹きかけながら，大きくしていく。対立したり説得を試みたりせず，傾聴し，共感的な理解を表し，変化の方向性を示す小さなヒントを見つけて大きくしていく。患者は立ち止まり自分に何ができるのか，何が最善なのかを真剣に考え，変化に向け前進できるようになる。多くの場合，患者の話や考えに耳を傾け，本人にも省みるよう促すことが変化への決断や約束につながる。要するにMIは，本人が変化する理由や自信を声に出して言うのを聞くことで，本人が変化に向けて自分を説得するのを援助する。

チェンジトーク

　リーダーが会話の中で引き出したい**ヒント**とはどういったものだろうか？　相手に内在していて育て上げたいもの，あるいは相手に見せたいものは何だろうか？　あなたが聞き取ろうとしているものは，いわゆる**チェンジトーク**である（Miller & Rollnick, 2013）。すなわち，変化へと繋がる言葉や，言葉にならないサインを認識し，また，それを従業員自身にも言い聞かせ明確にさせるのである。チェンジトークにはさまざまな形があるが，主に二つのグループからなっていると考えられる。これらを総称して，それぞれの頭文字からDARN CATと呼ぶ。一つ目は，**準備チェンジトーク**——願望（desire），能力（ability），理由（reason），必要性（need）。二つ目は，**実行チェンジトークまたはコミットメントトーク**——コミットメント（commitment），活性化（activation），段階を踏む（taking steps）である。それぞれのチェンジトークについては，より発展的な説明を含め，「**引き出す**」プロセスに関する章で後述する。従業員がなぜ変化したいのか，なぜ変化できると考えているのか，変化することに対する理由づけを理解することで，彼らの動機を強化する余地が見出せる。このチェンジ

動機づけ面接とは？ | 第2章 | 25

トークの存在とそれを発展，深化，拡大させるリーダーの力こそが，従業員が実際に変化にコミットする可能性を高める要素であることが，3,000以上の研究からわかっている。

変化のプロセスへと導くうえで，従業員が語る自己の価値観や希望を紐付けるのもよいだろう。人生において最も大切なものについて考え，その価値観を現在の行動や選択に照らし合わせる過程は，現在の行動を変える決意に繋がることが多い。本人が持つ価値観と同時に抱えるジレンマを結びつけさせることで，大切にしている物事の全体像が見えてくる。こういった物事は，本人が一人で考えていては気づかない場合が多いので，会話の中でガイドしていく。すなわち，現状の考えを今後の人生の抱負や価値観に照らしたうえで変化すべきかについて考え，声に出して話せる安全なプラットフォームを提供するのである。ここで重要な点は，変化を求める主張が常に従業員本人から生まれることである。リーダーが行うのは，本人が話していることを単に聞き返し，本人自身に聞こえるようにすることである。

研究によるとMIは両価性に陥った個人を援助できるとされている（Witkiewitz, Hartzler, & Donovan, 2010）。すでに変化の過程にいる個人や，変化に対する準備ができている個人に対しては，この方法を用いるよりも，実践的なアドバイスやスーパービジョン，コーチングなどを行うほうが有効的だろう。しかし，従業員が変化に反発し，何としてもそれを避けようとしている場合や，変化を強要されているように感じている場合は，その従業員にとって実りある形で変容が遂げられることは難しいだろう。MIは個人を説得し強制するのではなく，状況を理解し，従業員が抱える自己矛盾をより明確化するためのプラットフォームを提供する。これにより，両価性から解消され決断するためのプロセスを提供するのである。

行き詰まりや両価性を感じることは，往々にして不確実さを感じることに近い。大人にとって，不確実さを感じることは不快なことである。職場では自信や強みをアピールすべきだと考える従業員が多い中，リーダーの前で不確実さを感じていることを認めるのは難しいのではないだろうか。行き詰まった状況から脱するよう従業員を援助したいなら，安心して心境を話せるようサポートすることや不確実性の中を導くこと，助けとなるテクニックを知っておくことが大事である。

図2.2 MIの四つのプロセス
（MillerとRollnick（2013）より許可を得て転載。Copyright © The Guilford Press.）

　MIの働きは通常，三つの構成要素によって説明される。すなわち，そのスピリットと技法・戦略，四つのプロセス（関わる，フォーカスする，引き出す，計画する）である。MIのスピリットとは心構えや価値観，他人へのアプローチの仕方のことを指す。技法・戦略とは，どのようにコミュニケーションをとるかを示す。「関わる」をはじめとする四つのプロセスは，各プロセスが一つ前のプロセスの上に構築されるように，重なり合っていくものである（図2.2参照）。第4章から第12章では，個人の従業員ないしは組織全体に対してMIを活用する文脈において，この三つの要素について詳しく説明する。また，MIを構成するこの三つの主要要素をすべて活用することが，リーダーにとってどう役立つかを，併せてレビューしていく。

動機づけ面接に効果はあるか？──エビデンス

　MIの有用性については，これまで広範囲における研究によって立証されてきた。MIはエビデンスに基づいた介入であり，ランダム化比較試験により研究されたその効果は，さまざまなタイプの行動変容を支援するために用いられてきた。個人が不健康な行動を切り替えたり，両価性を解消し，立ち直ったりするのにMIが効果的な戦略であることは，ランダム化比較試験とメタアナリシスの双方により実証されている（Burke et al., 2003; Hettema, Steele, & Miller, 2005; Lundahl, Kunz, Brownell, Tollefson, & Burke, 2010; Rubak, Sandbaek, Lauritzen, & Christensen, 2005）。

MIの起源は依存症分野にあるが，現在ではより広範な場面や問題において用いられている。例えば，一般的な健康増進行動の強化にも有効であるし（Lundahl et al., 2010; Rollnick, Miller, & Butler, 2007），教育者による学生との関わり方の強化（Reinke, Herman, & Sprick, 2011; Rollnick, Kaplan, & Rutschman, 2016）や，犯罪や非行をした人々による更生方法の改善（Stinson & Clark, 2017），福祉プログラムのインパクト向上（Hohman, 2015），青少年とのコミュニケーションの改善（Naar-King & Suarez, 2010）にも有効であるとされている。

組織における動機づけ面接

MIは組織改革を実施するリーダーにとっても有用である。この領域における研究は未だ限られた範囲でしか行われていないが，近年，リーダーシップと組織におけるMIへの関心が高まっているのは間違いない。一方で，MIをビジネスの世界に持ち込むことには慎重になるべきだとされてきた。リーダーシップに必要とされるのは従業員にとっての最善の利益とともに，複数の課題について考慮することである。MIは，個々を中心としたリーダーシップや傾聴スキルなど多くを提供できる裏で，人を操作するためのツールとして誤用される可能性も持ち合わせている。MIを実施する際には，組織とリーダー，従業員それぞれの思惑が存在し，そのことを考慮する必要がある。リーダーがMIを用いる場合は自分の意図を常に意識しながらも，導く相手の要望とニーズと準備性，価値観を優先させる必要がある。

MIの一部の側面だけを取り上げたとしても，本質的には優れたコミュニケーション戦略であることから，通常は良い効果がもたらされるだろう。しかし，こういった戦略的あるいは技術的コミュニケーションの技法を用いて他者の行動を操作するようであれば，それはMIではなくなり，もはや有益とはなりがたい。そこで，読者はリーダーがMIを用いるべき場合とそうでない場合の判断について，疑問に思うだろう。これについては，次章で焦点を当て説明しよう。

要約

　変化に対して両価性があることは普通のことである。いざ直面するとそれを押しのけたりねじ伏せたくなったりする。MIは個人や組織全体に対するモチベーションの強要に取って代わる手段であり，対象となる個人自身から生まれるモチベーションと変化へのコミットメントを強化することを目的とする。また，チェンジトークを展開させることにもフォーカスしている。MIにおける主な構成要素は，そのスピリットと四つのプロセス，技法・戦略であるが，これらのうち最も重要なのはスピリットである。

第**3**章 | When to Use Motivational Interviewing in Leadership

リーダーシップにおいて
動機づけ面接をいつ用いるか?

あらゆる状況でリーダーが取り入れることができる要素がMIには数多くある。常に利用できる要素の一例として，理解するために傾聴すること，共感を示すこと，変化のプロセスを理解すること，両価性を見出すこと，OARS（第4章参照）などの積極的な傾聴スキルの使用が挙げられる。使い方を慎重に判断する必要があるのは，より戦略的な要素である「引き出す」とガイドをどの**タイミング**で用いるかということである。こういった戦略的要素を用いる際には，状況が適切であることに加え，リーダーとして正しい考え方を持ち，従業員と対話するのに適切な人物であることを自分自身が確信している必要がある。さらに，倫理的な問題も生じるだろう。この章ではMIを使用するタイミングをどのように判断するかについて，探っていく。

従業員の経験とリーダーシップにおける
コミュニケーションスタイル

　変化が起きない理由が従業員のスキルの習得不足に起因するときなど，MIの適応がない場合がある。MIを用いる判断は，そのときの文脈と状況によって異なる。従業員が仕事に不慣れであるなら，特定のタスクを実行するよう依頼する際，明確で指示的でなくてはならない。例えば，リハビリ病棟で働き始めた新人看護師が，患者の受け入れの手順について習うとする。その看護師には，

31

患者の症状や兆候で注意すべき点や医師が診察すべきかどうかを判断するために必要な伝達事項は何かについて説明する必要がある。薬の使用方法や記録の取り方についても習得してもらう必要があるだろう。

　しかし，その新米看護師が経験を積むにつれ，今度は，より複雑な問題解決ができるようにガイドし，正しい判断を下せるようサポートすることが求められてくる。通常，このタイミングでMIを用いることを推奨する。より経験を積むことで，上司からの指示を待つのではなく，自分から上司に相談し指導を受けるようになるからである。その相談内容が，自身が抱えるジレンマや特定のタスクの解決方法であれば，MIが必要な場合とそうでない場合に分かれる。看護師が特定の情報を求めているとしたら，ほとんどの場合，MIを用いることは適切ではない。一方で，看護師の臨床方針の決定力や，技量への自信強化をサポートしたいケースであれば，戦略としてMIを用いるべきである。

　そして，その看護師が役職を十分に経験し，エキスパートとなった後は，特定の職責を委ねたくもなるだろう。委任するにあたっては，リーダーシップに基づいたサポートをしたり，モチベーションを促したりすることが必要となってくる。したがって，このタイミングでは，MIを用いることが適切であることが多い。

　従業員と変化に関わる対話に臨むとき，状況に応じて選択できる四つのリーダーシップスタイルが存在する。

- 指示型リーダーシップスタイルは，明確な情報を与えることに重きを置き，すべてリーダー主導で行われる。すなわち，どのように行動しタスクを解決すべきかを従業員に指示することが重点となる。これは，従業員にとって初見のタスクや解決方法を指示する場合，または，従業員がすでにタスクを実行する意欲を持っている場合に使用されるスタイルである。
- 支持型リーダーシップスタイルは，従業員かリーダーのいずれか一方が主体となる対話の中で用いられる。支持型リーダーシップスタイルは，従業員が特定のタスクを行うプロセスを把握できていない場合や，そのタスク自体あるいは自分の役割について何かしらの不安を感じている場

合に用いられる。対話のトピックはモチベーションではなく，あくまで
スキルやコンピテンシーであり，状況に応じて，MIも対話の一部となる
ことがある。

- **指導型リーダーシップスタイル**は，従業員が与えられたタスクや自身の
業績に不安を感じ，リーダーに相談を持ちかける場面で用いられる。対
話は，従業員主体となることが多く，主にタスクの目的や従業員のモチ
ベーションに焦点が当てられる。通常，このような対話の中では，MIが
リーダーにとって有用なツールとなる。
- **委任型リーダーシップスタイル**は，自立して仕事をする能力を持つ従業
員に対して用いられる。このような従業員は最低限の指導のみを必要と
している。リーダー側のフォーカスは従業員の継続的な学習と成長，そ
してそれを組織のビジョンとミッションに整合させることにある。この
委任型のリーダーシップスタイルでは，多くの場合，MIを用いることが
適切である。

　上記のスタイルは日常生活の中に混在しており，同じ対話の中で複数のスタ
イルが用いられることもある。経験豊富な従業員であっても，時には経験した
ことのないタスクに直面することもあるだろう。例として，非営利の社会福祉
施設でマネージャーをしているリサが，施設長であるドナに，採用に関する不
満について相談をしたケースをみてみよう。リサは，自身がいつも間違った人
材を採用してしまうことに苛立ちを感じており，緊張のあまり面接で聞きたい
ことが聞けず，結果的にチームやその役職にとって適切でない人を雇ってしま
うことを打ち明けた。ドナが話を聞くうちに，リサは採用に関するトレーニン
グを受けたことがないことが明らかになった。彼女は，能力の評価方法だけで
なく，候補者の技量やスキル，総合的な社風との適合などを評価する際の基準
についても，トレーニングを受けていなかったのである。リーダーであるドナ
は，リサが面接の成功に役立つと感じる要素にフォーカスして対話を続けるこ
とを考えたが（**指導型スタイル**），同時に，リソースやトレーニング，参考事
例などを提供することのほうが役に立つ可能性もあると感じた（**指示型スタイ
ル**）。ドナは上記のスタイルを採用し，リサに「雇用慣習や面接評価，選考プ
ロセスについて，確認する時間を設けてみないか？　その後，次回の面接を一

緒に行って確認したことを実践に移してみるのはどうか？」と，訪ねた。リサは，面接への苦手意識を深堀りするよりも，このように具体的な情報を教えてもらうことを選択した。

　各状況において最適なリーダーシップ・コミュニケーションスタイルを選択するためには，求められている変化の性質を評価する力が伴う。対象となる従業員は，単に新しいことを学ぶ必要があるのか（**指示型スタイル**）。または，与えられたタスクに関する経験はあるが，あらゆる状況で応用できる方法を知りたいのか（**支持型スタイル**）。あるいは，タスクを遂行するノウハウはあるが，自己の能力に対する自信が持てず，悩んでいるのか（**指導型スタイル**）。それとも，対象となる分野における決定権やオーナーシップの明確化が必要なのか（**委任型スタイル**）。これらの問いに答えることで，その状況において求められるコミュニケーションスタイルを選択し，MIが役立つかを判断できる。いずれにおいてもゴールは常に，従業員が成功するために最適なサポートをすることである。与えられた状況でどのようなスタイル，アプローチ，またはスキルが必要かを知ることこそが，リーダーシップ術なのである。

考え方と信念

　MIを用いるべきかどうかの判断に際しては，そのときの状況や従業員の経験レベルによるだけでなく，リーダー自身の内省的な考えや信念も重要となる。

　リーダーシップに関わる考え方と価値観がいかにリーダーとしての効力を左右するかについては，簡単に先に述べた。ここで重要となる考え方は，支援したい従業員が変化**できる**と信じることである。他者が変化**できる**と信じることは，変化**する**と信じることとは異なる。従業員が変化を起こすか否かは，その人次第であり，その変化が他の優先事項よりも優先すべきものだと考えられるかによる。一方で，変わることが**できる**と信念を持ち続けることは，MIの対話にオープンになるために欠かせない考えである。変化や改善を成し遂げるうえで，達成に対する信念が直接影響を及ぼすことは，研究でも明らかになっている（Leake & King, 1997; Rosenthal & Jacobson, 1992）。こういった信念は自己

実現的予言となり，また，従業員もそれを感じ取ることができることから，意識的にも無意識的にも相手への接し方を左右する。前述の例で挙げた福祉施設の施設長であるドナは，スーパーバイザーのエドと仕事をしていた。エドは一緒に働くチーム内にすでに能力の限界を達している者もいれば，まだまだ成長中と思える者もいると話した。こういったエドの考えは各従業員の成長と業績評価に直接的に影響していた。エドは，成長の見込みがある従業員のほうが，すでに能力の限界がみられる従業員よりも成功している，と評価していた。実際のところ，いずれの従業員にも成長する余地はあったが，エドによる成長可能性を基準とした評価が，彼が与えるコーチングやフィードバック，業績評価に影響を及ぼしていたのである。同様の結果が，教師と生徒との関係性における研究でも出ている。この研究実験では，教師に（実力の有無とは関係なくランダムに選ばれた）生徒の中から，優秀な者とそうでない者を事前に伝えられた。結果として，教師による生徒への接し方や総合的評価は，事前に伝えられた評価と直接関係することがわかった。エドの話に戻ると，一定の従業員に対して成長する力や可能性がないと判断したことで，実際に彼らが成長できる環境の提供を怠っていたのである。これと同じことが，行動変容のための治療でも実証されている（Leake & King, 1997）。対象となる相手が変化を起こすことができない，すなわち，変化を起こす能力がない，と**リーダー自身**が信じてしまっていては，MIの効果は期待できないだろう。

　他者が変化できることを信じ続けるのは難しい。なぜなら，どのようにして変化を遂げるのかが，はじめは必ずしも明白でないからである。従業員に誤った期待を抱かせ不当に失敗に導きたくないと考えることもあるだろう。しかし，人生に劇的な変化をもたらした人々と仕事をしてきた筆者は，MIのプロセスによって，すぐには浮かばないアイデアや解決策でも，やがて明らかになることを目の当たりにしてきた。以前は不可能だと思っていた変化も達成しうるのである。そして，新たな人生の選択をしたり，長年にわたる生活習慣を変更したりする人々が他人には信じがたいような成果を達成する光景を，何度も見てきた。時には，5世代にわたって家族ぐるみで非行集団に関わってきた若者が，その非行集団を脱退して大学に進学し，自分自身で別の人生を切り開いていく姿を見た。また，時には，20年以上にわたる違法薬物の常用者が，薬物使用を止め，人間関係や生活環境を変えて安定した雇用を得ることもあった。さらに，

職場においても目覚ましい変化をみてきた。例えば，長年マイナス思考で頑固な性格から人気がなく，管理職にも敵対的だった従業員が，建設的で，共感力を備えたプラス思考の人間に変わるのを目の当たりにした。また，チームのパフォーマンス向上や，思いやりと支え合いの風土を醸成することに苦労していたマネージャーが，リーダーシップの取り方とスーパービジョンや報告の仕方を変え，結果として活気に満ちたチームを作り上げた。

　カウンセリングの分野では，よくスタッフに「目の前にいる患者が，変化できると思いますか？」と，質問をする。もし，その答えが「いいえ」であれば，スタッフはその患者を担当すべきではない。代わりに，変わることを信じると答えた他の担当に変更すべきである。読者も同様に，対象となる相手が変われることを信じられないときは，指導員を変えるといいだろう。外部のコーチを雇う組織も多いが，社内でメンタリングやコーチングのプログラムを作っても良いかもしれない。

従業員の強みと役割を一致させる

　Albert Einstein の名言に次のようなものがある。「誰もが天才である。しかし，魚の能力を木登りができるかどうかで測ったら，魚は一生，自分はだめだと信じて生きていくことになる」。では，目の前の「魚」が，木登りを覚えるよりも水泳部に所属したほうが良いことに気づいたとき，どうすべきか？　もし，従業員に変化を促すことに失敗して，結果的に彼らの役割と強みが一致しないままになった場合は？　このような場合は，最初はMIを使わず，従業員の職務適合性について率直かつ共感的な対話をすることも正しい選択である。対話を通して従業員にフィードバックを与えた後，MIに切り替え，そのフィードバックに対する従業員の意見を確認すると良いだろう。従業員の強みを知り，それに適合する役割を探すことは，大半の場合，従業員と組織双方の利益になる。たとえ，従業員の変化を期待できたとしても，最大限に才能を発揮できない役割に留めて苦労させたいと思うリーダーはいないだろう。思いやりのあるリーダーシップについて，LinkedInの社長であるJeff Weiner は次のように述べてい

る。「与えられた役職に苦労している従業員をそのまま放置することは，その個人や周囲の従業員，さらに組織に対する思いやりが欠けている。従業員は自信や自分らしさを失い，抜け殻のようになってしまう。そして，それは従業員の家族や所属チームのメンバーにも影響する。リーダーとして最も思いやりのある行動は，そういった従業員をできる限り潔く他へ異動させることだ」（D'Onfro, 2015）。苦しみを和らげることも一つの思いやりの形とするなら，フィードバックを正直に行った上で適切な役割を与えることも，思いやりある行動である。筆者もそう思うし，MIが常に最善のアプローチであるとは考えていない。正直に話す誠実さを持つことやその個人の業績と役職について思いやりと共感を持って話し合うことは同様に重要であり，時にはより適切な手段となることを理解している。

変化するのに十分な時間がない

　MIを用いず，率直で直接的な対話を選択する際のもう一つの理由として，その個人が変化に対する検討と決断，行動をするための時間が足りないことが挙げられる。組織の目標，要求，時間の制約がある中で，個人が変わるために必要な研修を行うのに十分な時間を確保できないことがあるだろう。例えば，研究チームが介入を担当する臨床医を新たに雇う際に，決められたトレーニングモデルに基づいて研修を受講させる。その後，技能測定テストを受けさせ，与えられた期間内に必須の実力レベルに到達しなければ研究チームに残すことはできない。こういった状況において，十分な時間と指導があれば技能を習得できたとしても，設定された環境と時間内では難しいケースもあるだろう。

　MIの対話を始める前に次のような問いかけを自分自身にしてみてほしい。対象となる相手は変われると思うか？　変わるための十分な時間はあるか？　直面している問題は，強みと役割の不適合によって生じていないか？　MIを効果的に行うためには，目の前の決断を保留して相手に共感的に傾聴し，変化の可能性を信じることが必要である。たとえ変化の起きるプロセスがはじめは掴めなくても，変化が可能であるという信念を保つことこそが効果のある真のMIの

対話をするうえで重要となる。

業績の問題が対象となる場合

　従業員の業績が問題の対象となる状況でも MI を用いたくなるが，適切なアプローチでない場合が多い。従業員が主体的に選択することが不可能な状況において MI を用いると，本人にも発言権があることを示すことになり，それが誤解を招く可能性がある。業績に関しては直接的な対話を選ぶほうが両者にとって有益だろう。なお，対話を進めるうえでは，従業員に範囲を明示する必要がある。すなわち，客観的な枠組みを正直に伝えることで，従業員がいかなる選択をしてもサポートできる部分を明確化できる。例えば，懲戒処分を受けたことがある従業員が自己の業績について話したいと望んでいたら，次のような伝え方が良いだろう。「あなたに対しては，今後3カ月間でチームの業績を少なくとも10％向上させることが期待されています。この数字を変えることは私にはできませんが，あなたに何かアイデアや，それを実現させるためにできることがあるならば，喜んで話し合いましょう」

　段階的指導を行う場合も同様に，MI を用いることは少ない。まずは，優しく，穏やかに，明確に伝えることから始めるべきである。一般的に，業績に関する懸念がある場合，明確かつ直接的に伝えることが最も効果的であるとされている。成功に繋がる改善を行うためのフィードバックを確実に与えることが望ましい。この点，MI を初期の段階で用いると，直接的な伝達を阻んでしまうリスクがある。しかし，従業員との会話の結果によっては，MI の対話に切り替え，改善方法などに対する従業員自身の考えについて話すこともある。こういった段階的アプローチは，医師が患者の診療の際に取るものと似ている。患者は，自己の健康状態に関するフィードバックが明確かつ正直であることを望んでいる。話が全体を網羅しているのか，欠けている部分があるのかわからない状態には大抵の人が不安を感じる。逆に，与えられた情報に納得していれば，健康を改善するために次に何をすべきかを医師と話し合うことができる。医師からのフィードバックを患者が振り返り，健康を改善するための次の行動の準備が

できているかどうかを考えているタイミングが，MI を用いる自然な出発点になる。

　従業員に仕事上の業績フィードバックを与える際にも同様のことがいえる。例えば，生産性の問題を抱える従業員が自己の業績について相談を持ちかけてきた際には，対話の中で取り上げられる範囲を明確にする必要がある。業績の改善に取り組める期間には制限があり，その従業員が目標を達成できなければ，降格を含む処分が下されるだろう。だが，限られた時間の中で生産性レベルをどの程度あげるべきかについて明確な期待値を設けることで，多くの選択肢と機会が生まれる。リーダーは，この範囲や期待値を従業員と共有し，改善方法にフォーカスして対話すると良いだろう。また，期待値が満たされない場合の選択肢についても，共有しておくと良い。従業員の希望する選択肢は，退職することか，より能力に適合する組織内の他の部署に異動することか，あるいは，解雇されるのを待つことかになる。思いやりがないように聞こえるかもしれないが，明確に事実を伝えることで，従業員はリーダーが持つ権限の限界と自身に与えられた選択肢を理解することができる。従業員の業績自体に対する支援は，リーダーシップをもってしても解決できるものではない。しかし，従業員が設定された期待値を達成するための方法を見つけ，その人の強みに合った別の役職への異動を助けることはできる。

倫理的配慮

　MI の最も重要な側面は，両価性を抱えている人とのコミュニケーションをとるうえで，穏やかでありながらも影響力を持ってアプローチできるところにある。この技法を採用する際には，倫理的ジレンマを考慮したうえで慎重に用いることが重要である。特に，リーダーが従業員とは別の利益を追求していることが多いことから，従業員に対してある種の力を発揮してしまうことを認識する必要がある。この力の格差が，MI を使わない理由に繋がることもある。

　MI の対話を行う際，従業員をガイドする先の目標は従業員自身にとって最善の利益であり，だからこそ対話を行っている旨を明確に伝えるべきである。MI

は，特定の方向にフォーカスして変化を引き出す技法である。すなわち，対話をある方向へと優しく誘導することで，相手の変化に対する意思決定に影響を及ぼすのである。**引き出す**プロセスでは，変化に対する従業員の願望や優先事項を，繊細さを持って明らかにすることで，両価性を解消し，変化に対するモチベーションに刺激を与える。このように，MIはリーダー側が変化の方向性をあらかじめ決定し，変化を起こす可能性を高められるコミュニケーション戦略であるため，常に従業員の最善の利益に基づいて用いるべきである。

　ここでよく生じる疑問は，従業員にとっての最善の利益を決めるのは誰か？ということである。中立的な立場を取らず，特定の方向に話を展開すべきであると，どう確信できるか？　また，その判断はどのようになすべきか？　セラピストが社会福祉の分野あるいは身体的・精神的・行動的保健分野においてMIを用いる際は，どのような変化が患者にとって最善の利益となるか明白であったりする。例えば，懲罰を受けるリスクを抱えた覚醒剤常用者との対話においては，覚醒剤の使用を止める方向に話を導くことは，明らかに相手の最善の利益となる。変化を遂げたら，それは本人のためになるだろう。付随的に周囲の人間にも良い影響を与えるかもしれないが，あくまで対話の焦点はコミュニティの利益ではなく本人に利益がもたらされるか，という点である。対照的な対話の例として，カウンセラーが成人患者から大学院に戻るべきかどうかアドバイスを求められる状況や，家族療法のセラピストが，もう一人子どもを産むべきかを尋ねられたりする状況が挙げられる。上記のような状況では，何が本人の最善の利益となるかが明白でない。明白でない場合は，本人がはっきりといずれかの方向に傾くまで，**平衡**（ニュートラルなスタンス）を保つことが重要であり，本人の抱えるジレンマや両価性を解消することに注力すべきである。**平衡**を保つことは，いずれの方向にも傾かず，双方の意見を平等に捉え傾聴することを意味する。リーダーには，対話をある方向へ導く力があることを理解することが重要なのである。

　平衡を保つべきか，あるいはより指示型の対話スタイルを採用すべきかの判断については，対象が患者である場合，比較的簡単なように聞こえる。しかし，職場においてはどうだろうか。まずは，例を挙げて考えてみよう。前に紹介した，福祉施設の施設長であるドナの話を覚えているだろうか。彼女がスーパーバイズするアンナは，新しい臨床的アプローチをチームに教育する任務を与え

られていた。施設としては，このアプローチが利用者に最適な方法であることから，全体にも導入することを決定した。アンナは，利用者によっては他のアプローチのほうが効果的であると考えていたため，今回の会社の判断に完全に同意できずにいた。しかし，新しいアプローチの導入は任意のミッションではなく，断れば解雇へ繋がりかねない。そこで，両価性を解消するために，ドナに自身の抱える苦悩や懸念を打ち明けた。ドナはアンナの成功を願い，また施設に残ってほしいと感じていた。というのも，アンナは優秀な指導係であり，他の従業員が成功するうえでのサポートを定期的に行っていた。そのため，彼女が辞めてしまうと，アンナのチームだけでなく，ドナ個人とチーム，ひいては施設全体にとっての不利益になると考えたのである。ドナは，上からの要求通りスタッフに新しいアプローチを指導することでアンナが今の役職にとどまれるよう，彼女の両価性を解消する手助けを積極的に行いたいと思った。また，このアプローチの導入が施設と利用者にとっても最善であると信じていたため，この任務を回避するような選択はしてほしくなかった。そのため，MIの対話を用いてアンナの苦悩を聞き出すことはできるものの，自分が望む結果に強く偏ってしまうことを認識していた。そこで，アンナがこの状況にどのように対処したいかを決断するために，第三者（組織外部のコーチ）を紹介することにした。つまり，この状況では，アンナにとっての最善の利益が明らかではなかったのである。新しいアプローチを導入することは，ドナにとっての相反する利益に繋がる方向性であったため，ドナはこの状況で対話をするのに適した相手ではなかったのである。

　MIは信頼の上に成り立っている。仮に，アンナのような相手に対しこの技法の戦略的要素を用いてアプローチし，自分と会社の利益だけを考慮した決断へと導いたとしよう。はじめの1，2回はうまくいくかもしれないが，長い目で見れば，相手にとっての最善の利益を考えているのではなく，ただ相手を操作していることが明らかになってくるだろう。従業員の利益ではなく，リーダー自身の利益にフォーカスした瞬間，信頼は失われる。これは，顧客とセールスマンの関係に似ている。顧客は，自分の判断がセールスマンの利益を左右することから，セールスマンが顧客側の利益を100％は考えないことを知っている。そのため，最善を尽くしたいと心から願うセールスマンがいたとしても，相手を完全には信用できないのである。MIを使用する前に，リーダー自身の動機の

根源が，従業員の両価性を解決させることにあり，それ以外のものではないことを明確にしておく必要がある。従業員が変化を決意したことで付随的に利益を得ることがあったとしても，はじめから利益を得ることを意図して対話に臨むべきではない。

誰が受益者となるのか？

　組織の中のリーダーや従業員は皆，相互につながっている。そのため，個人の変化によって誰が利益を受けるかを判断するのはおおむね難しい。一人の従業員の変化が，その個人だけにとどまらず，チーム，リーダー，会社全体にも良い影響を及ぼす場合もあれば，その個人にとってはプラスに作用しても，チームやリーダー，会社にはマイナスに作用することもあり得る。また，その個人やチームにはプラスに作用するが，会社にはマイナスの影響を与えることもある。対象となる変化により誰が得をするのかを見極め，どのような状況下であれば対話を誘導すべきなのかを判断するのは，なかなか難しい。

　これを見極めるための指針となるのは，対象となる変化が従業員の利益になるか否かという点である。変化が明らかに従業員の利益にならない場合において，MIは適切な方法ではない。また，メンバーが変化を受容することで，リーダーが個人的に利益を得れば得るほど，MIを用いることは適切でない。表3.1では，考えられるシナリオをマトリックスの形式で示している。加えて，各シナリオにおける具体例は，付録Aに掲載している。MIを用いる最適な状況とは，従業員が下す決定や変更により，リーダーが一切の利益を得ないケースである。リーダーが従業員の変化を個人的観点から望んでいる場合は，従業員も同等に変化を望んでいる場合を除き，この技法が用いられるべきでない。従業員が変化することでその個人は利益を得るが，反対にリーダーは変化しないことで利益を得る場合もまた，利害の対立が生じるため，この技法を用いるべきでない。下記では，リーダーの視点から捉える優先課題が従業員のものと異なる場合に考慮すべきポイントをいくつか紹介する。

表3.1 変化がもたらすリーダーの利益と従業員の利益
——どのような場合にMIの使用が最適となるか

	リーダーは変化により利益を得る	リーダーは変化による影響を受けない	リーダーは現状維持により利益を得る
従業員は変化により利益を得る	MIは十分な注意を払ったうえで用いれば，適切となる可能性がある[a]	MIは適切である	MIは十分な注意を払ったうえで用いれば，適切となる可能性がある[a]
従業員は変化による影響を受けない	MIは適切でない[b]	MIは適切である	MIは十分な注意を払ったうえで用いれば，適切となる可能性がある[a]
従業員は変化により不利益を被る	MIは適切でない	MIは適切でない	MIは十分な注意を払ったうえで用いれば，適切となる可能性がある[a]

a．偏った視点に立っていることを認識したうえで，注意を払い使用すること。従業員の利益のみにフォーカスするようにすること。
b．リーダーのみが利益を得て，かなり偏った視点に立っている状況。

- リーダーは変化によって利益を得るが，従業員にとっては現状が最善の利益となる場合，MIの使用は適切ではない。例えば，セラピストのジョンが，すでに目いっぱいのケースを抱えているところに，さらにクライエントを診るよう求められているとしよう。彼はこの変化により報酬を受け取ることもなく，ただ追加の仕事が増えるだけであるが，ジョンの上司は，ジョンが仕事を引き受けることでボーナスを得られる。このような状況でMIを用いることは適切とはいえない。

- 従業員の変化によってリーダーが影響を受けないケースにおいては，リーダー側のジレンマはなく，MIの使用が適切だろう。偏った視点を持たず，その従業員にとっての最善の利益に焦点をあてることができる。例えば，看護師のサラが，リーダーであるあなたのチーム内にある新しい役職への応募を検討しているとしよう。彼女は看護師として現在の役職で十分に活躍しているが，違う役職に就いても成果をあげると思われる。このような状況において，彼女の決断によりリーダー自身の仕事量が影響を受けることはない。

- 従業員の変化によって従業員自身は利益を得るが，リーダーは個人的に損失を被る場合は難題になる。このような状況ではMIは適切でないかもしれない。例えば，看護師のカレンが高齢者と関わる業務にも携わりたいと考え，関連する研修の受講を希望しているとしよう。仮に，彼女の所属する組織の事業が若年者だけを対象としていたとしたら，この変化の結果，彼女は転職するかもしれない。カレン自身は，その研修により臨床的な専門性を高めて利益を得られるが，その結果，彼女が転職すれば後任を見つけるのが難しく，彼女のシフト分の補充をリーダーが行うこととなる。後任者が見つかるまで，リーダーが責任を負いカレンの分まで2倍の仕事量を抱えなくてはならないのである。

- 変化によってリーダーは利益を得るが，従業員は損も得もしない場合，MIの使用は適切ではない。例えば，医師であるヘレンが，新しい電子カルテの導入について判断を迷っているとしよう。ヘレンの業務状況からみて，彼女が新しいシステムをマスターしていない状態では，この変化は何も新しい価値を付け加えることはない。新しいシステムを導入すれば，カルテへのアクセスが簡単になることでクリニックの全体の品質や生産性を監督する負担が軽減される。さらには，業務改善によりボーナスを受け取れるかもしれない。時間が経過すれば，新しいシステムはヘレンが担当する患者への対応に役立つかもしれないが，改善自体には1年以上の年月がかかる可能性があり，成功の保証はない。

組織の利益

　従業員の変化によりリーダーが利益を得るかについて考えると同時に，組織が利益を得るかについても，考慮する必要がある。というのも，リーダーの行動は，個人的に追求する利益だけでなく，組織が追求する利益からも影響を受けるからである。リーダーの主な仕事は，所属する組織が機能し，成長し，繁栄し，高品質なサービスを提供し，予算を達成するよう貢献することである。そして，組織がうまく機能するには，従業員が生き生きと仕事を楽しんでいる

ことが基盤にある。そのため，従業員を大切にすることは，同時に組織を大切にすることを意味すると認識しているリーダーが多い。すなわち，従業員が評価されていると感じ，生き生きと働けるよう支援することが，リーダーの持つ重要な役割の一つなのである。従業員が変化することは，多くの場合，組織が望む方向性と一致する。しかし，従業員のニーズが組織のニーズと相反する場合においては，慎重に行動する必要があり，MIが適切なツールとならないことが多い。

　一般的に，組織の変革が求められる場合，従業員も何らかの形で変わる必要がある。新しいスキルの習得や，新しい業務手順の導入などである。そして，必要とされる変化を通して，従業員が個人的に利益を得ることがある。このように，従業員の変化が，組織と従業員の両方に利益をもたらすような状況においては，MIはリーダーにとって有用なコミュニケーション戦略となる可能性が高い。

　他方，対象となる変化が組織の利益とはなるが，従業員の利益とはならない場合，リーダーはジレンマを抱えるだろう。リーダーの主たる目標は組織への貢献であるため，組織と従業員双方に対する配慮のバランスを取らなければならない。従業員の変化によりリーダーが個人的に利益を得る場合，MIの使用が不適切であると結論づけることは簡単である。しかし，組織と従業員の間で利害が対立している状況においては，判断がより複雑となる。表3.2では，いくつかのシナリオをマトリクス上に示している。各シナリオの具体的な例は，付録Bに掲載している。

　ここでは，組織と従業員の相反する優先事項を比較する際，考慮すべきポイントを紹介する。

- 変化により組織は利益を得るが，従業員は現状により利益を得る場合，MIの使用は適切でないと考えられる。なお，使用する場合は，十分な注意を払う必要がある。例えば，セラピストのジョンが，すでに目いっぱいのケースを抱えているところに，さらにクライエントを診るよう求められているとしよう。彼はこの変化により報酬を受け取ることもなく，ただ追加の仕事が増えるだけである。このような状況においては，MIは適切ではないだろう。しかし，仕事量を増やさなければ，会社のオペレー

表3.2 変化がもたらす組織の利益と従業員の利益
——どのような場合にMIの使用が最適となるか

	組織は変化により 利益を得る	組織は変化による 影響を受けない	組織は現状維持により 利益を得る
従業員は変化により 利益を得る	MIは，適切となる可 能性がある[a]	MIは適切である	MIは，適切となる可 能性がある[a]
従業員は変化による 影響を受けない	MIは適切である	MIは適切である可能 性が高い	MIは，適切となる可 能性がある
従業員は変化により 不利益を被る	MIは適切でない	MIは適切でない可能 性が高い	MIは，適切となる可 能性がある[b]

a．注意を払って使うこと——リーダーとしての主たる目的は，組織のために従事することである。MI
　の対話をする際には，いかなる場合であっても従業員の利益のみに焦点をあてること。
b．対象となる変化により両当事者が不利益を被る場合，MIを用いる必要性はない。変化しないこと
　を選択するほうが明らかに良いと思われるが，それでもMIを使用する場合は，現状維持により組
　織が利益を得ることをふまえ注意を払うこと。

ションが停止したりジョンや同僚が職を失うことになる場合，授業員が一
定期間仕事を頑張るための意欲を持たせられるよう，コミュニケーショ
ン戦略としてMIを役立てられるかもしれない。また，より多くの患者を
診ながらも仕事量を軽減できるアイデアを引き出す手段となるかもしれ
ない。

- **従業員の変化によって組織が影響を受けない場合，リーダーはジレンマ
を抱えることがなく，MIの使用は適切である。**組織を代表するリーダー
は，偏った視点を持たず，その従業員にとっての最善の利益に焦点をあ
てることができる。例えば，看護師のサラが，組織内の新しい役職への
応募を検討しているとしよう。彼女は現在の役職で活躍しており，組織
としては新しい看護師を雇用することに問題はなく，彼女が興味のある
ポジションも空いている。

- **変化によって従業員は利益を得るが，組織は損失を被る場合は悩ましい。**
こういった状況では，リーダーが偏った視点を持たずにアプローチする
ことがかなり難しく，MIも適切な方法とならないだろう。例えば，看護
師のカレンが高齢者と関わる業務に携わるために，関連する研修の受講
を希望しているとしよう。カレンは自分の臨床経験を深めることで利益
を得るが，組織はこの研修を提供することで何の利益も得ず，カレンの

受講を許可することで資金と時間を失うこととなる。こういった変化の場合，カレンの利益に焦点が当てられており，組織の利益とは相反するため，リーダーにとっては支持しにくい変化である。

• **組織は利益を得るが，従業員は利益も損失も得ない場合，MIは十分な注意を払って使用すれば適切なツールとして役立つだろう。**同様に，従業員が変化によって短期的には損をするが，組織の利益を優先することで長期的には利益を得る場合にも，MIの使用が適切となるだろう。例えば，医師のヘレンが，新しい電子カルテの導入について判断を迷っているとしよう。現在の業務の状況に鑑み，また，彼女が新しいシステムをマスターしていない状態では，この変化は負荷となるばかりで新しい価値観をもたらすことはない。しかし，新しいカルテの導入によって，より質の高い報告と履歴の追跡が可能になるため，組織にとっては大きな利益となる。そのため，病院の役員を含む全スタッフが，新しいシステムから得られる知識に期待している。時間が経てば，ヘレンも自身が抱える患者のために新システムを用いて恩恵を受けるかもしれないが，それには1年以上かかりそうである。

　要約すると，MIは，すべての状況に適しているわけではない。経験則から述べると，MIが使用できるのは，その変化が組織と従業員の双方に利益をもたらすが，リーダー自身の利益に関しては中立的な場合である。組織と従業員の利益がそれぞれ対立する状況において，MIは適切なツールとなりうるが，細心の注意を払い使用することと，従業員が変化によって直接損失を被らないことが条件となる。筆者も過去に数々の従業員と対話をした際，彼らがキャリア目標を達成するうえでは退職が最善の策であると理解する一方で，組織にとって有能な人材を失いたくない，と考えたことがある。そのとき，筆者は組織の目標を脇に置いて従業員をサポートすることができたが，これは非常に難しく，稀なケースである。MIを役立てられる状況と倫理的に使用を避けるべき状況を見極める上では，対話を通し誰が利益を得るかを知ることが非常に重要である。

自己振り返り用の質問

リーダーとしての任務は多岐にわたっており，MIが常に使用されるべきアプローチではないことが，これで説明できたかと思う。次に挙げるいずれかのタスクを行う際には，MIを直ちに使用することは控える場合が多いだろう。しかし，MIの使用を控えることは，MIのスピリットからも離れることを意味するわけではない。常にMIの考え方を持ち，思いやりのあるリーダーシップと共感的な傾聴力を発揮し続けるのが良いだろう。

1. 期待値に達しない仕事上の業績について話し合う。
2. 組織のビジョン，目標，サービスを周知させる。
3. スキルを習得できるよう，教育や訓練を行う。
4. 仕事，同僚，または組織に対する従業員の有害なアプローチを正す。
5. 給与や雇用の交渉を行う。

このように具体的な場面を取り上げるとともに，自身が偏りのない対話を行いMIを適切に活用できているかについて，自己評価するための質問を次に用意した。

- 「私は，その相手が変化に対して肯定的であろうと否定的であろうと，その選択を受け入れようとしているか？」
- 「私は，従業員の決断によって直接的または間接的に利益を得るか？」
- 「組織は，従業員の変化によって利益を得るか？」
- 「対話相手以外の誰かにも間接的または直接的な利益や損失がもたらされるか？」
- 「私は，目の前の相手が決断をすれば変化を起こせると信じているか？」
- 「その相手が変化を起こすのに十分な時間があるか？」
- 「その相手は正しい役割を与えられているか？　それとも，全く別の役割を与えたほうがその個人の強みが活かされるか？」

さて，MIを使用すべき場合とそうでない場合についてある程度議論したところで，次の章では，リーダーとしてMIを用いる方法について，順を追って紹介していきたい。

要約

大抵のリーダーは従業員を導く大きな力を持っている。これに加え，MIは強力な対話スタイルである。したがってMIを使用する際に倫理的な判断を迫られることになる。従業員の利益にフォーカスする際は，対話スタイルとしてMIを選択すべきである。組織の目標が前面に出ている際も，最適なツールとなりうる。しかし，MIはリーダーが用いる対話スタイルの一つに過ぎず，MI以外の戦略がより適切な状況もあることを常に念頭に置いておく必要がある。自身の考え方や時間枠，従業員の強みなどはすべてMIを用いる前に考慮すべき要素である。

事例

すでに紹介した事例に加え，MIを職場環境で用いた際の二つの事例を紹介したい。MIの四つのプロセスに関する説明を展開していくにあたり，たびたびこれらの例を振り返ることになる。事例は，各プロセスの章の後に，その章で取り上げた要素に焦点を当て紹介していく。第4章，第7章，第9章，第11章の後には，従業員の事例を，第5章，第8章，第10章，第12章の後には，組織の事例を設けている。また，事例の全容は本書のウェブサイトで掲載されており，ダウンロードすることもできる（目次の最後にあるボックスを参照）。

ここでは，後で展開させる二つの事例について，簡単に概要を説明する。

リーダーシップにおいて動機づけ面接をいつ用いるか？　第3章

◉従業員の事例──スーザンとの対話

　大手の社会福祉法人のリーダーであるアシュリーは，上司のジムから部下のスーザンとの面談を頼まれた。スーザンは，カウンセラー職に就いたばかり（4カ月目）であり，仕事に慣れるのに苦労していた。スーザンの職務には生産性に関する具体的な目標が設定されているが，彼女のレベルは基準に到達していなかった。達成するためには，月に20人以上の新規クライエントを獲得しながら，同時に既存のクライエントへのカウンセリングを継続しなければならなかった。ジムは，スーザンには職務をこなす能力があると判断していた。一方，彼女の自信が低く，また自身の進歩を正しく評価できていないと感じていたため，アシュリーに面談を依頼した。

　アシュリーはスーザンがなぜ行き詰まりを感じているのかを理解するためのコミュニケーション戦略として，本人とジム，アシュリー自身にとってMIが有効であると考えた。MIを用いることで，スーザンが何を望んでいるか，それが彼女にとってなぜ重要なのかを考えさせることができ，前進する決断の手助けができると感じたのである。なお，アシュリーは自らの立ち位置がスーザンにとって有益にも有害にもなりうることを認識していた。有益となりうるのは，スーザンが業務を改善できなかった場合である。その結果，組織が下す決定について，アシュリーは細部を調整する権限を有するからである。これによってアシュリーはスーザンに対し，現状，失業の危機にさらされているわけではないことや，生産性をどのくらいの期間で回復する必要があるかを伝えることができる。反対に，アシュリーの役職としての立ち位置が潜在的に脅威となる場合もある。例えば，仮にスーザンが新しい仕事への適性を感じず退職したいと考えていたら，アシュリーのような役職の相手には正直に打ち明けづらいだろう。スーザンは，アシュリーの理解を得られると信じ，大きなリスクのもと話さなければならない。すなわち，転職の準備ができる前に解雇されることや自身の葛藤を打ち明けることで社内での評価が下がってしまうことなどを，心配するだろう。さらに，アシュリーは，スーザンが在籍または退職のいずれかの選択をしようとも，その決断がアシュリー個人の利害を左右するものではないことを理解していた。スーザンが組織に在留することを選択し業務効率を改善すれば，結果としてアシュリーのチームが提供できるサービス量が増える。ま

た，離職することを選択したとしても，それは改善が見込めないことを理由に
アシュリーがいずれにせよ，しなければならない決断なのである。よって，会
社の要求する時間枠の中で改善に必要な行動を取るか，それとも退社をするか
の決断をスーザン自らが決断できるよう，アシュリーは中立的な立場からアプ
ローチできる。

⦿組織の事例――患者の成果を改善する

　マリエは，アルコール問題を扱う大規模な保健管理センターのリーダーであっ
た。彼女の主な役割の一つは，治療サービスの質と成果をモニターすることで
あった。アルコール依存症治療の質には大きなばらつきがあることが研究で証
明されているため，容易な仕事ではなかった（Levy Merrick, Garnick, Horgan, &
Hodgkin, 2002; McLellan, Carise, & Kleber, 2003）。治療者や研究者，リーダー
は，何十年もの間，治療の質を評価し監視し改善する方法について議論を重ね
てきた（McLellan et al., 2005）。

　マリエは，スタッフ60名（医師と看護師，ソーシャルワーカー，事務員）と
マネジメントチームを率いるリーダーであった。なお，スタッフらは，組織が
採用するエビデンスに基づいたアプローチ（MI，認知行動療法，家族療法）を
クライエントに提供できるだけの十分な訓練を積んでいた。スタッフらは定期
的にお互いの業務範囲をカバーし合い，幹部もクリニック全体を監督していた
ため，この組織において協働とチームワークは不可欠であった。マネジメント
チームのトップであるマリエは，財務とすべての治療的介入における品質管理
の責任者であった。そして，彼女のもとにいたチーフコンサルタントと三人の
マネージャーは，それぞれ治療コース内容の責任者と三つの部門の各運営責任
者であった。アルコール依存症治療は通常，多職種によって構成されたチーム
が行うが，介入のプロセスは一人のセラピストが担当することが多く，その作
業がチームの他のメンバーが担当する介入の成果に直接影響を与える。個々の
クライエントのケアには多くの人が関わっているため，新しい戦略やルーティ
ンの導入は難易度が高くその評価方法も難しいことが多い。

　組織のミッションが果たされているかどうか判断するために，マリエは部下
のチーフコンサルタントと幹部とともに，治療の成果をレビューすることにし

た。すると，全治療プログラムを1年間にわたりモニタリングした結果，クリニック全体に共通する品質問題が2点，明らかになった。治療開始から6カ月の間に患者が高い確率で離脱していることと，飲酒量を推奨レベル（週に最大21標準単位）以下にまで減らした者が比較的少なかったことである（Nielsen & Nielsen, 2015）。マリエとチームは，早期離脱者を減らし，治療の成果を向上させるために，組織全体が協力してモチベーションを高める方法を見つけなければならないと考えた。

自己振り返り演習

自身の行動に着目する

　まず，過去2週間分のカレンダーを印刷する。カレンダーを印刷できない場合は，あなたが2週間のうちに参加した会議や交流を書き出そう。あらゆる交流機会があった中で，あなたはどのように従業員に接しただろうか。さまざまなリーダーシップスタイルがあることを念頭に置き，機会ごとに採用していたスタイルを次のリストから選択して書き留めよう。

> 指示型スタイル
> 支持型スタイル
> 指導型スタイル
> 委任型スタイル

　次に，以下の質問について考え，答えを書き留める。

- 採用するリーダーシップスタイルは，相手に応じて変えているか？ それとも，状況に応じて変えているだろうか？
- 四つのリーダーシップスタイルは，それぞれどのようなときに使用するか？ またその理由は？
- 今振り返ってみて，他のリーダーシップスタイルを使用してもよかったと思うのはどの機会だろうか？
- MIを用いてもよかったのはどの機会だろうか？

●直面した状況において両価性は存在したか？

　さらに，残りの演習へと進むために，変化に直面している人と組織の中から，MIプロセスの一部を試す準備ができている対象をそれぞれ選択してもらいたい。

◎**変化に直面している人を選択する**

　何かに行き詰まっている人や，変化に直面している人を選択しよう。ここでは，ある程度あなたが親しみを感じている（やりづらくない）人を選ぶことを勧める。本書を読み進めながら，その相手とともに，MIのプロセスを試していけるか，検討してみてほしい。以下では，それぞれのプロセスについての説明と各ステップで行える演習を用意した。

　変化に直面している相手について知っていることを考慮したうえで，以下の質問に答えてみよう。現時点では，直接相手に尋ねるのではなく，その相手とのこれまでの関わりに基づき，答えられるかどうか確認してほしい。後日，MIを試行後にこの質問リストを振り返り，相手に対する理解が変化したかどうか確認しよう。

　　変化に直面する従業員への質問
　　●その従業員の抱えるジレンマは何か？　なぜその従業員は行き詰まっているのか？　従業員の持つ両価性を説明できるか？
　　●その両価性は従業員にどのような影響を与えているか？　従業員は，直面している変化と状況についてどう感じているか？
　　●この変化は，その従業員にとって何を意味するか？　従業員は直面している状況や行き詰まりについて，どのようなことを伝えようとしているか？
　　●この変化が従業員にとって必要な理由は何か？
　　●その従業員は，なぜ変化することを検討しているのか？
　　●その従業員は，変化することを決断した場合に，それを実行する上での自身の能力についてどのように感じているか？
　　●その従業員は，変化することにどの程度の緊急性を感じているか？

リーダーシップにおいて動機づけ面接をいつ用いるか？　第3章

●変化するために従業員が検討していること，あるいは役立つと考えていることがあれば，それは何か？

◉**組織の変化を選択する**

　組織内で，主導すべき変革を選択しよう。本書を読み進めていく中で，組織の変化にフォーカスした演習を用いながらMIを組織の中で活用する方法を学んでいく。

　変化に直面している組織についての知識をふまえて，以下の質問に答えてみよう。組織の他の人に聞かず，これまでの組織との関わりを基に一人で答えを出すこと。また，答えは書き留めておき，MIを試行した後に振り返り，組織に対する理解に変化があったかどうか確認してもらいたい。

　　組織の変化に関する質問
　　●組織が抱えるジレンマは何か？　各部門が行き詰まっているのはなぜか？　彼らの両価性を説明できるか？
　　●組織内の各部門はこの変化についてどう感じているか。どの部門が賛成していて，どの部門が反対しているか？　なぜ部門間で異なる感じ方が存在するのか？
　　●この変化は，各部門にどのような影響を与えるか？　各部門は，この変化と状況についてどう感じているか？
　　●この変化は，各部門にとって何を意味するのか？　各部門は，自部門が抱える行き詰まりや状況について，何を伝えようとしているのか？
　　●この変化が組織全体と各部門にとって必要な理由は何か？
　　●あなたと組織の各部門は，なぜ変化することを検討しているのか？
　　●組織の各部門は，変化することを決断した場合に，それを実行する上での自部門の能力についてどのように感じているか？
　　●各部門は，変化することにどの程度の緊急性を感じているか？

第 II 部

関わる
ENGAGING

第4章 Listening to Your Employee

従業員を傾聴する

今後，対話をする際には，次のように自身に問いかけてみてほしい。私は本当に傾聴しているだろうか？　相手の言っていることを理解しようとしているだろうか？　それとも，他のことをしているだろうか？　相手の話が終わり，自分が話す番になるのを待っていないだろうか？　今日この後やることについて考えていないだろうか？　自己批判せずに，ただそれを認め，何が起きているかを観察してほしい。本当に傾聴していることが変化とMIの始点となる。すなわち，まずは理解するために耳を傾けることから始まるのである。

　リーダーの多くは自分が傾聴できていると思っている。以前，筆者（C. M.）はソファに座りながら，隣にいた夫にその日の出来事を話していたことがあった。夫はテレビで野球を観戦しながら「うーん」「ああ」「はぁ」などと相槌を打つので，筆者は話を止め「あなたは私の話を聞いていない」と言った。すると，彼はこちらを向き私が発した言葉をすべて繰り返した。しかし，筆者は「それは聞いているのではなく，ただ繰り返しているだけ」と返した（彼の立場からすると，試合の観戦中になぜ話しかけるのか，と思うかもしれない。その時々における状況も考慮すべきである）。つまり，傾聴することの目的は，単に相手が発する言葉を聞くことではなく，その相手が伝えようとしている内容や経験していることの理解である。真に傾聴するということは発言の意味を捉えることなのである。

　傾聴の意味を説明するのに「聴」という漢字が使える。この漢字の旧字体は，「目」「耳」「一」「心」から成り立っており，聴くということは，単に耳を使って言葉を聞くだけではないことを示している（図4.1の通り）[訳注1]。つまり，聴くということは，五感と思考を駆使し，意思を疎通させるということである。

57

図4.1　漢字の「聴」

それは単に聞くことではなく，より能動的で集中的なプロセスである。Thomas Gordon（1970）は，これを積極的傾聴と呼んでいる。傾聴力を向上させる方法があるように，阻害的となるような特定の反応も存在する。効果的なコミュニケーションを妨げる聞き手の典型的な反応として，Gordonはこれらを障害物（ロードブロック）と呼んでいる。このような聞き手の反応は注文や指示，命令，警告，注意，脅迫，助言，提案，解決策の提示，理論的な説得，論争，講義，口述，反論，判断，批判，非難，辱め，暴言，レッテル貼り，冗談で話を逸らすなど，多岐にわたる。

　先述したような反応をしてしまうと，発言者による考えの探究を妨げてしまい，それによって発言内容が制限されてしまう。障害物（ロードブロック）に含まれる反応は，絶対にとってはいけないものばかりではない。もちろん，障害物が必要となる場面もあるだろう。しかし，傾聴して理解することを目的と

［訳注1］この漢字の旧字体の成り立ちには諸説がある，『角川新字源　改訂新版』（KADOKAWA）によれば，耳と，悳（正しい心）と，音符壬とから成る。聞いて正しくさばく，ひいて「したがう」，「ゆるす」意を表す。

58　｜　第Ⅱ部　｜　関わる

図4.2 従業員が発言していることとあなたが聞いていることは，同じとは限らない

している場合は阻害的となるだろう。なぜなら，対話の焦点を話し手が共有したいことから，聞き手が探究したいことへずらしてしまい，傾聴のプロセスを難しくさせるからである。

　障害物とは対照的に，相手の表現したいことを推測し，提示することで理解を示すと，傾聴のプロセスをサポートすることができる。聞き返しは相手が話を続けたくなるよう促し，また，相手の発言を整理するのに役立つ。コミュニケーションは多段階プロセスであるが，図4.2が示すように，どの段階においても混乱や誤解が生じる可能性がある。

　他者の話を聞くとき，個々の人生経験を頼りにその話を解釈するのが普通である。また，話し手による言葉の選択や感情表現から誤解が生じることもある。例えば，この図では，話し手は「発送」と伝えようとしている一方で，聞き手はその発言を「発想」として解釈している。聞き手は一生懸命理解しようとしているが，いまひとつわからない部分が残る。このような誤解は，聞き手側が，相手の発言から解釈したことを相手に聞き返せば，回避できる。聞き返しにより，話し手は意図を明確にする機会を得て，聞き手は理解を深める機会を得られるのである。

関わる

MIでは，理解するために聴くというはじめのプロセスを**関わる**と呼ぶ。関わるとは，話題や会話に相手を巻き込み，信頼と共感に基づいた関係を構築するプロセスである。ここでいう信頼と共感は，聞き手が話し手の発言に対し批判的にならずに理解することを意味する。このプロセスは傾聴することから始まるが，さらに発展していくと，話ができ，信頼のおけるリーダーであることを従業員に示すことができる。このプロセスの目的は，従業員の視点から状況を理解することである。リーダーが従業員の考えに同意しなくても，問題はない。傾聴は，同意の有無に関係なく，理解することであり，また，話し手が理解されたと感じられるように，話の内容を聞き返すことである。MIの積極的な傾聴とは，相手の発言を捉えながら，批判やアドバイスなどの障害を与えずに自分が理解したことを相手に示すことである。

間違い指摘反射

シンプルに傾聴するということが難しくなる理由の一つは，聞くだけでは不十分だと感じるリーダーが多いからである。リーダーは，目の前にあるものに反応し，対応し，解決しなければならないと感じる傾向がある。なぜなら，自分の役割は，問題を解決したり，アドバイスをしたり，従業員に方向性を示したりすることだと思っているからである。このように，問題を解決することで援助しようとする衝動は，第2章で紹介したように**間違い指摘反射**と呼ばれる。

従業員の問題やジレンマを解決しようとすることは，理解するために傾聴することとは全くもって異なる。問題を解決する願望——間違い指摘反射の良い点は，多くの場合，思いやりや共感の気持ちから来ているところにある。反対に，間違い指摘反射の悪い点は，傾聴することをやめ解決策を考え出すのはリーダー側であると暗示してしまうところにある。すなわち，リーダーによる答えが求められており，それが相談者にとっても最善であるとさえ思い込ん

でしまうことである。なぜ，このような思い込みが問題かといえば，リーダーは従業員自身ではないため，本人にとって何が最善かを知らないからである。それを知るのは，従業員本人だけである。リーダーが問題を解決したり，解決策を考えたり，アドバイスをしたり，問題について自分の意見を述べたりすると，従業員自身に問題を解決する能力がないと思っていることを示唆してしまう。むしろ，その問題の責任はリーダーにあり，リーダーによる提案こそが重要であると示唆しかねない。間違い指摘反射が邪魔をして，従業員自身が状況をどのように捉えているかを理解できず，本人による問題解決を促す可能性を潰してしまうのである。人の成長を支援したいのであれば，本人がプロセスを経て自分で計画を立てる機会を与えるべきである。代わりにアドバイスをすると，本人の自信を奪いリーダーへの依存度が上がってしまう。

　筆者の経験では，リーダーは間違い指摘反射にについて困惑することが多い。なぜなら，従業員にタスクや役割を遂行させることに責任を持つリーダーにとって，間違い指摘反射は明らかな強みだと捉えられがちだからである。アドバイスをしたり，問題を解決したりすることはリーダーの役割の一部である。自分のところの従業員は何をすべきか，仕事を任されたときにどうするのがベストなのかをわかっていない，と愚痴るリーダーは多い。リーダーにジレンマがあることは筆者も理解している。読者と同じように，ジャグリングをするかのようにリーダーは常にバランスを取りながら仕事をしている。指導し，伝え，手本を見せることがあれば，従業員がMIのプロセスを経て自身で問題の答えを出せるように探求と成長をサポートすることもある。第3章で説明したリーダーシップスタイル（指示型，支持型，指導型，委任型）は，間違い指摘反射に抵抗し，代わりにMIの対話を有益に用いる判断の指針となる。従業員の経験レベルからみて，解決策を自分で見出せるように支援するよりも，トレーニングを受けさせたほうが良い場合もある。なお，決してリーダー発信の提案や指示が必要ないと言っているわけではない。第11章では，MIと一貫性のあるモデルで，情報やアドバイスを提供する方法を紹介する。このモデルは，E-P-E（elicit-provide-elicit）と呼ばれ，まずアドバイスや情報を提供する許可を得てから従業員自身のアイデアを引き出し，次に自分のアイデアを与え，最後に再び従業員の反応を引き出すというものである。他方，アドバイスや解決策を提供することは単に目の前の問題への対処にとどまり，従業員の自信やスキル

を向上させ将来的に他の問題をも自己解決できるようになるという，より大きな問題にとって機会喪失に繋がる，と主張したい。

　自身が生き生きとしていて，会社やリーダーからも必要とされていると感じられている人は，組織にとどまり，会社のミッションの成功を支えるためにより積極的に働く傾向にある。Daniel Pink（2009）は，この考え方が，従業員のモチベーション向上に繋がる要因を特定するうえでの鍵となる，と述べている。Pinkは，研究によると人間には生まれながらにして三つの心理的欲求が備わっている，と指摘している。その欲求とは，すなわち「有能感」「自律性」「関係性」である。「これらの欲求が満たされると，やる気が出て，生産的になり，幸福感を得る。……人間には，自律し，自己決定し，お互いにつながっていたいという先天的な内的欲求がある。……そして，その欲求が解放されたとき，より多くのことを達成し，より豊かな人生を送ることができるのである」。したがって，リーダーの最たる目標が，ミッションを達成し収益を上げることであるならば，その目標を達成するためには，スタッフを巻き込み，成長させ，その過程でスタッフの離職率を下げることが不可欠となる。

　筆者はMIの指導を行う際，リーダーたちに，スタッフに求める行動を書き出してもらうことがよくある。読者にも同じように，チームや従業員にどのような行動や資質を求めているのか，自問してもらいたい。典型的な回答例としては，創造性，イニシアチブ，独立性，情熱，フィードバックの受容，説明責任，解決策を見出す能力などが挙げられる。次に，これらの行動を育成するために，リーダーとしてすでに行っていることを書き出してほしい。従業員による望ましい行動や資質を生み出すために，具体的に何をしているだろうか。研修でこの質問をすると，いつも良いディスカッションが始まる。「従業員には率先して行動してほしいと思っているが，彼らはいつもリーダーである私が決断するのを待っている」「従業員自身で問題を解決してくれればいいのに，私の意見を求めてスタッフがドアの前に一日中列をなしている。自分で考えることをしないからだ」。このようなコメントを聞くと，従業員が課題やジレンマ，葛藤をリーダーに訴えても，リーダーは，従業員が自分で解決策や答えを出すのを助ける代わりに，問題を解決することで対応しているように思える。リーダーが常に間違い指摘反射によって反応し解決策を提示し続けると，従業員の業務能力は向上しない。

もちろん，間違い指摘反射による反応をしないためには信念が必要である。すなわち，相手を信じ，本人が問題を自己解決できると信じることである。相手に共感を示し，MIを効果的に活用するためには，従業員が自分なりの考えや解決策を持っていることを疑わず，会話の中で傾聴し導くことで本人が最適な選択をし，成功を収められると信じることが重要である。

　リーダーが問題を解決することが必ずしも間違っているわけではない。リーダーが意見を共有し，答えを提供し，相手を特定の方向に導きたいと思うこともあるだろう。しかし，通常はリーダーよりも従業員のほうが自分の人生や置かれた状況に精通しており，それに対し答えや解決策を編みだす力を持っている。自分自身で考え出した提案のほうが，リーダーの提案よりも効果的なはずである。その解決策を受け入れ，実行するためには必要なことを何でもするだろう。そもそも，本人が発案したのだから。

リーダーが傾聴するために役立つスキル

　理解するために真に傾聴し，関わることを目的とする場合にどういったスキルが役立つだろうか？　それは，**開かれた質問**（open-ended questions），**是認**（affirmations），**聞き返し**（reflections），**サマライズ**（summaries）など，リーダーがすでに知っていて使っているものばかりである。MIでは，これらのスキルのことをそれぞれの頭文字をとって**OARS**と呼ぶ。OARSは，カウンセリングでよく使われるスキルで，個人による探究や議論を促すためのものである。OARSは，MIに特有のものではなく，多くのカウンセリングアプローチやマネジメント戦略において，傾聴スキル向上の方法として教えられている。傾聴スキルについては，関連する書籍がたくさんあるため，興味がある読者は参考にすると良いだろう。例えば，William R. Miller（2018）が最近書いたリスニングに関する短編『*Listening Well: The Art of Empathic Understanding*』から始めてみると良い。本章でも，それぞれのスキルについて簡単に説明をしておきたい。

⊙開かれた質問

　先に紹介したThomas Gordonの障害物には，対話の中で障害となる質問も存在する。なぜなら，質問は聞き手が設定した方向に誘導することがあるため，話し手が共有したいことへの妨げとなるからである。一方で，開かれた質問は，従業員の伝えたいことを理解するための重要なツールとして働く。さまざまな質問のかたちの中でも開かれた質問は特に，特定の状況下で従業員にとって何が重要なのか，本人が何に価値を置いているのか，何が達成可能であると考えているのかを把握するのに役立つ。なお，注意したいのは，閉じられた質問をしすぎると，対話が探究の場ではなく尋問となってしまうことがある点である。聞いたことに対して矢継ぎ早に質問をしてしまうと，従業員を評価しているようで，質問はもはや理解への道筋を作らない。

　理解するために傾聴したければ，閉じられた質問ではなく，開かれた質問をしたほうが良いだろう。閉じられた質問は，従業員の回答を制限しがちである。閉じられた質問の例としては，「チームには報告したか」「何名のスタッフがこの案件を担当しているのか」「いつまでに完了するのか」などが挙げられる。閉じられた質問からは，通常，「はい」か「いいえ」か，あるいは特定の回答しか得られない。これに対して，開かれた質問は，相手が自由に考えを述べることができる。開かれた質問には，例えば次のようなものがある。「この件はチームにどのように影響するだろうか」「このことを他の人と共有するためにどうしたらいいと思うか」「どういったことを計画しているか」などである。開かれた質問をすると，その人の信念や考えを詳述してもらえることが多く，関わるプロセスにおける強力な第一歩となる。

⊙是認

　是認することもリーダーが従業員の話を傾聴するうえで使えるスキルの一つである。是認とは従業員の持つ強みや価値観，努力に気づきそれを認めるような発言や聞き返しのことである。このように従業員を認めることは，本人を励ますと同時に，本人への理解を深めるための手段ともなる。ただし，是認するとは相手のことを判断したり，相手の行動を承認するために父権的，権威的ア

プローチをとったりすることではないと覚えておく必要がある。むしろ，従業員の強みや価値観，あるいは従業員が行った努力に注意を向けることを意味する。是認の例としては「あなたがこの件にひたむきに取り組んでいるのがわかります」「チームや仕事に対してあなたが情熱を持っているのが伝わります」「あなたは打たれ強く，何事も諦めない」などがある。是認により従業員は強みと自信を築くことができ，肯定感が満たされ理解されていると感じられる。リーダーによる是認は，従業員に強い影響を与え，個々が感じる評価，感謝，信頼，存在意義に繋がることを念頭に置くべきである。

　何をもって是認とするかは，文化や個人によって大きく異なるため，その点に留意する必要がある。また，是認しすぎても，逆効果となりうる。是認は正直でなければならないからである。すなわち，リーダーが本当に感じ，信じていることであり，単なる応援であってはいけない。是認を頻繁に行わないタイプのリーダーの場合は，その稀少性自体が強い影響力がある。対して，自然と定期的に行うタイプであっても，頻度は多くても，同等に誠実で正直なものとなりうる。また，従業員自身の反応や肯定を受けたい度合いも異なるだろう。定期的に是認されることを好む人もいれば，頻度が少ないほうを好む人もいるだろう。ここで重要なのは，是認は受け手が肯定されていると感じて初めて成立するということである。「美は見る人の目の中にある」という言葉のように，是認もまた，受け手の心や耳の中にあるといえる。

◉聞き返し

　聞き返しは，思いやりのある傾聴の真髄である。リーダーの目的が従業員への理解を示すことであるならば，聞き返しをする能力は最も重要なスキルといえる。聞き返しをするということは，光が鏡に反射されるように物事を投げ返すことであるが，これに加えてある話題について振り返るときのように，考えることや考慮することを伴う。このように，MIを用いた対話における聞き返しには二つの意味合いがある。すなわち，聞き返しをする際には，相手の発言に対する自身の解釈を形成し，それを相手に返すのである。また，従業員が共有した内容に応答する。ここでいう応答は，相手の発言から理解したことを説明し，自分の理解が合っているかどうかを確認するためのものである。

従業員を傾聴する　第4章　65

聞き返しを行う際には，従業員が実際に伝えたいことへの理解に近づくために，相手の発言した意味内容を推測する。聞き返しを行う際には，言葉だけでなく，その他の非言語的な情報も考慮する必要がある。相手が何を考え，何を経験し，何を感じているのかを理解するよう努めるのである。聞き返しは，注意深く相手の話を傾聴していることを示すのに効果的な方法である。聞き返しが上手くできているときには，典型的な反応として，相手は自分の心中を説明し続ける。目安として，一つの質問に対し少なくとも三つの聞き返しを提示すると良いだろう。以下に具体例を挙げる。

●聞き返しの例A
　従業員：（うつむき，低いトーンで）期限に間に合わなさそうなので，どのようにすればいいか相談させてください。私もチームも残業して頑張ってきましたが，どうしても期限までに終わらせることができそうにありません。

　リーダーの聞き返し：そのタスクはあなたにとって本当に重要であり，あなたもチームも考えられる限りのことを尽くしました。今はただ，期限のことについてどうしたらいいのかわからず，困っているのですね。

　従業員：ええ，とても困っています。今はまだ出口が見えませんが，この状況を打破したいです。

　リーダーの聞き返し：あなたがそうしたいと思っているのは明白です。なぜ今そんなに行き詰まっていると感じているのか，もっと教えてください。

●聞き返しの例B
　従業員：（オフィスに笑顔で駆け込んできて，早口で話しながら）私たちのチームにぴったりの新しいプロジェクトがありそうです。少しお時間ありますか？

　リーダーの聞き返し：もちろん。あなたがワクワクしているのがうかがえるので，もっと話を聞きたいです。

　従業員：今，追加で仕事を請け負う余裕がないのはわかりますが，この素晴らしいチャンスを聞いたら，きっと考えが変わると思います。

　リーダーの聞き返し：私があなたの熱意に共感することで，チームがこの新

66　第Ⅱ部　関わる

規プロジェクトに取り組めることを期待しているのですね。なぜあなたのチームがこのプロジェクトに取り組むべきだと思うのか，また，あなたが抱えている他の課題を加味し，このプロジェクトについてどのように考えているのか，詳しく教えてください。

いずれの例でも，聞き返しは質問として形成されていないことに注目してもらいたい。聞き返しはあくまで，応答なのである。従業員がさらに話しを続けるよう勧めているので暫定的な質問のように感じるかもしれないが，聞き返しは，直近の発言や表現を反映させることを目的としている。次に説明するサマライズともよく似ているが，聞き返しはサマライズとは対照的に，通常一つか二つの文のみで形成される。したがって，非常に短いサマライズと捉えて良いだろう。

⊙サマライズ

聞き返しを短いサマライズと呼ぶならば，**サマライズを長い聞き返し**と表現することもできる。サマライズとは，考えを繋ぎ合わせたり，大量にある情報を要点やテーマごとに凝縮したりするために一連の発言をまとめることを指す。重点理解をしていることを確認するための方法であり，これまでに理解した内容を総合的に要約するためによく使われる。また，従業員側が要点をまとめるのにも役立つ。さらに，対話の一部分を切り上げ，次の段階やテーマに移行することを容易にする。サマライズの例は以下の通りである。

●サマライズの例A

従業員：私は，チームメンバーと一緒にマニュアルの改善に取り組んでいますが，他のメンバーはこのプロセスに対し非常に不満を抱いています。この取り組みに対する重要性を理解していないようです。私のどこがいけないのかわかりませんが，真意が伝わらず改善の必要性を感じてもらえません。マニュアルの問題は今に始まったことではありませんが，あまりにも長い間放置されていたため，真剣に捉えてもらえないのかと思います。メンバーたちは，マニュアルの改善が会社の求めることである

従業員を傾聴する｜第4章｜67

と思っておらず，私一人で対処するのを待っているのです。このまま口うるさく言う以外にどうすればいいのかわかりません。口うるさい母親のようになるのは嫌です。

リーダーのサマライズ：今おっしゃった内容をすべて理解できたかどうか，確認させてください。あなたは，マニュアルの品質についてとても心配しています。さまざまなことを試してみましたが，結果が出ず，チームに真剣に取り組んでもらうために，他に何かできることはないかと考えているのですね。これで正しい理解でしょうか？　何か見逃している点はありませんか？

●サマライズの例B

従業員：誰かが病欠をして他のチームメンバーが業務を補う必要があるとき，チーム内で私だけが立候補することにうんざりしています。このままでは困ります。家にいられる時間がなく，何度もシフトに入ることで家族の時間を失っていることに，家族からも腹を立てられています。働けるのは私だけではないし，他の人が協力してくれればそれほど負担にはならないのですが，誰も協力してくれません。今後は，依頼を受けても返事をしたくないと思っていますが，チームプレーヤーでありたいと思っている私にとってそれは正しいアプローチに感じられません。ただ，この状況に非常に苛立ちを感じています。

リーダーのサマライズ：あなたは頻繁に他の人の手助けをしていますが，他の人があなたに対し同様のことをしてくれないことに不満を感じているのですね。あなたはチームプレーヤーでありたいと思っているものの，今はチーム内の公平性のバランスがとれていないと感じている。そして，よりチーム力が強化されることを望んでいるのですね。合っているでしょうか？

共感

　OARSはいわばMIの技術的な側面であり，この技法を用いるうえでの基本的なツールとして役立つ。しかし，これまで何度も述べてきたように，MIのバックボーンとなるのは，従業員個人や組織内の個々のグループと対話をするときのリーダーの意図である。ここでいう意図は一部，**共感**に基づいている。共感は傾聴とMIの中心にある。真に傾聴することで，また，従業員が何を感じ，伝えたいかを推測して述べることで，さらには，可能な限り理解に努め，共感を示すことで，相手が変化のプロセスに関わるための基盤を構築することができるのである。特に聞き返しは，共感と理解を示唆する。聞き返しをして相手を評価しないことで共感を示し，相手に「私はそれを理解しています。それをあなたの現実として受け入れ，あなたの視点からこの状況を見ようとしています。私は批評せずにあなたを受け入れます」と，伝えているのである。

　共感は，人が苦労していることに同情したりする感情と混同してはいけない。共感とは，相手の視点に立って状況を共に見ようとし，その人の経験していることを捉えようとすることである。共感を示すということは，相手の視点に一時的に立って，それがどのようなものかを感じ，理解することである。

　例えば，第3章で紹介した非営利の社会福祉施設の施設長であるドナは，従業員のローラに会議の代理出席を依頼した。会議に代理出席するということは，1時間ほど大勢の前で施設のことを話さなければならないことを意味した。ローラは，いつでも人の役に立ち良い仕事をしたいと思っていたので，この仕事を引き受けた。しかし，ローラに会議の進行を依頼した直後，別の職員がドナのもとにやってきて，ローラがオフィスで不安そうに震えていて，今にも具合が悪くなりそうである，と告げた。ドナがローラにどうしたのかと尋ねると，彼女は，大勢の人と話すのが苦手だが，自分の助けが必要とされていることは理解しているし，何とかやり遂げられると思った，と答えた。グループや大勢の人と話すことはドナにとっては困難ではなく，日常的に行っていることであり，むしろ楽しんでいる。しかし，ドナは少し立ち止まりローラの視点からそのタスクが彼女にとってどのように感じられたか，そしてそれが生み出す恐怖や不安について，批判することなく理解した。これにより，ドナは対話を円滑に進

従業員を傾聴する　第4章　69

めることができ，結果としてローラは職場の能力開発計画の一環として，人前で話す能力の開発に取り組むことになったのである。ローラは，将来的に会議に代理出席する，といった目標に向け，取り組むべき事項と自分なりの提案を挙げたが，短期的には，ドナが他の従業員を見つけ代わりに依頼をしていた。仮に，ドナがローラの経験していることを理解せずに，彼女の抱える恐怖心を批判したり，笑い，からかったり，会議への出席を押し付けたとしよう。ローラは所属する施設を代表して素晴らしい仕事をすることも，人前で話す能力を向上させることもなかっただろう。ローラは，自分の経験をありのままに受け入れることで，大勢の人の前で話せることを目標に前進できたのである。そして，結果的に彼女はとても上達したのである。

　共感するとは従業員と同じ気持ちになるという意味ではない。また，共感を示すために同じ状況を経験する必要もない。ただ，従業員の立場から状況を見て，感じ取り，理解し，相手にその理解を示すことである。共感することで，その相手にとっては困難に感じるものを認識し，その経験を批判することなく，行き詰まりを感じる理由を理解できる旨を伝える。言い換えれば，MIのスピリットである受容と思いやり（コンパッション）を用いるのである。このスピリットこそが，MIのスキルの指針となる。

両価性を理解する

　従業員が自身の抱えている問題を打ち明けるとき，その中から**両価性**について聞き取れることが多い。両価性とは，何かに対し同時に二つの感情を抱くことである。通常，両価性のある人は，変化に対して同時に賛否両論の主張をする。両価性が存在しない場合，MIはおそらく最適なリーダーシップ・アプローチとならないが，存在する場合は，特に役立つコミュニケーション戦略となる。なぜなら，話の内容を理解する力をもたらし，**行き詰まった**状況の一部分だけに反応して対処することを回避できるからである。従業員は，二つの考えの間で悩むように，両価性を抱いているときに行き詰まりを感じるものである。従業員が変化への決断をする準備ができたと感じるのは，変化することで得られ

るメリットが現状維持により得られるメリットを上回ることがわかり，かつ，変化できることを確信できたときである。

両価性がどのようにして生じるかを理解することは，従業員の経験に共感するうえで役立つ。両価性を変化のプロセスの一部として受け入れることで，相手を批判したり代わりに解決をはかったりすることなく，理解するために傾聴しながらプロセスを進めるという目標に注力できる。

重要性

両価性は状況によって見え方が変わるので，それが何によって影響を受けるかについて考えることが重要である。従業員から問題や苦悩について打ち明けられた際，それが本人にとってどれほど重大か，また，他の重要な問題とどのように対立しているかを考えることがあるかもしれない。例えば，最近，筆者（C. M.）は，ソーシャルワーカーのジェーンと，彼女の実績や彼女が望む組織内でのキャリアアップについて話していた。昇格するためには，プロジェクトや予算，ビジネスプロセスの管理に関するトレーニングを受講する必要があるが，週末の授業を受けるためには費用もかかるし，子どもと過ごす時間も削られてしまう。自身が何をしたいかを理解するために，彼女は昇進の可能性と家族の時間や家計に与える影響について検討した。このケースにおいては，いずれも彼女にとって重要性が高かったことが，彼女の決断を難しくしていた。

また，検討している変化が他の優先事項と比較したうえで重要であるかわからず，両価性を抱えることもある。例をあげると，看護師のジョンは，自分が所属するチームの生産性について問題意識を持っていることを話した。彼は，業務時間内に集中できるよう，チーム内の報告フローを改善することを検討していた。彼は，他のスタッフが収益活動に集中し時間を費やせるよう改善が必要であると考えていたが，同時に患者ケアの質向上に費やす時間が減ってしまうことを懸念していた。質にこだわればこだわるほど，業務時間が増えるのではないかとも考えていた。要するに，彼は生産性にフォーカスする必要があるのか，報告フローを調整する必要がないのかわからなかったのである。そこで，

従業員を傾聴する　第4章　71

ジョンとの対話においては，仕事の質と量のバランスをとることの重要性についての彼の考えと，彼のチームがこの問題にどのように対処しているかということに焦点を当てた。なぜなら，いずれも重要であったからである。

　ジェーンもジョンも変化を起こすことで払うコストと得られるメリット，そして本人にとっての重要性を吟味していた。どのような変化にもコストはつきものであり，従業員にとって何が重要かを検討することは，従業員が両価性を解消するプロセスの一貫として役立つ。人は，変化することの重要性が変化しないことの重要性を上回るときに，変化を起こすのである。

自信

　両価性は，本人の**自信**，すなわち自分は変化を起こせるという確信からも影響を受けることがある。心理学者の Albert Bandura（1997）は，この信念を「自己効力感」と呼んでいる。Bandura の研究によると，人は個々の能力について信念を持っており，この信念こそが実際の能力と同程度，成功を左右することが明らかになっている。従業員自身ができないと感じることは，行動に移せない傾向にある。また，達成できないと感じている変化に対しては，重要度を下げてしまうかもしれない。マネージャーのジュリーの例をあげると，彼女は非営利の社会福祉施設の施設長，ドナとの会話の中で，チームのパフォーマンスを診断し分析できるよう，データやレポートを用いる自身のスキルの向上が必要であると伝えた。ジュリーは，チームの実績を正確に把握し，適切なトレーニングや指導，そしてサポートを提供できているかを確認したいと考えていたため，これを重要性のある課題として捉えていた。その一方で，データを実際に扱えるかについては，自信がなかった。彼女は，これまでの人生においても，データやレポートを扱うことへの苦手意識があり，学校で統計学の授業中もいつも混乱していたことを話した。すると，彼女は話を進めていくうちに，現状，チームとしては成功を収めているので，レポートがそもそも必要かどうかわからない，と言い出した。チームを導くために必要と感じていても，レポートやデータの分析能力に対する自信が，彼女の両価性の中心にあったのである。ド

ナとこの変化について話しているうちに，彼女の自信は失われ，その重要性も後退していった。そして，データをフィードバックの手段として導入する必要がないと，自分自身を説得するに至ったのである。

両価性は抵抗のように聞こえる

　さまざまな形の両価性について話を聞くと，それが変化に対する抵抗のように聞こえることが多い。リーダーは，両価性に内在する葛藤を見逃しがちである。ジュリーの例でいえば，一見，変化に抵抗しているように感じられるかもしれないが，実のところ彼女は，データやレポートに重要性を感じ，使いたいと考えており，一方で，それを正しく実行できる自信がないということを理解できないリーダーが多い。両価性の持つ双方の面を見逃してしまうと，一方の側面にフォーカスしてしまい，傾聴し理解の聞き返しをする代わりに，変化すべき理由を主張し始めてしまうことがある。さらに，相手に決断や変化を求めるプレッシャーをかけてしまうことさえある。リーダーがスタッフの間で消極的な態度をとっているときも，間違い指摘反射の一例としてよく見られる。しかし，リーダーが一方の主張に肩入れすると，自然と相手はもう一方の主張をし始めるものである。なぜなら，相手は心の中ですでに両方の圧力を感じているからである。そうすると，相手が自分で答えを出せるよう傾聴しガイドする代わりに，議論になってしまう。

　ジュリーの例で説明すると，もし変化の側面のみにフォーカスしていたとしたら，彼女がデータやレポートを扱えることを信じている，と伝えただろう。彼女が思っている以上に能力があると説得し，データ材料を一緒に見てあげることを提案したかもしれない。しかし，ジュリーは両価性を抱えているため，話を傾聴し理解してもらえたと感じるのではなく，むしろ変化を押し付けられたと感じ，チームを管理するためにデータやレポート分析は必要ないという反論をする可能性がある。他方，話の内容から両価性を聞き取り，ジュリーの代わりに問題を解決するよりも，取るべきアプローチがあると理解できていたとしよう。あなたは，彼女がデータやレポートを利用する準備ができ，その意思

従業員を傾聴する　第4章　73

があり，また，可能であるタイミングを自身で判断できるようなプロセスへ彼女を導くことができ，彼女の両価性と望みの両方について聞き返しをすることができる。例えば，以下のような会話が想定できる。

> ジュリー：データ処理にはいつも苦労します。新しい分析結果が，チームの業績向上に本当に役立つかどうか自信がありません。チームは上手くやっているし，毎週業績も向上しているので，データを利用する必要はないのかも。データを見れば，課題が見えてくるかもしれないし，スーパーバイズ上の指標となるかもしれません。でも，そもそもデータを理解できているかどうか私には自信がないです。
>
> マネージャー：自分のチームをできるだけサポートしたいわけですね。それで，実際に今は上手くいっているのだけど，レポートやデータをもっと効果的に使う方法を理解できていたとしたら，さらに業績が良くなるかもしれないと考えている。自分にはレポートを使いこなせていないのではないかという不安がある一方で，マネジメントにおけるデータ活用の重要性も知っているわけです。
>
> ジュリー：そうです。データ活用のメリットは実感しています。同僚は，データを活用することで，従業員の適性にも着目できるようになったと言いますが，みんなはデータを使いこなすスキルが私よりもあるからでしょう。私も，もっとできたらいいのに。
>
> マネージャー：周りがデータの活用によるメリットを享受しているのを見て，自分もそうしたいと思っている。そして，データをどのように活用すれば自分のためになるのか，自分自身で考えようとしている。
>
> ジュリー：そうです。私もデータを使えるようになりたいと思っています。ただ，データの読み方を習得し，上達する過程から理解しなくてはいけません。みんなと一緒のミーティングに参加して，みんながどのようにデータを使っているかを見れば……そうすれば，何かヒントが得られるかもしれません。

　上記のように，相手の発言から理解したことを聞き返すことで，ジュリーがどの点で苦労しているかをより明確に理解することができる。これにより彼女

は，リーダーからの目を気にすることなく，自分自身でその状況をどう感じ取っているのか，探究することができる。圧力をかけていないことで，むしろ彼女に変化を検討させることができる。このプロセスは，行き詰まりから抜け出すための重要な第一歩となる。

⊙価値観

　両価性は価値観の対立やズレから生じることもある。自分の価値観に沿って生きることは継続的なプロセスであり，決して終わりはない。例えば，正直であることに価値をおいている場合，「これで私は完全に正直になりました」と言い切れることはない。正直であるためには，日々の選択，態度，そして行動のパターンにおいても一貫性を持つことが求められる。価値観は行動の原動力となり，人が人生において難しい変化を遂げる助けとなる。また，価値観は自分の行動を導くものであり，特定の行動や変化に見出す本当の価値観を探ってみると，その価値観こそがその過程における燃料となることがわかる。かつてRoy Disney が述べたように，「自分の価値観が明確であれば，意思決定は容易になる」のである。

　従業員は職場でも自分の価値観に沿って生きようと努める。メンタルヘルス部門の副理事長であるヘンリーは資金調達の責任者であった。彼はこの役割を通じ，自身の価値観との対立に直面した。なぜなら，人に会って資金援助を頼むとき，不正直な態度を取らざるをえないと感じていたからである。価値ある大義のためにできるだけ多くの資金集めをすることが彼の目的であったが，資金集めという行為そのものは，彼が考える自身のあるべき姿と合わなかった。彼は，資金調達活動を成功させる上で，常に誠実でいることは難しく，むしろ詐欺師になる必要があると感じていた。誠実さと正直さは，彼が最も大切にしている二つの価値観であったため，結果として彼はその役職を上手くこなせず，仕事を楽しむこともできなかった。しかし，幸いなことに彼には悩みを一緒に考えてくれる上司がいた。その上司はヘンリーに，資金調達の業務を上手くこなせないというジレンマに対し，彼が価値観として掲げる誠実さと正直さが，どのようにして関係しているのかを説明するよう求めた。ヘンリーは，偽りや不誠実な態度が自分を不快にさせ，思うように力が発揮できないと説明した。

従業員を傾聴する　｜　第4章

すると，上司はヘンリーに，彼の大切にしている価値観を，現在の悩みへの対処法を決めるのに役立てられないか考えるように言った。ヘンリーは，資金調達の先にあるミッションと目的の正しさは信じており，ただ，誠実に行う方法さえ見つけられれば，新しいアプローチを学ぶことには前向きであると話した。上司は，ヘンリーには業績向上の意欲があり，崇高な目的のために資金調達をしたいと考え，こうした目標を達成しながら誠実で正直でいられるための新しいアプローチを学ぶことに関心があるとサマライズした。こうして葛藤を解消することで，ヘンリーは自身の抱える両価性を解消できた。すなわち，今までのアプローチを変え，業績を向上させるために異なる資金調達の方法を学ぶことを決断したのである。これは，価値観の明確化が両価性の解消につながる一例にすぎない。相手が何を大切にしているのか，価値観が直面している状況にどのように影響しているかを考えてもらうことは，正しい方向性を見出すために有効な手段である。

　職場において個人の価値観を探ることは，変わった行為であると思われるかもしれない。しかし，相手の持つ価値観を評価したり，主な強みを探ったりすることで，その個人の価値観や強みが業績を左右するだけでなく，リーダーにとっても重要であることを相手に示すことができる。また，意思決定や行動の指針となる価値観を持つ一人の人間として従業員を理解するためにも，役立つのである。リーダーがそれを探求しなくても，従業員の行動や決断の原動力となっているのは本人の価値観である場合が多い。したがって，従業員の価値観を明らかにすることは，その従業員の行動や言動を理解し，成長をサポートするのに役立つ。

◉目標／ミッション

　価値観と同様，個人的なビジョンや目標も，従業員の両価性の中心にあるといえる。目標には，具体的なものと，より一般的なものがある。例えば，プレゼンテーションソフトをより効果的に使いこなせるようになり，チームを率いる力を向上させる目標を掲げたとする。プレゼンテーションソフトを使いこなせるようになるという目標は，具体的で必要とする時間も限られている。研修を受講したり，メンターに指導を頼んだり，本を読んだりして学ぶことができ

る。しかし，チームを率いる能力をつけることは，継続的な目標である。この目標を達成するためには継続的な追求のために，継続して努力するだろう。

　目標は，他の優先事項と対立することがあり，それによって両価性が生じることもある。例えば，筆者（C. M.）の職場には以前，メレディスという従業員がいた。彼女の目標は，現在のカウンセラーとしての仕事を上手くこなすことに加え，人を指導するトレーナーになることであった。しかし，当時，彼女はトレーナーの役職に就いておらず，組織は経験のある分野にのみ期待をしていた。良い仕事をしたいと望んでいたメレディスは，現職における研修や会議に参加するか，将来的にトレーナーになるための研修に参加するかの選択を迫られることがよくあった。カウンセラーとして実績をおさめることを重視しながらも，トレーナーとしても前に進みたいと望んでいた彼女には，常に葛藤があった。

　もう一つよく見られるのは，会社が従業員のビジョンと一致しない方向に進んでいる場合に生じる葛藤である。

　先述した資金調達を主導していたメンタルヘルス部門の副理事長のヘンリーの話が良い例である。ヘンリーの組織は，クライエントに対して行っている業務を支えるために資金調達の必要があった。ヘンリーは，資金調達を業務として担当することになるとは想像していなかったし，それが要となる仕事であると知っていたらこの役職には応募しなかっただろう。しかし，組織が抱える優先事項と自身の役割が徐々に変更されていき，資金調達を主な仕事として担当するに至ったのである。価値観の対立を解決させた後も，ヘンリーと上司は，彼が成功するうえで改善できる点が残ると感じていた。ヘンリーは，現職が自身のやりたいことではないと心から感じており，資金調達の分野で成功するために必要なことを学ぶことにも消極的であった。結局，彼は自身の目標や強みに合った新しい役職を見つけることができた。

◉両価性が重要であることを認識する

　両価性は，やる気や思いやりの欠如，総合的な職場態度の消極性などと誤解されがちである。しかし，リーダーが自身の判断を保留し，両価性を聞き出し，理解しようとすれば，従業員が両価性から抜け出すためのより良い状況を作り

出すことができるだろう。しかし，まずは，両価性を認識することが重要である。両価性は往々にして人の表向きの顔に隠れているため，認識することは必ずしも容易ではない。筆者は，リーダーの役割を担う同僚によく，こう言う。「朝起きて，上司の一日を悲惨なものにしたいと考える人はいないでしょう」。ほとんどの人は，良い仕事をして向上し，成長したいと思っている。最近の研究では，仕事に意義を見出せる要因として，自己成長が第一に挙げられている（Hickey, 2018）。また，ほとんどの人は，仕事に意味や充足感を求めている。しかし，そのためには，傾聴し，理解し，上手くいくアイデアや解決策を見つけられるよう導いてくれる人が必要である。それによって，自身の準備と意欲と能力が整っているときに決断をすることができるのである。つまり，対話を通じて抵抗感やモチベーションの低さ，思いやりのなさなどに聞こえるものは，多くの場合，両価性である。どういった声に両価性が潜んでいるかを理解することで，従業員の経験に共感することができる。両価性は変化のプロセスにおいて正常に存在する一部であることを理解すると，相手を判断したり，改善しようとしたりするのを控え，理解するために傾聴するという目的に集中することができる。

関わりは始まりであり, 終わることのないプロセスである

リーダーが十分な時間をかけて関わるプロセスを行わなければ，MIの他のプロセスも成功しないことを覚えておく必要がある。筆者は，関わるプロセスの重要性を理解せず，計画や行動に早く移ろうとプロセスを早く進めてしまうリーダーをよく目にする。しかし，変化を実現させるためには，従業員の視点を理解し，信頼や共感，偏りのない見方，従業員の自律性の尊重，そしてサポートを基盤とした関係を構築する必要がある。関わるプロセスは，まずはじめに行い，対話の中で継続させなければならない。次のプロセスに移る前には，自身が従業員のことを十分に理解しているか，また，従業員が理解されていると感じているかを振り返ることが大切である。

要約

　関わることは，MIにおける最初の，そして最も基本的なプロセスである。**傾聴**は，個人と関わる際に最も重要なスキルであるが，聞くことと応答することとは異なる。傾聴は能動的な行為であり，相手から聞いて理解したことを聞き返し，伝えられたことを本当に包含できているようにする。

❖従業員の事例──スーザンとの対話

　第3章で紹介したスーザンとの対話の続きを見てみよう。おさらいすると，上司のジムが，部門のリーダーであるアシュリーにスーザンとの面談を依頼した。スーザンは現在の業務に不慣れで，新規クライアントの獲得に苦戦していた。以下は，主に関わるプロセスと理解に集中した会話の始まり方である。

> **アシュリー**：私に何かできることがあるかもしれないということで，ジムから，私に会うよう言われたのですね。あなたは，今の役職で要求されている基準を満たすよう業務の習得に努めてきましたが，それに苦戦している。そうでしょうか？
>
> **スーザン**：はい。苦労しています。助けていただけることかどうかわかりませんが，何でも試してみたいと思っています。私は今のチームがとても好きだし，この仕事に意義を感じています。ただ，新規クライアントの獲得に真剣に悩んでいます。
>
> **アシュリー**：あなたは本当にこれを成功させたいのですね（**是認**）。現時点では，実際のところ何が解決してくれるかわからないが，この対話にもオープンだし，最善を尽くすことに前向きなのですね（**聞き返し**）。
>
> **スーザン**：ええ，もし助けてもらえるなら，非常にありがたいです。
>
> **アシュリー**：それでは，まず今の状況をあなたがどう捉えているかを説明してもらえますか（**許可を得る**）？　あなたはどう感じていますか？　苦労している点について，教えてください（**開かれた質問**）。
>
> **スーザン**：もちろんです。ご存知のように，現時点で私が目標を達成するた

従業員を傾聴する｜第4章

めには，1日に1人，1週間に5人以上の登録者が必要です。しかし，未だにそれを達成できていません。これまで，一度たりともです。見込みのあるクライエントとの会話では，私たち組織が何をしていて，どのように役に立てるかについて説明をしますが，相手に関心がないと言われるような気がした途端，私は話を中断し，会話を続けられなくなってしまうのです。期待に応えようとするあまり，相手のニーズを見失ってしまうのです。

アシュリー：あなたは，期待へのプレッシャーを感じていて，そのプレッシャーが影響して，クライエントの声やニーズを聞けなくなっているのですね（**聞き返し**）。

スーザン：職場を辞めたくないから，クビになることを非常に心配してしまいます。実は私，これまでの人生で何かに失敗したことがありません。学校の成績も良かったし，ダンスの大会でもいつも優勝していたし，今だってコーチをしているダンスチームの大会ではほとんど優勝しています。一試合負けても，敗退せずに最終的には優勝してばかりです。今まで一度も失敗をしたことがないから，私は失敗したときの対処法が本当にわからないのです。

アシュリー：成功するまでやり遂げるのに慣れているあなたが，今回は普段どおりにいかず困惑していて，どう対処すればいいのか，わからないのですね（**聞き返し**）。

スーザン：そうです。固まってしまうんです。失敗している，と自分に言い聞かせてしまうんです。

アシュリー：仕事は，他の面ではどうですか？　新規クライエントの獲得以外の業務では（**開かれた質問**）。

スーザン：他はとても上手くいっています。プログラムの登録を希望さえしてくれれば，簡単に仕事を進められるし，クライエントが何を求めていて，それに応えるためにどうすればいいのかを理解することもできます。ただ，それ以前の部分だけが，ひどく難しいのです。

アシュリー：わかりました。では，私が理解したことを確認させてください。あなたはほとんどの仕事を上手にこなしている。ただ，新規クライエントの獲得をする業務の最初の部分だけには苦労している。しかし，

80　｜　第Ⅱ部　｜　関わる

今のチームのことが好きだし，クライエントとの仕事に意義を感じているから，この問題をなんとか解決したいと思っている。あなたは，普段から物事に一生懸命力を注ぐことに慣れていて，結果的にいつも成功するので，この業務だけ難しい理由がわからず，困惑している（**サマライズ**）。今ので，何か見逃していることはありますか（**開かれた質問**）？

スーザン：いいえ，ありません。勝てないことには慣れています。すべてのダンス大会で1位になったわけではありませんし，現在コーチングしているチームも然りです。ただ，ここで経験しているように，毎日，毎回，負けることには慣れていないのです。

アシュリー：小さな挫折は想定できても，一度も目標を達成できないことには困惑してしまうということですね（**聞き返し**）。

スーザン：そうですね。

アシュリー：苦労している点は，失敗することに気を取られ固まってしまうところですね。この感覚が嫌だし，なぜここまで行き詰まっているのかわからず，困惑している。あなたは，この問題を解決することをとても重要視している。失敗することに不慣れで苦手なので，なんとかうまくいく方法を見つけたいと思っている。また，あなたは今のチームが好きで，仕事にも意義を感じているので，この環境で成功できることだけを考えている（**サマライズ**）。

スーザン：その通りです。

自己振り返り演習

従業員を傾聴する

　問題解決に走らずに理解することを目的に傾聴することは，MIの主要な考え方である。次の演習では，このように傾聴することを心がけて対話をしてみてほしい。相手が問題をどのように捉え，アプローチしているかについて打ち明けてくれているときは，理解するために傾聴し，理解したことを相手に聞き返すように努めると良いだろう。次のような開かれた質問をして，相手の発言とその背景にある意味や感情について，できる限り推

測し，聞き返す練習をしてみよう。

◉演習──相手と変化について対話する

　各章の演習は，1回の面談ですべてまとめて行っても良いし，何度かの面談にわたって段階的に進めても良い。例えば，傾聴の演習（下記）を行った後，フォーカスするための面談を別途設定し，その次に引き出すプロセスのための面談，最後に計画するプロセスのための面談を行うことができる。または，傾聴とフォーカス，引き出すと計画など，二つのプロセスを組み合わせて行うことも可能である。時間上の都合と面談の構成に合わせ，最適な方法を選べば良いだろう。なお，各章で紹介する演習は，各プロセスを一つずつ取りあげている。

　次のような質問で相手の話を深堀りできるか試してみよう。その際，相手が語ることに対して常に聞き返しをして理解を示すこと。なお，ここで記載する質問はあくまで対話におけるガイドとして用い，自由に相手との対話を行って良い。

- ●現在置かれている状況を説明してもらえるか，尋ねる。
  - ◇相手が話したことについて，理解したことを聞き返す。聞き返しをする際，その状況が相手にとってどのような意味を持ち，また，どのように感じられるのかを考えてみる。
- ●なぜ変化を起こすことを検討しているのか，話してもらう。
  - ◇なぜ変化を起こそうとしているのか，理解したことを聞き返す。
- ●その変化を起こす理由を尋ねる。
  - ◇その変化が相手にとって重要である理由について，理解したことを聞き返す。
  - ◇より詳しく説明してもらう。変化を行う理由として，他に考えられるものはあるか？
- ●その変化を起こすと決めた場合，どのようなアプローチをとるかについて，相手の考えを聞く。
  - ◇相手がその変化へのアプローチとしてどのようなアイデアを持っているか，理解したことを聞き返す。

◇相手がその変化へのアプローチとして他にアイデアを持っていれば，詳しく説明するよう，尋ねる。

◇過去に同じような変化で成功したことがあれば，そのときに何が役立ったか，尋ねる。

● その変化を行うと決めた場合に，どの程度の自信があるかを尋ねる。

◇相手の自信の程度について，理解したことを聞き返す。

● 今後どうするかについて，相手に想像してもらう。

◇対話全体を通して聞いたことをサマライズする。

　対話を終えた後，少し立ち止まって，以前持っていた考えについて振り返ってみよう。そして，第3章の末尾に掲載されている演習の答えを見直してみよう。そのときは，どのように答えていただろうか？　当時は何を考えていて，対して今は何を知っているだろうか？　続いて，次の質問に答えよう。

● 自身の考えのどこが正しかったか？

● そのときの理解と今の理解はどう違うか？

● 他に何を学んだか？

● 相手の置かれている状況と組織の変化に対する両価性について，今は何を理解したか？

第5章 Listening to Your Organization

組織を傾聴する

前章では従業員自身の考えや価値観，ジレンマ，両価性などを理解するために相手の声に傾聴しながら関わる方法について説明した。本章では同じプロセスを組織の観点から行う。つまり，個人にフォーカスするのではなく，変化に対応する実体としての組織全体を見ていく。言い換えれば，個人における変化への動機づけについて学習したことを応用し，同じ原理や概念を企業に対しどのように適用できるかについて議論していく。つまるところ，組織は変化に直面する個人の集団で構成されているのである。

組織に変化をもたらすことは，リーダーの重要な役割の一つである。読者も，その大小にかかわらず，組織において何かしらの変革を試みた経験があるだろう。疑いなく成功したこともあれば，失敗に終わったこともあるだろう。成否を分ける理由について考えたこともあるかもしれない。重要だと思われる変化を実行できないと，リーダーとしてはもどかしさや困惑を覚えるものである。変化を起こすことは，その大小にかかわらず複雑で苦労が伴うプロセスであると理解しているリーダーは多いだろう。変化をなかなか実行できないと，なぜ職員はこの変化の重要性を理解していないのだろうか？　なぜ，実行に移さないのか？　などと自問したり，さらには，リーダーとして自身の能力に疑問を感じ始めたりするかもしれない。

変化を実現する上で，リーダーが最も重要な役割を果たすことは，言うまでもないだろう。リーダーは，変化の道筋，方向性，ペースといったすべてを決定づける。筆者は，これまでの研究と実体験から，リーダーシップの有無が変化の実現に最も影響する要素であることを学んだ。予算の管理や適切な人材の採用，サービス品質の監督など，リーダーは多くの責任を担うが，変化を実行することは，その中でも重要な部分といって良いだろう。なぜなら，組織の時

8 5

間とリソースに優先順位をつけ，組織を導くことができるのは，リーダーだけだからである。

　リーダーはさまざまな理由で変化の実行を迫られる。理事会による決定や経費削減，患者の優先事項，スタッフの調整，法律，競合からの脅威，新たな市場戦略など，その理由はさまざまである。しかし，どのような理由であっても，同じプロセスをたどることが多い。驚くべきことに，そのプロセスは，個人が変化に直面したときに経験するプロセスとよく似ている。

　従業員と同様，組織も長さや複雑さの異なるフェーズを通過する傾向にある。各フェーズを理解することは，どういった方向に注意を向け，関わり，対話すべきかを判断するのに役立つ。これまでの章で説明してきたことと同様に，変化のプロセスを支援することは傾聴から始まる。すなわち，懸念と価値観，悩み，両価性，願望に耳を傾けることが始点となる。組織の場合もまずは理解するために傾聴するのである。

何のために傾聴するのか？

　組織内の従業員の声に傾聴してみると，変化に対するアイデアが多数返ってくるだろう。スタッフは，サービスやワークフロー，プロセス改善のためのアイデアを共有するかもしれない。幹部は，新しいサービスや事業部門の導入を提案するかもしれない。または，スタッフの定着率や満足度に問題があると気づくこともあるかもしれない。傾聴してみると，組織があらゆる観点から進化しようとしていることを発見するだろう。そして，各アプローチが相対的に抱える重要性や着手すべき順序について，多くの判断を迫られることになるだろう。

　変化が予感されることにより，最初は組織に両価性が生じることがあるだろう。傾聴はこの両価性を探り，理解するためのツールである。具体的には両価性を探り出し，そのすべての側面を把握するために用いる。組織の成長と能力，課題，進化について組織自体がどのように感じているかを理解することは，組織の各チームをどこに導くのが最善かを知る上で重要である。傾聴はまさにそ

86　　第II部　関わる

のためのツールである。組織とスタッフ，サービスに投資する多くの利害関係者との連携を保ち，十分な情報に基づいた意思決定を行うことができるのである。傾聴し理解することができなければ，リーダーは暗闇の中で決断を下すことになり，自身のアイデアが上手く実現されないときに途方に暮れることになる。傾聴により，組織がどのような状況に置かれており，何を期待し，あるいは懸念しているのか，そして変化する能力についてどう感じているのかを理解することができる。

組織における両価性

　社内での変革を主導する上で最も難しいことの一つは，何から始め，そこからどのようにしてスタッフを前進させるかの決断である。これが難しい理由は，意見の不一致が起きやすいからである。リーダーが新しい提案について検討し始めると，反対意見や矛盾した意見が出てくることがよくある。個人と同じように，組織もまた，変化に対し両価性を抱きがちである。組織内の各部門には，それぞれ異なる課題があり，各部門のリーダーにはそれぞれ優先すべき事項があり，従業員やチームには組織の能力について異なる見解がある。部門によっては新しい提案に必要性を感じず，他の優先事項ほどの重要性はないと捉えるだろう。組織の両価性には，変化に対する重要性とそのための能力についてさまざまな見解がかかわるため，結果として組織全体が前進できず行き詰まる可能性がある。ある部門が一つの方向性を主張しても，他の部門が別の方向性を主張していると，リーダーはどのように前進させるべきか，わからなくなるだろう。また，部門によって変化を実行できる確信がある場合も，ない場合もある。そうでなければ，リーダーが単に優先事項を絞れていないだけかもしれない。変化の導入に積極的に参加してもらうために，従業員から支持を集める必要があると強く認識していても，このような意見の分裂や反対意見が存在する場合，どのようにして目的を達成するのか。組織を包括する変化に対し組織が抱える本質的な両価性を理解することが，前進するうえでの重要な一歩となる。個人や組織が両価性を抱えていることを理解すると，変化を強引に進めても成

組織を傾聴する　第5章　87

功せず，むしろ抵抗や対立，スタッフの離職などにつながる可能性が高いことがわかる。スタッフによる混乱は，解消にコストも時間もかかるため，最も避けたいことである。代わりに，MIのプロセスを用いることで，組織との対話を前進させ，両価性を解決し，新しい計画に対し組織からのコミットメントを獲得し，積極的に変化の導入へ移ることができる。

　例えば，非営利法人の副理事長であり，身体医療と精神保健を統合するサービスを担当していたアランは，サービスへのアクセスを改善するためのパイロットプログラムを統括していた。アランとマネジメントチームは，新規の患者が治療を受診できるまでに約6週間かかることを示すレポートを定期的に確認していた。これは，急患は24時間，通常の予約は7日以内という組織の品質基準にはほど遠い結果であった。アランは何度かスタッフ・ミーティングを行ったり，理事会に対し改善の必要性を訴えたりしたが，組織全体における改善は見られなかった。また，チームメンバー全員にメールで現状を伝え，治療へのアクセス改善のために努力するように要請したが，それでも変化は見られなかった。そこでアランは，組織のリーダーの意見を聞く必要があると考え，まずディレクターとマネージャー全員を集め会議を行った。会議の中で彼は，現在のパフォーマンスの傾向をデータで共有し，組織の品質基準についても再度認識を共有した。そして，少数のグループに分かれ，次のような質問をし合って議論してもらうことにした。

- 「なぜ，このような傾向が増強されているのだろうか？」
- 「品質基準を達成するうえで，障壁となっているものは何だろうか？」

　1時間後，各グループから答えが報告された。すると，複数のグループが，取り扱い件数の多さに問題があると指摘した。すなわち，セラピストの人数に対し，抱えている患者数が多すぎるという。また，24時間以内に優先的に予約が取れる患者の一部が，他の患者に比べ必要性が低いのに，相談時間の枠を奪っていると考えているグループもあった。さらに，スタッフによる会議やトレーニング，スーパービジョン，書類作成などに時間をかけすぎているという意見や，評価や治療計画のプロセスが長いことが原因であるとの訴えもあった。このようにして，組織は，複数の問題に対し両価性を抱えていることがわかった。

なぜ協働的なリーダーシップが重要なのか？

　MIは協働的なアプローチである。つまり，リーダー，従業員，そして組織全体が，組織の問題に対する答えを見つけるために協働するということである。これがなぜ重要かと問われるかもしれない。なぜ，決断して指示を出し，従業員に指示通り行動してもらうだけではダメなのか，と。

　これまでの研究や研修を含む経験から，協働することは有効であり，新しく変化し続けるビジネス環境において不可欠なものであることが証明されている。ビジネススクールや経営専門誌，ビジネスリーダーの発言においても，協働的リーダーシップ・アプローチを教示するものが多い。なぜなら，協働は，他のどんな方法よりも効果的だからである。ハーバード・ビジネススクールのリーダーシップ・トレーニング・プログラムは，次のように説明している。

　　　ビジネス環境はますますダイナミックになり，新しいプレーヤーが次々と市場に参入する中で企業として成功するには，競争上の優位性を維持するための力として柔軟性，適応性，スピードの構築が求められる。これを受け世界各国のビジネスリーダーたちは，階層的な組織構造から，協働，情報共有，エンパワーメントを促進する，より柔軟なチーム中心型のモデルへ移行している。これを対応型組織（responsive organization）と呼んでいる。このような移行により，企業は生産性と従業員のエンゲージメントの向上，増収を実現させている（Harvard Extension School, 2019）。

　昨今の市場においてリーダーが直面している問題の多くは特殊かつ複雑であるが，組織内の多様な意見や人材，スキルがあってこそ，問題を解決することができる。筆者の経験上，リーダーがMIのスピリットの中でも特に共感と協働を採用することで，解決策のない状況から，有意義で成功につながる変化に導くことができる。

組織改革を検討するうえで，
なぜスタッフを巻き込むべきか？

　もちろん，リーダーとして自身の想像力を頼りに新しいアイデアを提案することは可能である。むしろ，そのほうが楽であると感じるかもしれない。しかし，リーダーやマネジメントチームは，通常一つの視点しか持っておらず，クライエントにサービスを提供する従業員の視点とは乖離があることがある。確かにリーダーは改善すべき事項に一番に気づくかもしれない。組織が**なぜ**変わるべきかを考えるのには適しているかもしれないが，**どのように**変わるべきかについて問うには適切ではないだろう。例えば，精神保健事業の部長であるアーサーは福祉法人の理事会の一員であったが，法人が提供する家族療法に関して，無料で子育て講習を提供しているライバルの施設にクライエントを奪われていることに気づいた。無料の子育て講習は，新しくクライエントとなる家族だけでなく，地域における紹介元（学校や医療機関，児童相談所など）にとっても魅力的なものであった。ライバルは，提供する無料講習への参加者を増やし，その後も他のサービスを受けてもらうことで，収入を増やし，さらに多くのサービスを提供することができていた。アーサーとマネジメントチームは自法人にも無料の子育て講習を提供する能力があることを認識していた。また，この講習を提供しなければ，既存のクライエントや新規の紹介機会を失い続け，廃業を招きかねないこともわかっていた。そのため，無料の子育て講習をサービスのメニューに加える必要があることについては明確に理解していた。言い換えると，変化が必要であることとその**理由**についてはわかっていたのである。ただ，彼らがわかっていなかったのは，その変化を**どのように**スタッフとともに実行すべきか，ということであった。誰が講習会を運営し，いつから着手し，どのようにして今でも手一杯のスタッフに負担をかけずに変化を導入できるか？　これらの問いに答えられるのは，実際にケアやサービスを行っているスタッフのほうであった。

　組織が変化する必要性と理由がわかった後，どのようにして変化するかについては，スタッフに聞いてみたほうが良いだろう。従業員に今後の課題について話し，なぜ変化が必要なのかを説明した上で，どのようなアプローチが最善

であるかを問うのである。変化に対する抵抗は，その変化がなぜ必要なのかを組織の全員が理解することで抑制される。Simon Sinek（2009）が説明するように，「なぜかを理解できなければ，どのようにすればいいのかもわからない」のである。重要なステップであるのにもかからず，多くのリーダーは，マネジメントチームがそういった「なぜ」の議論を経ていることを忘れてしまう。マネジメントチームの議論においては変化することの理由について十分納得されている。しかし，いざ実行に移す段階で，他のスタッフがその議論に参加していなかったことを忘れてしまい，説得力を失ってしまいがちなのである。スタッフは，事前に一切の関与なく決定を言い渡されると，「なぜ変化するのか？　すべてが上手くいっているのに」と言って，変化に対し消極的になりがちである。そのため，新しい提案が必要な理由を提示し，最善のアプローチについて意見を募ると良いだろう。それによって，スタッフが問題解決に参加し，彼らの提案からインスピレーションを得て，変化を起こすための最善の策を考え，成功の確率を高めることができる。簡単そうに聞こえるが，このプロセスが複雑であることは，リーダーである読者もご存知のはずである。だからこそ，MIの原則を役立ててもらいたい。この原則は，組織の声に傾聴する際にも留意すると役立つだろう。では具体的にどう役立てるのか？

答えは組織の知識と専門性の中にある

　簡単に答えるなら，組織は均一にされた主体でも，固定された箱でもなく，多数の個人からなる集合体である，ということである。そして，そのグループは，幅広い知見，スキルあるいは知識を持った生身の人間の集まりである。誰もが，各分野における専門家であり，そのうちの多くは仕事に責任を持ち，組織のミッションの一部を担うことを誇りに感じているだろう。リーダー自身とスタッフの知識，多様な経験，見解，そして発想を組み合わせることで，最良の決断を下す材料を得られる。つまり，変化に関する提案，解決策や理由が個人に内在するように，たとえ最初は見えなくても，**組織の中に答えが見つかる**のである。

ただ，先に述べたように，個人の話を傾聴する際に障害物となるものがあるのと同様，リーダーが組織を理解するうえでの傾聴を妨げる罠が存在する。ここでは，リーダーが陥りがちな罠について見ていこう。

説得という罠 ── より強力な説得が必要である

　リーダーは組織に対し変化するよう説得することが務めであると考えることがある。自身は何が最善であるかを知っており，他者を説得するだけで，それが実現すると信じているときである。何度も周知する機会を設けたり，回覧状や社報を送ったりすることで，起こるべき変化について説明する。このような行動に出るのは，十分な情報提供をすれば，スタッフが理解し変化の必要性を受け入れると信じているからである。先に紹介した，身体医療と精神保健を統合するサービスのディレクターであるアランの例においても同様のことが見られた。アランは，治療サービスへのアクセスに対する自身の見解を会議やメールを用いてスタッフに説明し，改善を求めることで，変化を起こそうとしていた。しかし，彼の努力とは相反してアクセスは改善されなかった。情報提供とアドバイス，説得の試みは傾聴の障害物に当てはまる（Gordon, 1970）。組織を説得することで変化させようとすると，争いとまではいかなくとも，10代の息子に部屋を片付けさせようとするのと同じくらい悪戦苦闘することになる。これは一体なぜか？　なぜ，組織が逆らっているように感じるのだろうか？　どのように対処すればいいのだろうか？　もっと議論すべきなのか，説得すべきなのか，あるいは，情報を提供すべきなのか？

　リーダーはよく，最善を尽くすつもりで説得の罠に陥ってしまう。変化が必要であると感じ，ただそれを実行しようとしている。一見，従業員に期待していることや実行すべきことを説明するほうが簡単に思えるだろう。リーダー自身がすべての答えを持つべきであるとさえ，感じるかもしれない。また，新しい提案が重要である理由について論理的に説明すれば，周囲を説得し，ひいては組織がその実現に向けて動くと考えても仕方ない。

　ところが，リーダーが説得を試みると，どのようなことが起こるだろうか。人

を変化させるのに説得が有効なことはほとんどない。それどころか，かえって変化を困難にしてしまうこともある。特に，変化する理由や方法がわからない場合，従業員に抵抗を感じさせてしまう。リーダーが変化についてスタッフに主張したり，説教したりするのは，自分が専門家であり，スタッフには選択の余地がなく，彼らの提案や意見は重要でないと宣言しているようなものである。残念なことに，こういったアプローチによってスタッフは自分の提案や意見を共有するのを躊躇ってしまう。なぜなら，スタッフは，リーダーがリーダー自身にしか興味がないと感じているからである。リーダーがスタッフの知識や知恵を活用する機会を逃すと，組織は結果的に損失を被ることになる。

性急なフォーカスの罠 ── もっとトレーニングが必要である

　リーダーは，組織が変化するためには，新しいスキルを身につければよいと考えることがある。さらにトレーニングを積めば変化が起こると考え，スタッフの研修をすぐに決めてしまうかもしれない。より高品質なクライエントサービスや時間管理のスキル，あるいは新しい治療的介入を教えるために，高価なトレーナーを雇うかもしれない。繰り返しになるが，研修を増やすことで上手くいくこともある。しかし，多くの場合，そのようにはならない。スタッフがその変化に賛同していなければ，効果は期待できないのである。従業員は熱心に研修に参加したとしても，オフィスに戻って学んだことを実行するわけではない。また，なぜ組織が変革を必要としているのか，その理由を理解していない場合は，研修を単なるツールの一つと捉え，個人の好きなように利用してしまう可能性がある。

　筆者はこれを**性急なフォーカス**の罠と呼んでいる。なぜなら，リーダーが研修やスキル啓発に飛びつくのが早すぎるからである。研修やスキル啓発が役立つのは，組織の両価性が解消され，大きな変革を達成するうえでその研修をどのように役立てられるかについて，チームが理解している場合に限られる。スタッフが**なぜ**変化するかを理解し，実行のプロセスを念頭に置いたうえで研修に取り組めば，より積極的に関わるプロセスに参画するだろう。そして，習得

組織を傾聴する｜第5章｜93

したスキルを日常業務に取り入れる際に障害があったとしても，創造的な発想により克服していくだろう。

いじめっ子の罠 ── 怖がらせればよい

　選択肢がなく苛立ちを感じているリーダーが，組織を脅したり怖がらせたりすることで，変化を起こそうと考えることもある。仕事を失う恐れがあると理解すれば，従業員は変化を受け入れると考えてしまうのである。繰り返しになるが，この戦略はごく稀にしか効果を発揮しない。恐れを抱かせることでかえって起こりやすいのは，防衛的な態度や非難，リソースの奪い合いなどである。リーダーはチームが一丸となって計画に合意することを期待するかもしれない。しかし，実際には，各部門の責任者が自身やチームを組織に留めておく必要性や犠牲を払えない理由について正当化し始めるだろう。怖がらせたり，脅したり，いじめたりすることでは，傾聴して理解し，両価性を解消して解決策を見出すためのオープンで信頼できる環境を築くことはできない。

　もし，上記であげたような罠に陥っていることに気づいたら，この機会に立ち止まって戦略を振り返り，再度見直してほしい。自身のアプローチがどの程度効果的かを省みると良いだろう。チームのモチベーションは高いか？　彼らは，アプローチや解決策の一端を担っているか？　組織内の各部門における変化の捉え方について，把握できているか？　変化すべき理由や方法について，彼らが提案することを受け入れているか？　彼らは答えの一部をなしているか？　リーダーとしての知識や専門性を用いて周囲を説得したり，スタッフを脅したり，研修を増やしたりする代わりに，組織で起こっていることに真に傾聴してみてはどうだろう。どういった声が聞こえてくるだろうか？

傾聴 ―― パートナーシップ

　組織に傾聴する目的は，組織が抱える両価性を理解し，各部門が問題をどのように捉えているかを知ることである。リーダーとしては，従業員に変化を強いる，試合の対戦相手のような関係というより，従業員自身が変化の実行に積極的に参画したいと思うダンスパートナーのような関係を築きたい。組織と一緒にダンスをするという表現はおかしく聞こえるかもしれないが，スタッフと協働して変化に取り組んだ経験がある方なら，よくわかってくれると思う。チームと協力して働くとき，リーダーならではの楽しみを感じられるものである。まるで，交響楽団の指揮者のような気分である。バイオリン，フルート，ホルン，そしてチェロを優しくリードし，それぞれの奏者から最高の音色を引き出す。そして，ともに演奏することで，**全員**でシンフォニーを奏でるのである。これは，指揮者であるリーダーひとりでは実現できず，オーケストラに所属する演奏者がいるからこそ，音楽が生まれる。反対に，各楽器のセクションはそれぞれのパートを演奏することはできても，交響曲全体を演奏するための指揮はできない。協働してこそ音楽を生み出せるのである。MIを用いて組織に傾聴し，組織全体を導くことができれば，素晴らしい音楽と変化を生み出すことができる。

安心感を与えることの重要性

　スタッフが変化に対する提案をしたり，変化に対する自らの両価性や消極性，あるいは障壁や抵抗を打ち明けたりするためには，彼らに安心感を与えることが重要である。スタッフの意見をリーダーが本当に重視し，聞き出したいと思っていると，スタッフ自身が感じていないといけない。また，リスクを冒し意見を共有しても，それが不利益とならないことを確証している必要がある。例えば，初診の待ち時間を短縮する方法が見つからない状況の中で，スタッフは変化の導入がサービスの品質向上に不可欠であると感じているとしよう。も

しそのスタッフが自身の見解をあなたと共有することで，あなたがチームの他のメンバーや責任者は変化に耐えられないと判断し，解雇するかもしれないと心配していたら，変化の妨げになっている原因の発見につながる情報提供を差し控えるだろう。なお，従業員を決して解雇してはいけないわけではない。能力不足や職務への不適応，あるいは単に働いていない，変化する気がないなど，さまざまな理由で解雇せざるをえない場面があるだろう。解雇などの厳しい決断を下すことは，リーダーの仕事の一部であることを明確にしておきたい。むしろ，こういった責任を回避するリーダーはスタッフの提案や提言に傾聴しないリーダーと同様に信頼を得られない。しかし，リーダーが組織の声に傾聴する際は，スタッフが処罰を恐れずに懸念を表明し，変化を阻む要因を指摘できるよう，安心感を与える必要がある。スタッフは，リーダーが協力的に問題解決し，懸念事項に対処し，障害を取り除く準備ができていると確信する必要がある。

　もちろん，スタッフの関与範囲について明確に線引きしておくことも重要である。個人に対してMIを用いる際と同様，既存の決定事項や結果を覆す余地がない事項についてアイデアや考えを探究することに意味はない。しかし，現実にはこのような状況はほとんど存在しないだろう。ほとんどの場合において，傾聴することは，状況をよりよく理解するだけでなく，解決策を見出すうえで従業員を巻き込むことにも役立つ。そして，従業員が積極的に関与すると，彼らが決定事項に従う可能性も格段に高くなり，また，解決策の実施や計画修正の段階でより創造的な発想をもって適応する傾向にある。従業員は，自身が解決策の一端を担うことや自身の提案が考慮されていることを感じていないと，変化を実行しても，それを手放しで喜べず，主体性を発揮しない。組織を両価性から解放できれば，従業員が変化を起こす準備性と意思を持てるよう手助けし，解決を心から受容できるよう導くことができるのである。

どうすればスタッフの声に傾聴し，関与を促すことができるか？

　スタッフに意見を共有してもらうには，さまざまな方法がある。スタッフと協働する方法は，組織の規模や構造によって異なる。例えば，解決すべき問題については，メールや談話，社報，会議など多様な方法を通じて従業員に周知できる。その際，変化を行うべき理由について丁寧に説明すると良いだろう。スタッフがその理由を理解したら，提案や懸念事項，その他のアイデアなどをどのようにして共有してほしいかを示す。さらに，決定までの期限を明示し，どのようにして変化に取り組むべきか，その過程で何を遵守すべきかについて，意見を求めると良いだろう。

　筆者（C. M. と A. S. N.）が，過去にこのプロセスを用いて組織の抱えるジレンマを解消した際，良い結果を得ることができた。一例を挙げよう。薬物／アルコール問題を扱う地域の保健管理センターのリーダーであったキャロルは，妊娠中に飲酒を続ける妊婦のための自宅訪問サービスを地域で始めるように要請されていた。この新規サービスを提供してくれる業者や団体がすでにいくつかあった。キャロルは最善策を見つけたり，今後の方針を決めたりするプロセスにスタッフを巻き込もうと考えた。彼女は，新規サービスの提供にふさわしい業者や団体についてはスタッフが一番よくわかっていると説明し，また，この新しい業務を既存の業務とどう両立させるかについても，スタッフの意見が必要であることを説明した。さらに，組織がクライエント中心の良質なサービスを提供し続けられるよう正しい判断を下すためには，チームの意見や懸念点，提案などすべてが不可欠であると話した。加えて，今月末までに決断を下す必要がある旨を説明した。彼女はあらゆる機会を利用して意見を集めた。会議や社報の末尾にはリマインドを加え，キッチンや休憩室でスタッフと会った際も，考えを尋ねるようにしていた。ディスカッションや会話の最後には必ず，聞いたことを簡単にサマライズし，それを聞き返してから次の段階に進むようにした。最終的に管理者とともに方針決定をする際には，自宅訪問サービスの導入が保健管理センターのミッションにとって重要である理由を再度説明し，それまで聞いたことや学んだことを共有したうえで，最終決定を表明した。彼女は，

相反する意見の存在や，逼迫しているチームの仕事量を増やすことへの懸念を認めた上で，最終的に選択したチームとプロセスこそ地域全体の利益につながる理由を具体的に説明した。彼女は，自身の最終的な決断を，会議中や社報，管理会議の議事録を通して伝えた。つまり，彼女はスタッフの期待通り，十分な情報に基づいて最善の方法の選択を行った。言い換えると，スタッフの考えを引き出すことで，自分自身と組織の両価性を解消したのである。組織の両価性は，全体の意見を聞くことで解消されたといっても過言ではない。彼女は傾聴する際，変化の成功を重要視する声をすくい上げる一方で，予想される障壁を認識し，何よりも，その決定を組織の全体的な目標や中核的なミッション，価値観などに関連付けるよう意識した。

傾聴のための構造化されたプラットフォームをつくる

これまで述べてきたように，傾聴は受動的ではなく，能動的な「スポーツ」である。それには，オープンなコミュニケーションが重要であり，価値と必要性があるということを伝える空間，時間，文化の創造が求められる。傾聴するのには多様な方法があるが，すべてに共通しているのは，形式と空間をつくることから始める点である。したがって，組織の中でどのように傾聴するかを体系化しておくとよいだろう。または，品質保証チーム（または，本章末尾で紹介する例における監査チーム）などのように，定期的に議論や意見交換の機会を設ける社内チームの結成を検討してもよいだろう。機会があれば，リーダー自らが積極的にこういった場に参加すべきである。なぜなら，組織に傾聴することは，他人に委ねられることではないからである。

組織全体に傾聴し，関わるためのもう一つのプラットフォームは，スタッフ全員からの意見を求めることだろう。経営会議で議論できるよう，事前に考えや意見，その他のインプットを体系的に求めておくとよいだろう。例えば，前に紹介したキャロルは，年に一度，2日間のリーダーシップ・ミーティングを開催していた。年次ミーティングでは，提供するサービスや治療だけでなく，インフラや運営プロセス，チームワーク，マネージャー間の協働，その他の実務

的問題などを取りあげ，組織全体にフォーカスした改善点を議論していた。会議は社外で宿泊や食事を共にするかたちで行われ，マネージャーがアジェンダについて徹底的に議論するための十分な時間を確保し，さらにお互いについて知り合える機会を設けた。従業員は毎年5月に2日間の経営会議が開催されることを知らされており，参加する上司に議論してもらいたい議題や質問，懸念事項などを提出するよう奨励されていた。会議では毎度，丁寧かつ詳細な議事録が作成され，マネジメントチームが提起した問題に加え，スタッフが提起した議題についてもすべて記録されていた。また，議事録にはチームが議論した内容や最終的に合意された結論も丁寧に記録されていた。会議終了後にこの議事録を組織内のすべてのスタッフに送付した。初期の頃は，スタッフから議題が提案されることは比較的少なかった。しかし，やがて，スタッフからの議題や質問，発案などはすべてマネジメントチームによって議論されていることに皆が気づいた。スタッフはマネジメントチームが自分たちの意見を真剣に受け止め，議論し，経営に反映してくれると感じるようになったのである。何より，この2日間の会議が毎年実施されるようになり，組織に傾聴し，組織と関わるための確固たる習慣が形成されたのである。

　繰り返しとなるが，傾聴するということは，単に話を聞くだけではなく，聞いた話から何を理解したかを示すことでもある。信頼感を醸成するためには，スタッフの声を聞くだけでなく，自身が学んだことを聞き返すことも重要である。第4章で述べたように，聞き返しは誤解を防ぐための手段でもあるが，同時に，次章で述べるように，組織を変革にガイドするための戦略的な方法でもある。

組織の規模が大きい場合，どのように傾聴するか？

　当然ながら，対面して話を聞くことができる従業員の数には上限がある。組織の規模が大きければ，代理で話を聞いたり，従業員の声を収集したりするための仕組みを活用する必要が出てくるだろう。

　代理による傾聴とは，例えば，マネジメントチームによるヒアリングの依頼

や，従業員（またはクライアント）の代表グループによるブレーンストーミングの依頼などである。スタッフの声をすべて収集することはできないかもしれないが，ジレンマを理解し，変化を阻む障壁を特定し，変化を実行するためのリソースを引き出し，または育むのに十分な話を聞くことはできる。代理による傾聴は，プロセスに透明性がある場合，最も有効的に機能する。誰と面談し，どのような議題について話し合うのかを知らせ，スタッフが自身の懸念や考えを代表する同僚に伝えることを奨励することで，プロセスを透明化することができる。また，傾聴により学んだことを組織に継続的にフィードバックすることで，個々の従業員がさらに考えを共有できるよう促すことができる。

　大規模組織において傾聴するためのもう一つの方法は電子的手段を用いることである。大人数の組織やグループであっても，全従業員にアイデアを求めることもあるだろう。そういった場合には，例えば，アンケートをとって意見を聞くことも可能である。ただし，その際はアンケートから得られたことをフィードバックすることが重要である。ここでいうフィードバックとは，単に結果を発表するだけでなく，提供された情報から何を学んだか，それをどう解釈したかを聞き返すことを意味する。また，フィードバックの機会を用いてコミュニケーションを図り，誤解を解くこともできる。

　また，現在，テクノロジーを駆使した協働を実現するための策が数多く生み出されているようである。Ibarra と Hansen（2011）は，Salesforce.com の社長である Marc Benioff が，企業向けアプリケーション Chatter を用いて組織全体の意見を聞き，戦略会議に参加させることができた例について紹介している。Facebook からヒントを得て開発されたこの Chatter により，同僚やクライアントの状況を把握し，情報やアイデアを共有することが可能になったのである。Benioff は，戦略会議の様子や議論の内容をリアルタイムで全従業員に配信しながら，同時に自身の考えや反応を Chatter で共有することができた。彼は，従業員たちが議論に対する考えや反応を共有し始めた当初の様子を次のように語っている。「選ばれたグループのみ参加していた会議に，突然，会社全体が参加するようになったのです」と。また，技術メディア戦略責任者の Steve Gillmore は「その空間に風通しの良さを感じた」と述べる。Ibarra と Hansen は，「最終的には，会議の後も何週間も対話が続いた」と説明する。「何より，組織全体を通して議論が促進されることで，Benioff は，会社全体をよりミッションに沿って

実行できるようになった。このイベントは，よりオープンで風通しの良い企業風土を生み出すきっかけとなった」。リーダーとして協働を目標に掲げており，組織に関わり，傾聴することを意図しているのであれば，Benioffのように，できる限り多くの意見を採用できる創造的な方法はきっと見つかるだろう。

ロールモデルになることの重要性

　リーダーが全従業員の意見を聞くことに関心を持ち，すべての提案や考えを歓迎するというメッセージを出すとき，同時に包括と受容という価値観をモデルとして示していることになる。筆者の経験上，従業員の提案や意見を積極的に取り入れると，マネジメントチームも同じように積極的に関わるようになり，この姿勢が組織全体に燎原の火のように広がっていく。思いやりある姿勢や傾聴し，意見を真摯に受け止める姿勢をモデルになって示すことこそが，どんなに大きな組織においても，経営上の価値観となるのである。ほとんどの分野では，スタッフが自分の考えを上司に伝えると，その上司がさらに上司となる人物にチームの考えを伝え，最終的に組織の役員や意思決定者にまで伝わる構造となっている。アイデアの共有を組織が重んじているとわかれば，従業員はこれに積極的になり，何より自身の仕事や組織のミッションに対して主体性を持つようになる。つまり，より組織に関わるようになるのである。

要約

　組織を傾聴するのは，個人を傾聴するのと似ている。組織は個人のグループから形成されているからである。組織を傾聴し，関わることができるようになるためには，傾聴するためのインフラを構築する必要があるかもしれない。吸い上げた声を組織に聞き返し，内容をどのように理解するかは，聞くことそのものと同じくらい重要である。

❖組織の事例

　前述したマリエの話を思い出してもらいたい。彼女は自分が率いる保健管理センターの治療チームを使って，治療の質を向上させる方法を模索していた。彼女がとった関わるプロセスについて見てみよう。

　過去1年間のデータを検討した結果，マリエとマネジメントチームは，組織が二つの面において総合的な品質を向上させる必要のあることを認識していた。すなわち，クライエントが早期に治療から離脱する割合と治療成果である。スタッフは，クライエントに最高のケアを提供したいという高いモチベーションを持っていた。しかし，データの収集と入力は大変な作業であり，無駄な時間を取られることで，本来，重視すべきクライエントとの対面時間が削られていると，スタッフは感じていた。特に，ベテランスタッフの中には，データを記録し，追跡し，治療計画に利用することが，実際に治療の質を向上させるとは考えていない人もいた。一方，新人スタッフは，データを収集することは治療を行う業務の一部であると感じており，データが正確で完全であることを確認する作業に前向きであった。新人スタッフは仕事にはデータが必要であると感じていたのである。この状況を受け，幹部はスタッフが抱く両価性を理解する必要があると考えた。

　マリエの組織の幹部は，全スタッフを対象とした1日にわたる会議を企画した。綿密に計画されたこの会議は施設外の大会議場で開催された。会議の告知は全スタッフに送られ，組織のミッションについての簡単な説明に加え，以下のようなアジェンダが配布された。

スタッフ会議
　目的：治療サービスの質の向上
　会場：ホープ・カンファレンス・センター
　AM 8:30 － 9:00　　　　朝食
　AM 9:00 － 10:00　　　マリエ（理事長）：私たちのサービスのアウトカムに
　　　　　　　　　　　　関する現状報告——私たちは何を知っているか？
　AM 10:00 － 10:15　　　休憩
　AM 10:15 － 12:00　　　少人数によるグループディスカッション——私たち

はどのようなアウトカムを目指すべきか？

PM 12:00 − 1:00　　　昼食

PM 1:00 − 2:00　　　将来目標についての全体討議

PM 2:00 − 3:00　　　計画——どのようにして目標を達成するか？

　会議は，まずマリエが組織のミッションを説明するところから始まった。ク
ライエントが抱える飲酒問題を解決し，禁酒・節酒生活を送れるようにするこ
とが，従業員一人ひとりの絶対的な使命であることを伝えた。マリエは，治療
実績に関する最新のデータを発表した。データによると，30％のクライエント
がはじめの３カ月間で治療を中断し，治療を開始したクライエントのうち，６カ
月後に許容できる治療目標（禁酒または節酒）に到達したのは50％に過ぎない
ことが明らかであった。また，ほとんどのクライエントが治療開始後2，3週間
で離脱していることも示されていた。

　治療脱落の改善は，クライエントが実際に治療を継続するようになり，組織
もクライエントとの新しい関わり方を見つけて，クライエントが自身のケアに
取り組むようになった場合のみに起こると，マリエは説明した。そして，マネ
ジメントチームがクライエントに対するサービスから今日，丸一日離れて，こ
の重要な問題に取り組むことを決意したことを全員と共有した。クライエント
の早期離脱を防ぎ，治療の成功率向上という目標を達成するためには，スタッ
フ全員の知識と専門性，知恵が必要であると考えたからである。

　マリエは各専門職を代表するスタッフを，６名ずつの八つのグループに分け，
クライエントの離脱を減少させるために，組織が何に重点を置くべきか，何を
改善する必要があるのかを考え，議論するように求めた。そして，何にフォー
カスするべきかがわかったら，組織が達成すべき妥当な目標や成功指標につい
て考えるよう求めた。例えば，クライエントの治療への取り組みを高めること
を目標とした場合，最低３カ月間治療を継続するクライエントの割合は何％ま
で増やすべきか？　目標を達成するために，何を変える必要があるか？　何を
改善する必要があるか？などである。各グループは課題について，２時間かけ
て議論し，昼食後に全体の前で議論内容と結論を発表した。

　マリエは自身で徹底的にメモを取り，各グループが発表する間，他の参加者
は静かに内容を聞き，後から不明な点を質問するように求めた。そして，発表

の間は，共有された内容について議論する場ではないことを強調した。マリエはメモを取りながら，各スタッフが共有した考えについてさらに詳しく話すように求めた。彼女は時折，発言の聞き返しをしたり，サマライズしたりして，会議の参加者全員が内容を理解していることを確認するようにした。全員の意見が出揃ったところで，マリエは次のようにまとめた。

　「OK，私が皆さんの意見を正しく理解できているか確認させてください。皆さんの中には，クライエントがセンターに初めてコンタクトをとったときに，その人とどう関わるかについて考えるべきで，そのためにはクライエントとの関わり方やサービススキルを伸ばす必要があると考える人がいます。また，クライエントにとって重要な人や家族を巻き込むことが有効であるという意見もありました。さらに，記録や報告書作成にかかる時間は，治療成果の向上に役に立っておらず，クライエントのケアにかけるべき時間を奪っていると懸念する声もありました。なお，フォローアップ・データの収集については，全員が意識すべき重要な問題であるという点で意見が一致しました。報告書作成それ自体のために時間をかけたいと思う人は一人もいません。結論として，皆さんは援助を必要としている全クライエントに効果的で良い治療を提供するために尽力する意思を持っています。ただ，今の私たちの課題は重視すべき点を選び出し，対処法を見つけることにあります」

　これには，全員がうなずき，同意した。最後にマリエは各グループの意見に感謝を表した。彼女は，皆が改善への取り組みに向けて前進したい気持ちを持っているように見えたと話した。変化を起こすことへの両価性は解消され，スタッフはクライエント離脱率の改善が必要であること（目標）に同意し，次に進むモチベーションが高まった。そして，いよいよ計画を立てる段階に入った。マリエは，サービス品質向上に向けた次のプロセスに進むにあたり，今後の作業を主導する監査チームを組織内に設けることを話した。監査チームは，保有する四つのクリニックから集めた各専門分野の代表（看護師やソーシャルワーカー，医師など）とマネジメントチームの代表者で構成されることを報告した。監査チームには，離脱率に関する報告書のモニタリングを含むサービス

品質の定期的見直しをする権限と，品質向上のための提案や計画を策定するQC（quality control）サークル（従業員のみで構成された小グループ）を設置する権限が与えられた。マリエは最後に，監査チームへのボランティア参加を募り，その応募方法について紹介した。さらに，スタッフの皆が持つ知識と理解があれば，品質向上の上で適切な分野のみにフォーカスし，単なる文書管理の官僚組織と化さないように進行できると強調した。

自己振り返り演習

組織に傾聴する

組織全体に傾聴することは，組織内でMIを使用する主要要素である。今後，あなたのチームが変化に直面することがあれば，この振り返り演習を用いることで，問題解決に走らず，理解するための傾聴を試みてほしい。

チームのメンバーを招待し，変化についての考えを共有してもらおう。この演習では，グループを集めて対面式会議を行う。組織の規模によっては，全員が参加できないこともあると思うが，現時点ではコンセプトの試行と学習を目的としているため，問題ない。後日，より多くの従業員を組織に巻き込む場合は，これまでに紹介した例を参考にその方法を検討すればよい。

各章の演習は，1回の会議ですべて行っても良いし，複数回に分けて段階的に進めても良い。例えば，この会議を傾聴の演習（下記）の場にし，次に設定する幹部会議ではフォーカスを目的とし，その次の会議では引き出すプロセスについて，最後の会議では計画について行うことができる。あるいは，傾聴とフォーカス，引き出すと計画などのように，二つのプロセスを組み合わせることも可能である。時間上の都合と選択したい面談の構成に合わせ，最適な方法を選べば良いだろう。なお，ここで紹介する演習は，記述形式で各プロセスを一つずつ取りあげている。

チームが集まったら，検討または直面している変化について共有する。その後，各グループのメンバーにそれぞれの考えについて話してもらう。以下の質問を参考にしながら，自由な発想で対話をしよう。理解の共有や

聞き返しとサマライズへ役立てるために，ホワイトボードにメンバーの回答を書いておくのもよいだろう。

　質問をする際には，幅広い視点を得るために複数の人や異なるグループから意見を聞くようにしよう。さまざまな役職から意見を聞くと良い（看護師，医師，ソーシャルワーカーなど）。また，変化に対するグループメンバーの典型的な反応について考慮し，新しいことを試行したい人と，変化に抵抗しがちな人，両者の意見を聞くようにする。会議を行う上での目標は，できるだけ多くの参加者から話を聞き，さまざまな観点を引き出すことである。

- グループのメンバーに，この変化をどう見ているかを説明してもらう。
  - ◇理解したことを書き留めるか，聞き返す。この変化がメンバー自身にとってどのような意味を持つのか，そして（または）この変化についてどう感じているのかを，聞き返しの内容に含めるようにする。
- グループに，組織がこの変更を検討すべき理由を話してもらう。
  - ◇メンバーがこの変化を実施したい理由について，理解したことを書き留めたり，聞き返したりする。
- この変化を行うことを決断した場合に，組織が守り，維持すべきものについてグループに尋ねる。
  - ◇理解したことを書き出し，聞き返す。
- グループに，この変化を行う理由を尋ねる。
  - ◇この変更が彼らにとって重要である理由について，理解したことを聞き返す。
  - ◇メンバーにより詳しく説明してもらう。この変更を行う理由として，他にどのようなものが考えられるだろうか。
- 組織がこの変更を行うことを決断した場合にとるアプローチについて，グループに考えを尋ねる。
  - ◇メンバーが考えるアプローチについて，理解したことを聞き返す。

◇この変化へのアプローチについて，他にどのような考えを持っているか，詳しく説明してもらう。
- 組織がこの変更を行うことを決断した場合，変化を達成することにどの程度自信があるか，グループに尋ねる。
◇メンバーの自信の度合いについて理解したことを聞き返す。
- 会話全体を通して聞いたことをサマライズし，次のステップになると思われることをグループに提案する。
◇提案した内容について，グループにコメントを求める。

　上記の対話を終えた後，演習（第3章）で自身に質問した内容を振り返ってみよう。

- 自身の考えのどこが正しかったか？
- そのときの理解と今の理解はどう違うか？
- 他に何を学んだか？
- 置かれている状況と組織の変化に対する両価性について，今は何を理解したか？

第6章 | Leadership Teams

マネジメントチーム

マネジメントチーム（リーダーチーム）は，それぞれの個性や特徴，チームダイナミクスを持っている。そのため，組織の変化を導く方法に新たな側面をもたらしてくれる。マネジメントチームは，比較的対等な立場にある同僚で構成される（ただし，組織構造上，上位に位置するリーダーがいる場合もある）。メンバーは類似したタスクと責任レベルを有する。個人や組織と同じように，マネジメントチームもまた，変化に対して両価性を抱えることがあるが，MIはそのような場合に役立つツールとなる。

チームに影響を与えるダイナミクス

マネジメントチームは，通常，献身的で強力なメンバーの集団であり，互いへの協力とサポートが求められる。なぜなら，チームとして組織の発展に強い影響力を持っているからである。多くの場合，マネジメントチームは，組織の変革について議論する最初の場となる。このように影響力のあるチームの有効性を左右するダイナミクスについて，少し時間を割いてみよう。

信頼の重要性とリーダー自身が信頼できる人物であることの必要性については，すでに述べた。信頼はまた，マネジメントチームの健全性を保つために不可欠な要素でもある。チームがうまく機能するためには，メンバーがリーダーだけでなく，互いに信頼し，支え合えなければならない。Lencioni（2012）が言うように，「優れたチームを作るために必要な信頼関係とは……すべてのチームメンバーが弱さを持っていることを互いに知っており，誰しもが自身の弱点や

ミスを隠そうとしない状態」である。健全なチームは，メンバー全員がヴァルネラブルであり，ミスをすることを受け入れ，尊重している。そして，その認識に基づいて，すべてのメンバーがあえてリスクをとり，ミスを認め，助けを求め合うのである。これが，互いに信頼し合うチームである。相互信頼の欠如により機能不全に陥っているチームでは，メンバー同士がヴァルネラビリティや感情を隠し，アイデアの共有を拒んでしまう。機能不全のチームで見られるのは典型的な両価性ではなく，信頼の欠如のサインかもしれない。一見，両価性や能力に対する自信の欠如のように見えるものが，実はマネジメントのチーム・ダイナミクスの問題として注意すべきものかもしれない。チームは各メンバーが変化することの決断を受け入れ，互いに支え合い，目標達成のために尽力し，途中で助けを求め合うことができると信じていなければならないが，もしそうでない場合，変化に対して反発する可能性がある。これは単純に信頼関係を築けていないためである。Brown（2018）も同様に，「信頼は，チームと組織を団結させる接着剤である」と言って，この点を強調している。

　信頼を構築する上で難しいのは，誰かが最初に行動しなければならないという点であるが，それはリーダーが率先して行うべきである。その際，リスクをとり，チームメンバーとリーダーのことを信頼するかどうかを決められるのはチームメンバー本人たちだけであることを，声を大にして伝えるとよいだろう。これは，MI の対話と同様に，両価性を抱える人に対しては，変化するかどうかの判断をできるのは本人だけであると，わざと強調するとよい。本人の自律性を尊重し，本人にしかできない選択であることを伝えることで，チームが信頼の構築においても決断を下すことができる。また，リーダーとして率先することは，不確実性やリスクに直面し，結果を確信できない状況においても，チームを信頼することを選択すると示す意味で，重要である。

　Lencioni（2002）はさらに，チームが変化に直面しているときに生じることのある，二つの機能不全について言及している。すなわち，**対立への恐れ**と**コミットメントの欠如**である。例えば，チームのメンバーが，提起されたアイデアについて議論や話し合いをせず，対立を避けるために同意しているときは，結果としてその決定に真にコミットしない傾向にある。会議の中では変化を起こすことを認めながらも，実際にはコミットしていない場合，会議を終えてすぐに変化が必要ない理由を仲間内に伝え，変化を起こすことに注力しないので

ある。このような状況下では，チームにとってのさらなる機能不全（責任回避と結果への無関心）が発生してもおかしくない。チームメンバーは意思決定と変革に対して互いに責任を負わず，期待した結果を達成できなくなる。

　組織の変革を支援するためには，まずリーダーとチームが互いに信頼し合う必要がある。また，意見の不一致を恐れずにあらゆる側面を見て意思決定を行い，互いに責任を取り合おうとしなければならない。研修ディレクターのシェリーは，新たな研修プロジェクトを立ち上げたい旨をチームに話した。彼女は，このプロジェクトがスタッフの士気を高め，クライアントの無断キャンセルを減らし，結果的に増収につながるとの考えを説明した。彼女はトレーナーが上手く研修を提供できると確信しており，他のディレクターが提案を支持し，スタッフの全面的参加を促してくれることを望んでいた。彼女は，新しい取り組みの始動への承認と，それに伴う部門予算の大部分を要求した。しかし，組織内においてこのプロジェクトに関する前例がなく，成功を裏付けるデータも不十分であった。議論を重ねた結果，チームはシェリーを信じ，彼女の提案を支持することにした。最終的な意思決定者である上司のアリソンは，投資リスクの判断をしなければならなかった。取り組みの実施は，組織にとって有益とも不利益ともなる可能性があった。シェリーは新しいことに挑戦することで自身の評価へのリスクを負い，チームはそのアイデアを支持することで従業員の時間と資金を費やすリスクを負い，アリソンは前例のないアイデアを支持することで組織の予算と自身の評価に対するリスクを負う。アリソンは，チームの決断とシェリーの力への信頼無くしては，承認できなかった。また，特に，新たな問題の発生によりプロジェクトの実施が困難になった場合，アリソンもチームも，シェリーとお互いを信頼しなければならなかった。スタッフの士気向上，クライアントによる無断キャンセルの縮小，増収，といった最終的な目標を達成するためには，その決断にコミットし，障害を克服するために協力し合う姿勢が必要であった。

　メンバー同士が信頼を欠き，対立を恐れ，責任を持たないような不健全な状態に陥っているチームや組織は，変化に伴う不確実性と恐れに対処できる要件を欠くということは，いくら強調しても足りない。このような信頼関係がなければ，マネジメントチームは，ミッションや戦略目標を達成し，最大限の可能性を発揮することができないのである。

例えば，メンタルヘルス部長のジョッシュは，大規模な非営利団体の臨床業務をサポートする幹部のリーダーであった。ジョッシュは，新しい電子カルテシステムに関する研修の始動にあたり，その研修でクリニックやスタッフをサポートする最善の方法を考えたいと思い，チームを招集した。彼は，新しい技術への適用には，プログラムの向き不向きがあると認識していた。また，マネジメントチームには，経験の浅いメンバーもいれば，ベテランのメンバーもいた。さらに，メンバー間の信頼関係もまだ十分に構築されていなかった。

　議論の中で，一部の幹部メンバーは，研修がもたらすスタッフへの負担と各クリニックへのオンサイトサポート提供のための人員不足を懸念点として表明した。また，新しいシステムへの習得に苦労するスタッフがいるのでは，と心配するメンバーもいた。さらに，研修を開始する最善の方法についてメンバーの間で意見が割れた。研修は時間をかけてクリニック１件ごとに展開し，最初のクリニックで完全に導入が完了するまでは，他のクリニックで研修を実施すべきでないと考える意見と，すべてのクリニックで同時に実施すべきであるという意見に分かれた。議論を重ねた結果，すべてのクリニックが同時に研修を受ける方針が決定し，マネジメントチームはIT部門による協力のもと，研修プログラムをサポートすることになった。ジョッシュは，チーム全員が考えを共有し，方針を支持したと信じ，会議を終えた。しかし，週明けに行われた各ディレクターへの個別指導の中で，多数の人が実際にこの決定に同意していないことを知った。彼らは，他のメンバーが技術的な知識に乏しく，能力にもばらつきがあることから，研修プログラムへのサポートは困難であると感じていた。また，すべてのクリニックに対して同時に研修を実施するという提案に原理的には賛成であるが，実際のところは悲惨な事態を招くと思っていた。ジョッシュは，そういった問題をなぜ，議論中に触れなかったのか尋ねた。すると，その問題を提起したら，他の同僚が批判されたと捉え，防衛的になると思ったからだと言われた。後からジョッシュに個人的に伝えることで，彼が何とか対処してくれることを期待していたのである。

　チームにおける率直さと信頼の欠如により，ジョッシュはほぼすべての取り組みに際し，苦戦することとなった。他方，グループのメンバーが互いを信頼していれば，彼らは次のような発言ができただろう。

- 「今回の方針は組織にとって最善の策であるとは思いますが，技術面を習得するうえで個人的に限界があると感じているので，私は他のディレクターよりもサポートが必要となりそうです」
- 「グループとしてこの方針に同意することは聞いていますが，方針を進めるうえで障害となりそうな事項について話し合えませんか？　例えば，グループの一部の人間は，新しいコンピューターシステムを使いこなすのに比較的苦労しそうな点について，などです」
- 「アン，今回の案を支持してくれると聞いて嬉しい限りです。ただ，新しいコンピューターシステムの導入に苦労することもあるでしょうから，どんなサポートが必要なのか話し合うのはどうでしょうか」

　つまり，グループ内で信頼関係が構築されると，メンバーは自身のヴァルネラビリティを認めることができ，個人の短所をあげ，周囲に助けを求めることなどができる。チームからサポートされ，敬意を抱かれていると感じられることで，対立を恐れず，意見をぶつけたり，議論したりすることができる。そして，批判されることを恐れずに，自身の強みや課題を率直に共有することができるのである。チームメンバーは，保有するリソースと戦略を最大限に活用し，互いに責任を持ってコミットしながら組織全体の成功につながる計画を立てることができる。

　MIを用いて信頼と受容の文化を創出するためには，マネジメントチームがMIのスピリットを取り入れ，チームメンバーと従業員を理解しようと積極的に働きかけると良い。信頼の構築は，組織と従業員の考えにおいて理解したことをマネジメントチームが積極的に聞き返し，解決策を生み出すための議論に協働的に巻き込むことで達成できる。一方で，MIは両価性を解決するために設計されたものであり，実際に直面しているのがチームの機能不全であるならば，チームダイナミクスを解決するために他の戦略を使用することが先決である。この場合，変化に対して両価性を抱えるチームに直面しているのではなく，チームの問題に直面していることを理解するのが重要である。そして，両価性の解消のために傾聴する代わりに，一度，変化のプロセスを完全に停止させ，チームの健全性の向上に時間を費やす必要があるかもしれない。

　チームが最適に機能するためには，まずリーダーが率先して実行していく必

要がある。リーダーは、チームのロールモデルを示すことに加え、チームの健全性とダイナミクスが重要であり、それがチームとして仕事をするための戦略の一貫として期待されるという前提を設定する必要がある。これは、チーム自体に対して時間と費用をかけることを意味する。例えば、チームビルディングのための社外合宿への参加や、外部コーチやコンサルタントを雇ってリーダーとチームの関わり方を観察（および改善へのアドバイス）してもらうなどの取り組みが挙げられる。

　組織はマネジメントチームに対して特別な意識を向ける必要がある。そして、チームの関係性やダイナミクスに取り組むために、組織における他のイニシアチブや戦略とは別に、時間や資金、エネルギーを費やすことが求められる。マネジメントチームが率いる組織が最高のパフォーマンスを発揮できるようにすることが目的であれば、信頼の文化を醸成するために時間とエネルギー、費用をかけることが不可欠である。マネジメントチームや組織の育成に費やす労力には、本当に価値があるのか疑問に思うかもしれない。Brown（2018）は、アメリカを代表するOld Navyという企業を立て直したことで知られる、Ralph Lauren Corporationの社長、Stefan Larssonの話を紹介している。Larssonは、マネジメントチームと組織のダイナミクスを変えることに注力し、信頼に基づいた文化を構築した。このアプローチにより、ブランドの評判は完全に変わり、売上高は30億ドルから170億ドルに成長した。Larssonは、「失敗を恐れる気持ちと評価されることを恐れる気持ちを取り除いたら、学びや実績のうえで最大の競合をも凌駕するようになった」と語った（Brown, 2018より引用）。マネジメントチームの健全性は、組織全体における健全性の鍵となる。マネジメントチームが健全で信頼に裏打ちされていれば、疑心暗鬼に陥ったチームと比べ、はるかに大きな成果を上げることができる。

チームの健全性にフォーカスする

　チームに信頼を植え付けることで、大きな変化を達成するうえで必要な水準のエンゲージメントを得ることができる。リーダーはよく、チーム自体にかけ

る時間やリソースがないことを指摘するが，これは，臨床家がMIの関わるプロセスを早く進めすぎた際に見る反応と似ている。リーダーが関わるプロセスに十分な時間を費やさない（つまり，チームのダイナミクスに注力しない）と，結果としてチームが必要な変化を起こさないことに対して不満を溜めることとなる。チームの健全性は組織のパフォーマンスに不可欠な基盤である。チームの健全性とエンゲージメントに十分な時間をかけなければ，何も上手くいかないのは紛れもない事実である。

　福祉施設の部長アンジェラは，大きな変化を遂げようとしていた組織の一員であった。アンジェラは，マネジメントチームが上手く機能していないことを肌で感じていた。また，チームのダイナミクスが改善されなければ，目の前に立ちはだかる高い目標を達成することはできないことも認識していた。アンジェラは，自身の抱える悩みを理事長のジョンに打ち明けた。すると，ジョンは，チームが他の戦略目標に忙殺されるあまり，上手く協力し合うことに注力する時間がないと説明した。チームが機能不全に陥っていることは組織の他のメンバーにも明らかであり，有効性が損なわれていたため，結果として多くの戦略的イニシアチブが達成されていなかった。ここで，ジョンが気づけなかったのは戦略的目標を達成するためには，チームの健全性が必要であることだった。もし，ジョンとチームが信頼の欠如や対立への恐れを克服するために時間を割いていれば，組織の変化を成功に導くことができただろう。

両価性ではなくチームの健全性であることを どうやって見分けるか？

　チーム内で見受けられる変化への抵抗が，両価性ではなく，消極的なチーム・ダイナミクスに起因するものである場合，どのようにして見分けられるだろうか？　あるいは，その両価性が実際にはチームの機能不全の結果であると言えるだろうか？　これらの疑問を抱いた際は，チーム内における意思決定プロセスと対立に着目すると良いだろう。チームが変化を検討する際，どのような議論が行われているだろうか？　メンバーは提案自体に疑念を抱いているのか，あ

るいは，互いに疑念を抱き合っているのか？　それとも，メンバー同士，まったく話し合っていないのか？

　夫婦が良好な結婚生活を送るためには，コミュニケーションの方法や対立が起きた際の解決方法を知っておく必要がある。これと同様に，マネジメントチームにおける健全性と信頼性の水準評価は，メンバーがどのように議論し，討論し，変化にコミットするかによる。チームメンバーが変化の両面性に目を向けることができず，自身や他のスタッフの限界に対する懸念をはっきりと表明して他のチームメンバーに考慮を求めることができなければ，それは信頼の水準が低いことを意味する。筆者の経験上，健全なチームは挙げられた提案の重要性について異なる意見を共有し，見落とし事項がないよう意図的に反対意見を募る。その上で，メンバーは変革を実行する自信の有無について話し合い，自身の強みと課題を現実的に見つめるのである。

　非営利の福祉施設の施設長ドナは，高い信頼が醸成されているマネジメントチームの一員であった。彼女は，新しい研修を導入し，組織全体に展開するにあたって行われた議論のことを振り返った。議論は，その提案と実行すべき重要性について合意に至るまで，何度も行われた。その後，チームは研修の内容に含めるべき要項について検討したが，ドナはその際に困難に直面したという。一部のメンバーは，研修が易しく簡潔なものでなければならず，組織全体への展開は後から実施したほうが良いと意見した。他方，きちんとした研修を提供するために，はじめから長時間かつ丁寧な内容にすべきである，と主張するメンバーもいた。これに対しては，過去2回行われた研修が上手くいかなかったことを指摘し，反論する声もあった。上手くいかなかった原因は，研修内容が複雑すぎて，現実的に導入する方向に進展しないのが明らかだったからである。メンバーはさらに声を大にし，それぞれの主張をし始めた。そこで，ドナは彼らに，過去の取り組みが期待通りに成功しなかった理由と，そこから学んだことを考えるように言った。すると，メンバーの一人ひとりが自己を振り返るようになった。あるメンバーは，「前回の内容に関しては，簡易さと複雑さのバランスをとる中間点を見つけられていなかったと思います。私自身，成果がすぐ見られるよう簡易的な内容を求めてしまい，その結果，より複雑な項目の訓練は上手く実施されず，混乱したままのことが多かった」と発言した。また，別のメンバーは，「内容の簡略さが最適でなかったことには，同意です。私の場合

はその逆でした。従業員が混乱せずにすべて理解できるようにしたかったのですが，そうすると彼らは，圧倒されてどこから手をつけていいのかわからなくなっていました」と発言した。ドナ自身も，「私は，研修に長時間かけることに強く反対です。なぜなら，生産性が落ちて目標を達成できず，理事会の外部委員を失望させることが懸念されるからです。限られた時間の中では，研修の目的を達成するのは難しいものです」と内心を共有した。そして，続けて，「この件で良い判断をするために必要な要素はすべて揃いました。自分が持つバイアスにもそれぞれ気づいているし，チームの中で対立する視点も存在する。もう少し話し合えば，適切なバランスを見つけられると思います」と，メンバーに伝えた。この対話は，熱心で感情的なものであったため，メンバー一人ひとりが立ち止まって振り返るためには，エネルギーやコミットメント，そして忍耐力を要した。それでも，チームがこのような振り返りを行ったのは，成功するために一丸となって機能することが不可欠であると理解していたからである。互いへの信頼のもと，安心して議論することができた。

チームの傾聴を練習する

　マネジメントチームと仕事をすることのメリットは，グループがどのように運営されるべきかを直接，自身がモデルとなって示し，チームの運営を議論することができる点である。つまり，どのように傾聴し，振り返り，間違い指摘反射に抵抗するか，どのようにチェンジトークを引き出し，注意を払うべきかを，その場で実演することができる。

　筆者は経験上，間違い指摘反射や両価性，理解の聞き返しなどの概念をリーダーやマネジメントチームとともに確認することの有効性を感じている。これらの概念を説明することで，チームが変化のプロセスを理解し，自らの行動が役立つ場合とそうでない場合を見極めることができる。プロセスの知識があれば，変化がどのように起こるかを理解し，どのように互いをサポートできるかを知ることができる。Chris Wagner と Karen Ingersoll（2012）は，この考え方を臨床チームに適用する方法について説明している。彼らは次のように述べて

マネジメントチーム｜第6章｜117

いる。「互いをサポートするという考えを強調するために，グループの一般的な性質と精神を早期から定義することは重要である。その際には，プレッシャーを与えず，また，変化の可能性におけるネガティブな要素よりポジティブな要素にフォーカスすると良いだろう……唯一のルールは，何かを変える場合，それをメンバー自身で決定しなければならないということである」。このプロセスはチームにおいても同様である。MIの概念とスキルの研修をチーム全体に実施することを検討してみてもよいだろう。なお，変化の主要な事項にフォーカスするだけのほうが良ければ，それでも問題ない。その場合は，両価性を理解するためにどのようにフォーカスするか，メンバーの決断をどのようにサポートするか，また，変化の可能性をどのように広げるかなどを説明すると良い。筆者はよく，スーパーバイザーを対象とした1日がかりの研修を開催しているが，そこでは，本書に記載している多くの原則について議論し，スーパービジョンや管理業務においてOARSを使用する練習を行う。リーダーシップのためにMIを活用することをチームや組織に浸透させるには，研修セッションが最も有効であると考えている。筆者も自身の会議やスーパービジョンにおいて，MIを模範的に示すようにしている。さらに他のリーダーがMIをマスターし，従業員に対して使えるようにコーチングを行っている。

リーダーはいつ自身の考えを共有するか？

　リーダーとして考慮すべきもう一つのポイントは，チームの議論に参加すべきタイミングの判断である。議論への参加が早すぎると，議論の幅がすぐに狭まってしまう。すなわち，リーダーは自らのアイデアを単に共有しただけのつもりでも，グループはリーダーが実現したいことを主張しているように受け取り，その時点で対話を終了させてしまうことがある。

　先ほど紹介した施設長，ドナのチームにおいても，同様な現象が見られた。彼女は，継続的なケア提供のために新技術を導入することについて，チームメンバーに議論してもらった。新技術の導入により，ケアマネージャーは遠隔医療を用いて利用者とつながることができる。具体的には，治療予約の定期的なリ

第Ⅱ部　関わる

マインダーや不安・抑うつなどの症状を定期的にモニターするための評価尺度の送信，メンタルヘルス分野に関するオンライン学習へのアクセス提供などが可能となる。ドナは，この技術がサービスを補完し，利用者の転帰にも改善がみられるようになると考えた。彼女は，この技術内容をレビューし，サービスに導入することについての意見を求めた。あるディレクターは，「この技術は，クライエントがインターネットにアクセスできるスマホやタブレットを持っている場合にのみ有効です」と述べ，また，別のディレクターは，「サービスの向上には繋がると思いますが，多忙なスタッフがこれを実際に導入するとは思えません。最終的には金の無駄遣いになってしまうでしょう」と意見した。チームがブレーンストーミングをしているのを見て，ドナも自身の考えを述べることにした。「私はこの技術の導入には大きな意義があると思っています。ネットへのアクセスについては解決方法をすでに検討しています。また，私たち幹部が一丸となってケアマネージャー各員に明確で一貫性のある説明をすれば，上手く実行してくれると思います。必要なのはただ，遂行するにあたり献身的になることのみです」。彼女の話が終わると，ディレクターたちはただ頷くばかりで，追加で意見しなかった。会話が途切れたことに気づいたドナは，なぜ意見しないのかを尋ねた。すると，しばらく部屋が静まりかえった後，それまで発言していなかったディレクターが次のように述べた。「もし，導入する方針をすでに判断されたのであれば，同意します。しかし，私たちの意見を求めていらっしゃるのであれば，正直，上手くいくとは思っていません」。もしドナが，グループメンバーの気持ちについて聞き返し，新技術がどのように機能し，どのような価値をもたらすかについて意見を求めていたとしたら，おそらくチームからは異なる反応が返ってきていただろう。彼女は，早い段階で自身の考えを共有し，また，それが単なるアイデアであり決定ではないことを説明せずに伝えてしまったことで，意図せずして対話を止めてしまったのである。

　いつ意見を共有すべきか？　そのタイミングで意見することで，議論は深まるか，あるいは打ち切られてしまうのか？　自身に問いかけてみてほしい。何か気づくことはあるだろうか？　グループのメンバーが意見を異にしている状況においては特に，どのタイミングでリーダー自ら参加してアイデアを共有するのが理想的だろうか？　あるいは，どのタイミングでグループを導き，検討すべき問いに答えていくのが良いか？　また，どのタイミングでグループ内に

おける意見の相違や同意に対する理解と解決策について聞き返すのが良いだろうか？

これらの問いかけに明確な正解はないが，リーダーとしては，自身の意見を直ちに述べることのデメリットを認識しておくことが重要である。筆者自身も，これまでにさまざまなアプローチを試してきた。あるときは，グループが共有していることだけを聞き返し，さらに意見の振り返りができるよう突っ込んだ質問をした。また，リーダーとしての意見を述べ，議論に参加したあと，反対意見を持つメンバーに見解を求めたこともある。いずれにせよ，リーダー一人の独壇場になると生産的な議論もグループにおける両価性の解消もできないだろう。

要約

チームに傾聴することは，個人や組織への傾聴と多くの点において類似している。しかし，リーダーとして聞いている内容は両価性ではなく，チーム内の問題かもしれないことに留意すべきである。チーム内で互いへの信頼感が存在しないと，両価性についての考えの共有や，変化へのコミットメントを阻害しかねない。

自己振り返り演習

チームに傾聴する

チーム内で起きていることについて，傾聴を通して理解することは，個人や組織全体の話に傾聴するのとは異なる。両価性を見出そうと傾聴しているうちに，チームの関係性や健全性のほうに着目する必要があると気づくかもしれない。

この演習では，あなたのチームが次に変化に直面した際，チームダイナミクスの問題に直面しているのか，それとも両価性を表現しているのかを

理解するために，傾聴してみてほしい。チームがどちらの問題に直面しているかを把握することで，MIを役立てるべきか，あるいはチームの育成に注力したほうが良いのかを知ることができる。

　チームメンバーに，これから起こす変化についての意見を共有してもらう。この演習ではメンバーを招集し，対面で会議を行う。

　メンバーが集まったら，検討または直面している変化をメンバーに伝える。次に，メンバーそれぞれに考えを話してもらう。ガイドし，チームの気持ちや考えについて理解したことを聞き返しながら，チームダイナミクスにも着目する。

- グループメンバーに，変化をどのように捉えているか説明してもらう。
  ◇ 彼らは自身の期待や懸念を率直に話し合えているように見えるか？　互いの意見に異議を唱えることができているか？
  ◇ 討論や議論が行われているか，あるいは互いの意見に頷き，同意するだけで，話し合いに参加していないか？　チームはこの提案を積極的に検討し，それを自身の決断事項として捉えているか？
- グループのメンバーに，組織がこの変化を検討すべき理由を話してもらう。
  ◇ メンバー全員に共有してもらう。チームメンバーは，互いの考えをどのように理解しているか？　メンバー間には，信頼と敬意が見られるか？　それとも，競争や不信感，隠れた動機や政治が存在するように見受けられるか？
- グループのメンバーに，組織がこの変化を起こすことを決断した場合に取るべきアプローチについて，考えを聞いてみる。
  ◇ メンバーは助けが必要そうな面について，進んで共有しようとしているか？
- メンバーが変化を行うことを決断した場合に，それを達成できる自信はどの程度あるかを尋ねる。
  ◇ メンバーの自信の度合いについて，理解したことを聞き返す。
  ◇ 前進することに対する懸念事項があるか，チームに尋ねる。チー

マネジメントチーム　第6章　121

ム全体または各メンバーが個人的に直面する可能性のある課題
について，チームは話し合おうとしているか？　加えて，他の
チームメンバーに個々およびチームとしての能力を振り返るよ
う促そうとしているか？

　上記の対話を終えた後，この章を読み返し，チームの健全性について説
明のあった部分を振り返ってみよう。

●チームが今，直面しているものは何か？　それは，変化に対する
　正常な両価性か，あるいは，リーダーが時間と労力をかけるべき
　何かしらのチームダイナミクスが存在するのか？
●どういった面をみて，チームが上手く機能していると言えるか？
　どういった面から，チームメンバーが互いを信頼し尊重している
　ことや，対立や議論を厭わないこと，またグループとしての決定
　にコミットしようとしていることが伺えるか。
●最善な結果を得るために，メンバーが互いに決定に対する責任を
　持とうとしていることは，チームのどういった面から伺えるか？
　チームは，変化に一丸となって立ち向かう心の準備ができてい
　るか？
●変化に向かって始動する前に，注意を払うべき人間関係上の懸念
　事項があるか？　それを示唆する要素について気づいたことはあ
　るか？
●変化そのものだけでなくチームの健全性や人間関係上の懸念事項
　に着目した際，他にチームに関して気づいたことはあるか？

第 III 部

フォーカスする
FOCUSING

第**7**章 | Focusing with Your Employee

従業員とフォーカスする

業員や組織の考え，経験，共通認識などを把握したら，対話の焦点を
どこに持っていけばよいかについて考え始める。**フォーカス**は，MIの
2番目に重要なプロセスである。ここで重要なのは，すぐにフォーカ
スしないことである。問題を解決しようと対話の中で先走ってしまうことがあ
るが，これは，間違い指摘反射による傾向である。リーダーの目的は解決策を
見つけることではなく，理解し，一歩前進することだということを忘れてはな
らない。早まってフォーカスすると，最も重要な問題を見落としかねない。誰
しもが，急いで問題を解決しようとした結果，間違った問題に取り組んでいた
り，最初から問題を誤解していたりした経験があるだろう。対話の中でも，同
様のことが起こりやすい。そのため，フォーカスに移る前に，内在する両価性
をしっかりと理解しておきたい。

いつフォーカスするか？

　では，フォーカスするのに十分な理解ができたことを，どのようにして判断
できるか？　理解できることは無限に存在するため，十分な理解ができたと判
断するのは容易ではない。しかし，一般的には，問題を表面上だけでなく深く
理解し，同時に従業員も理解されたと感じている状態がそれだといえる。なぜ
従業員が行き詰まっているのか，なぜそれが本人にとって重要なのか，本人は
何を望んでいるのか，すでに本人が試してみたことはあるか，行き詰まりの要
因は何か。これらの問いに対する理解が本当にできているか，筆者もよく自問

している。直接従業員に投げかけることはせず,「私は理解しているか？」と,振り返るのである。また,理解していることを従業員に聞き返した際,正しく理解できていると,相手も示してくれるか確認する必要がある。

　加えて,従業員が話している内容についてあなたが深く理解しているかどうかを確認するために,一連の「なぜ」を自身に問いかけると良いだろう。例えば,あるマネージャーから,チームの防災訓練を計画できず,苦戦していると打ち明けられたとしよう。彼は何度も訓練をスケジュールに入れようと試みるも,実行できずにいた。このような状況において,リーダーとしてどのように対応すべきだろうか？　具体的に言い換えると,リーダーとしての対応やマネージャーとのその後の対話において,何にフォーカスすべきだろうか？

　「チームの防災訓練について,そのマネージャーが前に進めたいと思っているか否かにフォーカスすれば良い」。このように答えは簡単だと感じる読者もいるだろう。しかし,マネージャーがなぜ行き詰まりを感じ,困難に感じているのかなど,彼の懸念を理解するためにまず立ち止まらなければ,より重視すべきポイントを見落としてしまう危険性がある。必ずしも,時間の確保が要因とは限らない。もしかすると,訓練内容が無意味に思えるのに患者に関わる他の業務に費やすべき貴重な時間を奪われると感じているからかもしれない。あるいは,スタッフが訓練に参加したがらないのではないかと心配し,スタッフからの評価や評判を優先しているからかもしれない。もしくは,懸念すべき本来の防災上の問題に訓練が対応していないことを懸念しており,現実に起きるかもしれない状況において取るべき行動についてスタッフから聞かれた際,答えを知らないことが理由かもしれない。

　従業員とリーダーの両者が何にフォーカスするべきかを知る唯一の方法は,まず従業員の抱える両価性と抵抗感の深さを把握することである。なぜ,マネージャーにとって防災訓練の実施計画が重要なのかと考えてみよう。そして,その答えが,防災訓練の重要性を彼が認識しているからだとしよう。というのも,防災訓練によってスタッフ全員が安全だと感じることができ,それをマネージャーも望んでいるからである。なぜ彼は皆に安全であると感じてほしいのだろう。安心感がなければ効果的なサービスの提供に支障をきたすからだと,彼は返答するかもしれない。それでは,なぜ安全性がケアに不可欠なのか？　それは,誰しもが安全性を最重要視して行動しなければ,誰かが負傷す

る可能性があるからである。つまり，訓練を計画することにフォーカスする必要は全くもってなく，それよりも，常に安全に気を配ることの必要性をスタッフに理解してもらうことのほうが重要となる。

　忘れてはならないのは，関わるプロセスは常にMIの最初の部分であるが，決して終わることはないという点である。すなわち，理解するために継続的に傾聴すべきなのである。しかし，リーダーが問題を理解し，従業員も理解されていると感じることができた際には，行き詰まりの感覚のみにフォーカスしていた状態から，一歩前進できるだろう。なお，性急なフォーカスと同様に，関わるプロセスに一極集中してしまうことも禁物である。変化を起こすのが困難な理由をすべて探りたいと思うかもしれないが，そのようなアプローチでは，本人の**行き詰まり**の感覚が増強されてしまう。

　傾聴し，関わる過程で意識したいのは，理解することを目的とすることで，問題自体に時間を費やしすぎないことである。むしろ，目的は，相手の立ち位置を理解し，そこから前に導くことである。MIでは，現在と未来にフォーカスすることが求められる。これは，過去を探ったり，問題の真相を明らかにしたりすることではなく，その人の立ち位置を理解したうえで進みたい方向にフォーカスすることを意味する。

フォーカスの見つけ方

　フォーカスはMIの他の部分と同様に協働的なプロセスである。これは，従業員とリーダーが対話のテーマについて合意する必要があることを意味する。協働的なフォーカスであれば，プロセスが先に進んだときでも，両者は自由にフォーカスに戻ることができる。

　最適な焦点を見つけることは，従業員が自身のジレンマに対する提案や解決策を考え出すのに役立つ鍵となる。そのためにリーダーは，主要となるテーマや目標について従業員から傾聴したことを聞き返したり，話を続けるよう同意を得たりする必要がある。筆者がマネージャーを対象に，MIを用いたトレーニングを行うと，よく「この対話のフォーカスはX（例：仲間との関係）にす

べきだと思います」などといったコメントを耳にする。そして，マネージャーはこのフォーカスから対話を始めるが，すぐに行き詰まってしまう。なぜ行き詰まっているのかを尋ねると，マネージャーは大抵次のように答える。「私は，実のところはX（例：仲間との関係）にフォーカスするべきだとは思っていません。実際に従業員が苦戦しているところはY（例：役割の混乱）にあると感じていますが，本人に対してフォーカスすべき点をこちらから指定したくありません」。そこで筆者はマネージャーに従業員本人と確認することを提案する。すると，案の定，Y（例：役割の混乱）はその従業員が本当に抱えていることであり，かつ話したいと思っていることであった。マネージャーはこのことを最初から知っていたが，従業員自身の判断を阻むことを恐れ，選択肢として提示しなかったのである。

　フォーカスする対象を決めるうえで相手からの同意を確認する際，その相手を判断したり，分析したり，焦点すべきことを押し付けたりしているのではないかと不安に感じるかもしれない。しかし，その焦点が従業員ではなくリーダーだけの選択であるか見極めるためには，その従業員に聞いてみるほかない。もし相手が「それは違います」と答えれば，相手を理解する態勢に戻ることができる。ただ，リーダーが従業員を本当に理解しようとしていれば（すなわち，相手を説得してリーダー側の視点から問題について考えさせようとしていなければ），従業員の本当の意図を汲めている可能性は高い。

　ここで，マネージャーの職に就いたジョディをスーパーバイズすることになった福祉施設の施設長ドナの話に戻ろう。ジョディは部下であるカウンセラーと利用者の面談を記録し，コーチングすることで，サービスの質を向上させようとしていた。ジョディはドナに，新しいアプローチを自分自身がモデルとなってカウンセラーに示し，さらにカウンセラーが成果をあげている部分と新しいアプローチを正しく使えていない部分を特定することで，援助しようとしていると説明した。ジョディは，カウンセラーから実績の改善やこのアプローチを真剣に学ぶ姿勢を感じ取れなかった。そこで，ドナがジョディにカウンセラーとの対話において何にフォーカスしていたかを尋ねると，彼女は学習した内容の応用だと答えた。それに対してドナは，「私の理解が正しければ，あなたが懸念していることは，カウンセラーがアプローチを学べないことではなく，アプローチを学ぶ意欲がないことだと思うのですが？」と尋ねた。すると，ジョ

128　│　第Ⅲ部　│　フォーカスする

ディは能力ではなく，カウンセラーのやる気の欠如を懸念していることに同意した。続いて，ドナは，なぜそれを対話のフォーカスとしなかったのか尋ねた。これに対してジョディは，「彼の努力不足を示唆して，彼の気分を害したくないのです」と，話した。ドナは，「彼は努力していると思いますか？」と尋ねた。これに対してジョディは，「いいえ」と答えた。そこで二人は，新しいアプローチを学ぶことに対してカウンセラーが抱える両価性の問題を，次回の面談でどのように提示するか，話し合った。ジョディは，カウンセラーとの対話で間違った問題にフォーカスしていたため，彼女のスーパーバイズは彼のパフォーマンス向上の手助けとなっていなかった。そのカウンセラーの両価性（一見，抵抗感のように思えたもの）が解消されない限り，彼はジョディを喜ばせるために調子を合わせることはしても，新しい変化を完全に受け入れることはしないだろう。

　フォーカスするプロセスでしばしば起こることは，直感を働かせて，当たり障りのない内容ではなく自身が真に捉えている状況を相手に伝えることである。また同時に，自身が相手や状況を完全には理解していないことを受け入れる必要がある。

　MIが単に共感的に傾聴することと大きく違うのは，目標とする対象が定まっている点にある。言い換えると，目標とする行動や決断，変化が定まっていない場合はMIを用いた対話とはいえないだろう。対話の核心にある変化がはっきりしていなければ，チェンジトークに気づきながら，対話をどの方向に導くべきかが定まらない。後の章で述べる第三，第四のプロセスにおいても，明確な目標を定めることは必要となる。

　状況によっては，フォーカスの対象がすぐに明確になる。例えば，マネージャーの一人から，チームを具体的な目標に向かわせるために自分に必要な能力を向上させたい，と相談されたとしよう。このような場合のフォーカスは，部下の目標意識を上げることに関するマネージャー自身の実績であることが，明らかである。対して，フォーカスがそれほど明確でない場合もある。フォーカスする対象となりうる問題が複数存在することもあるし，明確にできる焦点が全く存在しない可能性もある。あるいは対話相手の従業員と異なる方向性でフォーカスする対象について考えている可能性もある。

フォーカスの対象をどのように選ぶか？

　フォーカスする問題が複数存在する場合は，関わるプロセスで紹介したすべての事項について話し合うために時間をかける必要があるだろう。このとき，従業員が直面していると思われる課題や問題について探究すると良いだろう。すべての問題を同時に解決することはできないが，どの問題解決を優先することが最も効果的なのかを従業員から教えてもらうと良いだろう。他の問題に取り組む時間を確保することもできるが，まずはどこから始めるかを明確にしておきたい。

　フォーカスするべき問題がたくさんある場合は，単純にそのことを言葉にすれば良い。

> 「最初に取り組めそうなテーマが多数あります。例えば，チームのモチベーションと士気を向上させる方法にフォーカスしたいとしましょう。また，ご自身の総合的なマネージメントスタイルの効果についても悩んでいるようですね。さらに，チームの目標達成に向けて従業員を巻き込むうえで，他部署との連携も検討していると言いましたね。これらのうち，今のあなたにとって最も重要な事項はどれでしょうか？　どの課題に時間を割くのが最も有効だと思いますか？　それとも，他にもっと差し迫ったものがあると感じますか？」

　上記のように，さまざまな懸念や問題を洗い出し，従業員とともに最適な始点を見つけて取りかかると良い。このプロセスには，多少時間がかかるかもしれない。なぜなら，従業員にとってもこれらが曖昧であったりするからである。すなわち，すべてを重要事項と捉えていることもあれば，各事項が同等に重要性を持つと感じていることもある。そのため，従業員が自身の考えに向き合う過程を支援するために，継続的に聞き返すことが必要となる。なお，従業員が本当に迷っている状況下では，最適と思われる議題を提示したうえで，そこから始めても良いか，従業員に確認するといった方法もある。その際，次のように述べると良いだろう。「何が最も重要なのかわからないようですが，総合的な

マネジメントのアプローチから始めれば，スタッフの士気や他部署との連携についても考えるきっかけになるのではないでしょうか。そこから始めることについて，どう思いますか？」

テーマが不明確な場合は？

　同様に，テーマが不明確な場合やフォーカスする対象となる行動が明確に見当たらない場合は，自身や従業員の推測をもとに前進する必要があるかもしれない。あがってくる提案は一般的なものであっても良いが，変化に向けて努力しているかが明確になるような，具体的なものである必要がある。例えば，自身の実績と成長に関して葛藤を抱えているマネージャーが，リーダーシップ力の向上に取り組みたい，と相談してくるかもしれない。これは非常に一般的な話題であり，多様な解釈が可能である。しかし，リーダーとしてはそのマネージャーの総合的なリーダーシップ力を向上させるために，現状維持を避け，変化をもたらす方向に対話を導くことができ，それでいて，より具体的にフォーカスすることもできる。例えば，マネージャーは，複雑さや緊要さを伴う内容であっても，従業員と心地よく会話できるような手助けを求めているかもしれない。この場合，たとえ重要だとわかっていても複雑な会話をするのを回避していることや，回避することにより置かれている状況が悪化するばかりであることに気づくだろう。そのマネージャーが会話を避けてしまうのは，自身が会話に上手く対処できていないことや，会話の前や最中，気詰まりに感じるのを嫌がっているからである。ここでのマネージャーの発言からは，複雑な会話にも不安なく対処できるような変化をテーマとした対話を望んでいることが汲み取れる。そして，リーダーはそのテーマに向けて彼女との対話を導くことができる。マネージャーとの対話においては，複雑な会話の練習を行うなどといった変化に肯定的な部分と，変化に否定的な部分の双方の面を聞きとることができる。

　関わるプロセスの結果，本人の抱えるジレンマを聞き出したとしても，フォーカスする対象が今ひとつ明確化されていないこともある。そこで，次のステッ

プとして推測を行ってみると良い。例えば，「もし，この問題に話を絞ったら，あなたの懸念を払拭する助けになるでしょうか？」「あなたがこの問題に取り組むために，対話の焦点を一つだけに絞るとしたら，それは何ですか？」「もし，この問題の要点を一つだけに絞るとしたら，それは何だと思いますか？」といった具合で質問をする。具体的な会話例としては，次のようなものが想定されるだろう。

> マネージャー：今よりももっと人に委ねることにフォーカスすれば，タスクを管理する方法について考える助けになるのではないでしょうか？
> 従業員：いいえ，そうは思えません。私は人にタスクを委ねることについては問題があると思いません。それよりも，人の役に立ちたい気持ちから，依頼された仕事を断れず引き受けてしまうことのほうが問題に感じています。
> マネージャー：では，どうすればもっと依頼を断れるようになるか，話し合うのはどうでしょう？
> 従業員：そうですね。それもありますが，人を失望させたくないという気持ちもあるので，断ることも正しいことだと信じて断れる方法を見つけたいのかもしれません。
> マネージャー：では，あなたがこの対話のテーマを選ぶとしたら，「依頼を断る方法」でしょうか？
> 従業員：そうですね。それが良いと思います。

　なお，提案が間違っていたとしても問題はない。推測が間違っていたり，従業員が提案に対して無意味と感じたりした場合は，従業員が教えてくれる。ただ，誤った問題にフォーカスせず，従業員にとって最も重要なことを優先するようにしよう。

フォーカスする対象について異なる考えを持っていたら？

　フォーカスする対象について，リーダーと従業員が異なる考え方を持つ場合もあるだろう。MIは協働的なプロセスである。従業員がある分野について議論したいと言っている一方で，リーダーは別の分野のほうがより関連性があると確信していることがある。例えば，マネージャーである従業員が，現状では上手く受け取られていないと感じるフィードバックを，チームに対してより建設的に行うことにフォーカスしたいとしよう。一方で，リーダーとしては，彼とチームとの関係性や，彼がチームに求める期待値や構造を設定している方法にフォーカスするべきだと考えるかもしれない。リーダー側の焦点と従業員の焦点，いずれかが正しいということではない。考慮すべきなのは，両者が各自の視点から見ているということと，双方の選択肢について話したほうが良いということである。例えば，「あなたはフィードバックの仕方にフォーカスしたいようですが，私は従業員との全体的な関係性にフォーカスすることも有効ではないかと考えています。どう思いますか？」などと，聞くことができる。相手のマネージャーがそれでも自身の意見を優先したいようであれば，それを焦点とする。後になって，重要だと思っていたテーマが浮上することもあるだろう。MIの目的は，スタッフが両価性を解消し，懸念事項に対して自らのアイデアや解決策を考え出せるよう助けることである。したがって，リーダーの意見や考え方を押し付けるようなことはすべきではない。よって，フォーカスする対象について異なる考えを持っている状況では，リーダーとして自身の考えを共有し，従業員に検討してもらいながらも，従業員が主導となったほうが良い。

フォーカスする対象の変更

　フォーカスする対象を見つけた後は，残りのプロセスにおいても対話を対象に方向づけ，緩やかにガイドする。なお，プロセスを進めていくうちに，別の優先事項が明確になってきて，再び何にフォーカスするか検討する必要が出て

くるかもしれない。その際には，しっかりとフォーカスを変更することが大切である。例えば，「今はYに集中するよりもXに集中するほうが重要なようですが，どう思いますか？」などと聞くと良い。従業員とリーダー，双方にとって焦点が明確となったら，対話を引き出すプロセスへ導くことができる。関わるプロセスと同様に，フォーカスするプロセスにも終わりはない。すべてのプロセスは，前のプロセスの上に成り立っている。リーダーは，継続的に理解するために傾聴し，関わり，必要に応じて対象を変えながらフォーカスし，選択した行動や決定，あるいは変化の方向へと対話を導く。

目標は行動か，決断か？

　時には，特定の行動や変化に焦点が当たらないこともある。すなわち，対話の焦点が従業員による決断のための支援となる場合もある。目標とするのが行動か決断かという違いを理解することは重要である。決断することにフォーカスしている場合，リーダーとしては，従業員の決断を助けるためにガイドする。例えば，カウンセラーのエリックは，臨床スーパーバイザーの役職に応募することを決断するとしよう。リーダーとしては，彼がこの役職に就く準備ができているかどうかについて考えを持っていたとしても，アドバイスを求められない限り，伝えない。もし，エリックがリーダーと一緒に考えたいと言ってきた場合には，この役職に応募することのメリットとデメリットを検討すると良いだろう。その際，いずれかの方向に偏らず，決断を下すために必要な全体のプロセスと，エリックが知っておくべき事項について考えるのである。他方，特定の行動にフォーカスしている場合は状況が異なる。その場合は，特定の変化の達成のために対話を誘導する。変化することもしないことも，それぞれが選択肢の一つであることを認識し，いずれの選択をするかは従業員自身が決める。しかし，従業員の利益となる場合は，変化する方向に優しく導き，チェンジトークを引き出す。例えば，前述したエリックが今度はプロジェクト管理スキルを向上させることについて話したいと考えている状況があったとしよう。リーダーとしてはこの変化が彼にとって有益であると確信している。対話の中

で，変化を起こすことについてのエリックの考えや，プロジェクト管理スキルの習得や能力向上についてどう感じているかにフォーカスする。対話の中では，変化を起こすことについての考えや，プロジェクト管理スキルの習得，または向上についてエリック自身が感じていることにフォーカスする。また，彼がなぜプロジェクト管理スキルの向上を重要視しているかに加え，自身の能力についての現時点での評価や見通しなどの考えに特に注意を払う。意図的に変化の側面を探り，引き出すのである。対照的に，エリックが臨床スーパーバイザーのポジションに応募することについて話す場合は，彼が応募する方向に導くために志望動機やその職種が求める能力に対する自信を聞き出すようなことはしない。代わりに，彼がこの決断を下すうえで必要な事項を考えるよう導く。すなわち，決断をするためには何が重要か？　どのような情報が必要だろうか？　過去，同様に難しい決断をした際，彼はどのように対処しただろうか？　行動ではなく決断に焦点が置かれているため，その目的に合わせて対話は導かれる。

　フォーカスする対象が行動と決断のどちらなのかを理解することで，次の段階である引き出すプロセスに進むうえでの最適なアプローチを選ぶことができる。

最初にフォーカスする対象を設定すること

　時には，明確にフォーカスできている状態で対話に入ることもあるだろう。例えば，業績評価を終えると行動計画や目標設定のステップに自然と移行するが，このタイミングはMIを用いるのに理想的である。従業員の評価についてリーダーと従業員自身の視点から協働的な対話を行った後，通常は次回の評価時期に向け，新たに取り組むべき目標や改善したい点，リーダーが改善を期待している点などを話し合うことになる。この時点で，焦点は明確化している。ここでの対話内容は，従業員が自身の役割の中で何を学び，試行し，改善することで成長したいかである。リーダーとしては，従業員が新しい目標について抱く希望や不安，懸念点などについて話す間，彼の成長にフォーカスし続ける必要がある。彼の成長における目標といった明確なテーマが最初から存在する

ので，改めて焦点を定める必要はない。

業績のフィードバックと組み合わせたMI

　従業員の業績に問題がある場合は，MIを少し変化させて用いると良いだろう。リーダーは，従業員の成功を助けるために存在することを理解し，自身の仕事は従業員の目標達成の手助けであることを認識する。このような考えを基盤に関係を構築しておけば，リーダーが建設的なフィードバックを与える際，従業員は自身の成功が望まれているがゆえの行為であるという確信のもと，フィードバックを受け取ることができる。フィードバックを行わないことは，従業員の手助けとならないだけでなく，これまで築いてきた信頼関係を損なうことにも繋がる。

　また，建設的なフィードバックを行う際には，一度に一つや二つの分野にのみフォーカスすることを忘れてはならない。マネージャーがよく，従業員に対して複数の改善すべき点を挙げることがあるが，通常は一度に一つか二つの分野に取り組むことしかできないものである。多数の分野における改善を求めることは不当であり，成功する可能性も高まらない。一つの分野が改善されれば，いつでも別の分野を追加することができるが，はじめから改善すべき点を10個挙げてしまったりすると，従業員にはフラストレーションが溜まり，自信喪失や改善の停滞などが反応として返ってくるだろう。

　業績に関する具体的なフィードバック内容が明確化すると，そのテーマにフォーカスして対話を始める。まずは，対話の相手に業績と改善すべき点について話したい内容を伝える。対話の目的は，従業員が問題を認識し，それを修正する機会を与えられ，支援要員としてリーダーが存在することを理解してもらうことである。業績に関する懸念があることをリーダーから従業員に伝える際には，穏やかに，かつ明確に伝える。よく，明確さや優しさに欠けるマネージャーを見るが，リーダーが期待していることを明確にしていないと，従業員は改善すべき点をよく理解しないまま対話を終え，間違った問題に取り組んでしまう。他方，無遠慮に直接的であっても，優しさと思いやりに欠ける場合，

従業員が新しいことに挑戦するうえで必要な安心感を得られない環境をつくり出してしまう。

　もし，MIを従業員との関わり合いの手段として使用するのであれば，すべての対話において思いやりと共感が根幹をなすべきである。リーダーとしての優しさは，上手くいっている点を明示したり，従業員の前向きな意向や努力を是認したりすることで，相手に示すことができる。加えて，改善すべき点やそれが問題となっている理由，変化に対して期待すること，変化を実現すべきタイミングなどを明確にすることで，思いやりをもって相手と関わることができる。議論のために問題点を洗い出した後は，従業員の持つ考え方に傾聴する。その相手は，自身の実績をどのように問題視しているのか。何を変え，改善したいのか。どのようなアプローチを取り，またどのようにしてリーダーから支援を受け，計画を立てるのか。こういった状況においては，業績への懸念点にフォーカスするのみで，MIが関与しない場合もある。対話の進み具合と従業員が自身の考えを共有することにどの程度前向きであるかによっては，MIの対話に移ることができる。あるいは，業績に関する対話を続け，リーダーがどのようにしてフォローアップし，手助けできるかを話し合っても良い。

　リーダー自身が明確な焦点を持っているかどうかを確認するためには，次のような問いを立てると良い。

- 「従業員と私の認識は一致しているか？　この対話の目的を理解できているか？　何をもってそれを理解できていると言えるのか？　この理解について，従業員に具体的に尋ねただろうか？」
- 「選択した対話の焦点は，従業員にとって最も重要であるといえるか。それとも，より重要な焦点がありそうか？　何をもってそう言えるのか？　フォーカスは従業員と協働的に行えただろうか？」
- 「選択した対話の焦点は，MIに適したものであるか？　両価性は存在するか？　あるいは，焦点が見えたので別のマネジメント手法を使うべきだろうか？」
- 「従業員はフォーカスしたテーマについて関心を示し，意欲的に話そうとしているか？　リーダーの役割や従業員の関係性を考慮したうえで，相手をこの焦点に向かって導くことは適切であるか？」

従業員とフォーカスする 第7章

- 「私は，リーダーとしての役割を明確化できているだろうか？　特定の行動や変化に向けて従業員を導いているのか，あるいは，従業員が決断することに向け，中立的な立ち位置を保ちながら（誘導せずに）決断に役立つことにのみ誘導しているのか？
- 「私は，問題の深さを理解し，焦点を明確化するために，関連する問題について十分に調査し，理解しただろうか？　理解するためにもう少し従業員と関わる必要があるか？」

要約

　フォーカスとは，対話のゴールを決めることである。また，選択したゴールに向けて対話を進めていくための主要な役割を果たす。フォーカスとは，個人とリーダーによる協働的なプロセスである。

❖従業員の事例

　第4章の末尾で紹介したスーザンとの対話に戻ろう。彼女は仕事を始めたばかりで，新規クライエントによるプログラムへの登録者数の獲得に苦戦していた。彼女は，他の業務は上手くこなせていると実感していたが，この分野に関しては苦労していた。また，これまでの人生でもほぼ成功体験ばかりだったため，なぜこれほど難しいと感じるのか理解できなかった。彼女は，所属するチームのことが好きで，仕事にも意義を感じているため，何とかして前進する方法を見出すことを望んでいた。なお，以下に登場するアシュリーはスーザンの上司である。

> アシュリー：スーザン，私たちがこの対話でフォーカスするべき最重要事項は何だと思いますか（**開かれた質問**）？
> スーザン：私にはわかりません。ただ，仕事を上手くこなせるようになり，今抱えている嫌な思いを払拭したいのです。クビにもなりたくないし。

アシュリー：どこから手をつけていいかわからないということですね。今の状況に満足していないことは確かであっても，何が解決の糸口となるかわからないのですね（**聞き返し**）。

スーザン：そうですね。ただ，ジムに言われてからは，自分の進歩に対する自己評価が上手くいかない要因であるのは認識しています。自分が失敗していてクビになる可能性がある事実に，つい，意識が向いてしまうのです。実際問題，期待に応えられていない中で，そう考えざるを得ません。

アシュリー：進歩に対する自己評価について考えることが，出発点になるかもしれませんね（**許可を求める**）？

スーザン：そうかもしれません。ただ，実際のところはわかりません。

アシュリー：つまり，自身で失敗していると思うことが，新規クライエントを獲得する実績に影響してしまうということですね（**聞き返し**）。

スーザン：（うなずく）

アシュリー：実は私も同じことを考えていました。失敗していると思ったとき，具体的にどういったことが起き，新規クライエントの獲得業務に影響を与えるのか，少し話してみませんか（**許可を得る**）？　何かが起きるのは，あなたがつい固まってしまうと言っているときのことのようですが，これに対してはどう思いますか（**開かれた質問**）？

スーザン：そうですね。自分が失敗していると思い始めると，すべてが上手くいかなくなります。なので，別の視点から自分の進歩を評価することが，出発点になるかもしれません。

アシュリー：それでは，あなたがどのようにしてご自身の進歩を総合的に評価しているのか，また，それが新規クライエントの獲得業務にどのような影響を与えているかについて，少しフォーカスしてみましょう。もし他にもっと重要だと思われることが出てきたら，教えてくださいね。

スーザン：わかりました。そうします。

自己振り返り演習

従業員とフォーカスする

　あなたは現時点で，従業員が行き詰まりを感じている理由と，変化を起こすうえでの重要性や自信について考えていることに対して理解が深まっているはずである。今度は従業員が特定の目標やテーマへフォーカスするプロセスを手助けできるかみてみよう。このとき，リーダーと従業員が変化を肯定する側か否定する側か，それぞれの立場を判別できるよう，テーマは十分に具体的である必要があることに留意してもらいたい。

　この演習では，対話の幅を狭め特定の事項にフォーカスすることを勧める。相手が問題をどのように捉えてアプローチしようとしているかについて話したら，ガイドとなる質問を用いて対話を特定のテーマや目標にフォーカスしよう。

　対話を始める前には，テーマや目的を推測し，それを書き留めよう。対話を終えた後に，事前に推測した内容を振り返り，明確にフォーカスできていたかどうか確認する。

　対象となる変化について，相手と対話を始めよう。以下のフォーカスの質問はガイドとして用いることができるが，対話は自由に行って良い。相手が自身の考えを話したら，理解した内容を聞き返し，関わるプロセスを継続するよう常に心がけよう。

◉ テーマが明確な場合

　テーマが明確であると感じる場合は，そのテーマが本当に最重要事項であるかを従業員に尋ねる。フォーカスするためのガイドとして，以下のように対話から始めても良い。

- 「Xは，私たちが時間を費やすべき最も重要な事項だと思いますか？」
- 「私が聞いた限り，あなたはXについて疑念を抱いており，特にこの問題にフォーカスしたいと思っているのではないでしょうか？」
- 「この会話の焦点となるテーマを一つに絞るとしたら，それは何で

しょうか？」

◉ **テーマが明確でない場合，または，リーダーの推測と従業員が話している内容に齟齬がある場合**

目的が具体的にわからなかったり，他の事項の可能性があると感じていたりする場合は，以下のやり取りをフォーカスの参考にすると良いだろう。

「会話にフォーカスできるテーマが多数ありそうですが，まず最優先すべき事項は何だと思いますか？」

「何から始めたらいいかわからないようですね。では，Xにフォーカスして会話を始めるのはどうでしょう？　良い出発点となりそうですか？」

「あなたは今，Xが最も重要であると言いましたが，私はYにフォーカスしたほうが良いのではないかとも考えています。これについてはどう思いますか？　何から始めるのが一番良いでしょうか？」

後日，対話を終えた後に，そのプロセスを振り返ってみよう。

- 何か気づいたことはあるか？
- 主要な焦点を聞き出せていたか，あるいは，別の事項だと推測していたか？
- フォーカスすべきテーマが従業員の考えるものと合致しなかったときは，どのように対処したか？　どのようにして協働的に議論したか？
- 正しいテーマにフォーカスできたことを，どのようにして確認したか？
- 従業員のどのような言動によって，目標に合意できたと確信できたか？
- フォーカスは協働的なプロセスであったと感じたか，それともリーダーとして一人で焦点を決めたか？　一人で決めたのであれば，それはなぜだと思うか？

従業員とフォーカスする｜第7章｜141

第 **8** 章 | Focusing with Your Organization

組織とフォーカスする

組織が何を考え，経験し，共有しているかを把握したところで，次のフォーカスについて考え始めることができる。リーダーは，どのようにして組織がフォーカスするのを手助けできるだろうか？　繰り返しとなるが，個人の場合と同様に，すぐに解決策を求めないほうが良い。組織が個人によって構成されているということや，焦点の決定は傾聴を伴うといったことなど，すでに学んだ内容を振り返ると，従業員個人とフォーカスするプロセスについて記述した第7章を参考にするのが良いことがわかるだろう。第7章で紹介したアプローチや戦略は，組織に対しても適用できる。しかし，集団とフォーカスするプロセスを行ううえで，変化の方向に導く可能性のあるものに傾聴する場合に役立つ，別の戦略や留意事項も存在する。

最適なタイミングは？

個人の場合と同様に，組織でもフォーカスするプロセスにはタイミングが重要である。起こるかどうかもわからないことを懸念し，あらゆる失敗を想定することに多くの時間を費やしてしまうと，組織全体が益々両価性を抱え，落胆してしまう。また，リーダーが難しい決断を回避しているように感じられると，スタッフからの信頼も損なわれる可能性がある。思慮深い判断をするためには，問題をより深く掘り下げ，より多くのデータ収集や議論を行い，組織が現在に至る経緯までも分析する必要があると感じるかもしれない。ところが，このようなアプローチが問題なのは，何年もかけて問題を追求しても進展に繋がらな

143

いことがあるという点である。リーダーとしての目標は，組織が置かれている状況を理解し，前進することである。組織の中でMIが牽引するのは，組織が置かれている状況を理解すると同時に，集団として向かいたい方向にフォーカスすることである。これにより，組織が行き詰まっている要因の先にある将来の可能性に向かって前進することができる。

　問題の現状や経緯を調査するのに時間をかけすぎてしまうのと同様に，フォーカスするプロセスが早すぎたり，一度に多くの分野にフォーカスしすぎてしまったりする恐れもある。関わるプロセスの目的は，組織が現在どのような状況に置かれており，どこへ向かいたいのかを確実に聞き出すことであるが，これと同時に，対話の中で追求すべき最も重要な目標を絞り込む手助けをすることでもある。

　例を挙げる。ヘルスコーチング事業を運営している会社の最高執行責任者ジョアンはあるとき，コーチングスタッフの離職率が高いことに気づいた。彼女は当初，「よし，フォーカスすべき問題はわかった。スタッフの離職率を改善させるためのタスクフォースを立ち上げよう」と考えたが，その後，提案の検討はスタッフとともに行うことにした。彼女は離職してしまった元従業員と現従業員に，みんなが離職してしまう原因について意見を求めた。個人との面談を行い，人事チームには元職員への面談を依頼し，加えてコーチングチーム全員から意見を募集するアンケートを作成した。その後，すべての意見に目を通したマネジメントチームとともに，それらの結果が何を示すかを推測した。その際，複数の論点が顕在化された。例えば，スタッフの中には，過小評価されていると感じている人や給料が不十分であると感じている人がいた。また，会社にいてもさらなる成長の機会がないと感じている人もいた。また，自分の意見が吸い上げてもらえないことから，会社の決定やミッションから分離しているように感じ，質の高いケアを提供すること自体に関心がなくなっている従業員もいた。さらには，上司が無能で頼りにならないと感じている従業員や，会社の方針に不満を持っている従業員も見られた。フォーカスするためにジョアンはまず，このリスト内容を一つの明確な目標へ絞ることから始めた。彼女はマネジメントチームに，「私たちの対話は何を目的として行われるべきでしょうか。焦点は定着率を上げることですか？　スタッフの士気を高めることですか？　あるいは，従業員の声に対する組織の傾聴力を向上させることですか？　それと

も，目的とすべきなのは，組織運営の改善やリーダーシップ研修，サービスの質向上などでしょうか？」と問いかけた。こういったシナリオの例はさまざまな方向に展開できるが，ジョアンは，その前にマネジメントチームや組織の意見を参考にして，焦点を一つか二つ，多くても三つの分野に絞る必要があった。

　よく，リーダーがすべての分野（給与，スタッフの士気，業績の上向き成長，リーダーシップ研修，サービスの質，スタッフ意見の共有機会の増加）の計画を進めたくなることがありますが，幅広い分野にフォーカスすると，組織の優先順位が混乱してしまう。組織を前進させるためにはむしろ，一度に取りあげるテーマを三つ以下に絞る必要がある。リーダーシップの専門家であるJim Collins（2001）は，「優先事項が三つ以上あるということは，優先事項がないことに等しい」と述べている。なお，一つの目標を達成後，いつでも目標を追加しに戻ることができる。そのため，まずは現状を理解しながら，最も重要で主題となる目標にフォーカスするようにしたい。

フォーカスの見つけ方

　焦点が明確化せず，リーダーが何を優先すべきかよくわからないこともしばしばある。組織において明確性が高い状態をつくるためにリーダーは，スタッフの意見や注力を必要とするものを具体的かつ明確に発信すべきである。焦点とは，目的やゴールに向かって対話を進めるための指針である。では，どのようにしてそれを決めるか？　個人に働きかける際には，その個人の人生における価値観や総合的な目標を考えることが役立つ場合が多い。同様に，組織の両価性を解消する際には，組織全体のミッション，目標，価値観などを参考にすることが，最も関連性の高い焦点を選択するのに役立つ。変化をすることで，どのように組織のミッション達成に貢献し，あるいは組織の価値観をより反映するのかを問うことで，変化の対象や焦点を明確にすることができる。

　例えば，組織の目標がより多くの精神科患者に質の高い治療を提供することであるとしよう。しかし，サービスを受けるまでの待ち時間が長い割に，治療の結果，症状が中程度にしか改善されないといった現状がある。この場合，組

織は変化が必要であることに同意するだろうが，具体的にはどのような変化が必要だろうか？　組織が使える資源（時間と資金）は有限である。そのため，資源の使いどころは最も多くの改善をもたらす変化が何であるかによって決定される。変化の対象には多くの選択肢が考えられる。治療の質と治療サービスへのアクセスを向上させるためには，短期間で効果を出せる治療法やリアルタイムアクセスが可能となるソリューションに関する訓練をカウンセラー向けに実施したり，補完的なデジタルソリューションを追加したり，スタッフのスケジュールをオープンアクセスモデルに変更したりすることが例として考えられる。より多くの患者に質の高いサービスを提供する，という組織のミッションに立ち返ると，どの分野に注力するべきかの最適な判断が可能となる。

　ところが，ここでの組織のミッションには，治療へのアクセシビリティと品質向上という二つの優先事項がある。それゆえ，どちらに重点を置き，優先的に着手するかという問題については，スタッフやクライエントにとって最も重要な論点を理解し，判断する必要がある。そのためには，組織全体から聞いたことを共有し，正しい焦点を追求しながら前進できているかどうかスタッフと確認する必要がある。

フォーカスの対象をどのように選ぶか？

　重点的に取り組むべき多くの分野がある場合は，決断に時間を要するかもしれない。組織の声に傾聴し，提案されている内容を理解し，知識を収集していくうちに，多くの分野について議論していることがあるかもしれない。すべての分野に同時に取り組むことはできないため，どの分野から着手するのが最適であるかをスタッフとともに決める。すべてを優先事項とすると，優先事項はなくなることを忘れてはならない。リーダーの役割は，組織が最重要事項を絞り込むのを助けることである。組織は，集団として一度に少数の分野（せいぜい一つ〜三つ）の改善しかできない。組織に透明性がある状態とは，たとえ組織として取り組み中のイニシアチブが他にあったとしても，誰しもが最優先事項を唱えることができる状態をいう。このような透明性がないと，チームや個

人は，優先順位の対立が生じるなどの状況に直面したとき，リアルタイムな判断ができなくなる。また，両価性の双方の面を正確に捉えることもできない。例えば，より多くの精神科患者に質の高い治療を提供する，というミッションには治療へのアクセスと治療の質といった二つの優先事項が内在する。質とアクセスの両方を提供できない状況においては，組織はリーダーから，いずれが優先されるのかを知る必要がある。すなわち，品質を下げてでもより多くの人にサービスを提供するのか，あるいは，人数を減らしてでもより質の高いサービスを提供するのか，組織はリーダーに判断を仰ぐのである。

◉変化に関連するテーマを繋ぎ合わせる

　優先順位と選択肢を絞り込む際に役立つ方法として，変化に関連するテーマを繋ぎ合わせることがあげられる。というのも，いくつかのテーマが関連し合っている場合，複数の変化を同時に起こしたほうが最終的な目標を達成しやすいこともある。通常，リーダーやマネジメントチームは，上空のヘリコプターから見下ろしたかのような視点を持っており，組織全体の動向を見ることができている。そのため，関連するテーマを繋ぎ合わせることができるのである。例えば，アルコール問題を扱う保健管理センターのリーダーのキャロルは，組織内の他のリーダーから構成される大規模なワーキンググループを立ち上げて，MIのトレーニングを実施するよう，理事会から依頼された。このリーダーシップグループは，社会的弱者である高齢者へ提供するサービスの強化のため，カウンセリングチーム内でMIを導入するように指示された。MIを導入する前に，キャロルは40人のチームリーダーに現行の取り組みについて尋ねたところ，数多くの内容が返ってきた。例えば，新規のケース記録システムの導入，クライエントの目標とニーズにフォーカスしたサービス改善，サービスを受けるための新しい構造とプロセス管理，一般的な治療モデルとしてのリハビリテーションの実施，クライエント成果モニターシステムの導入などに加え，サービス強化のための今回のMIの採用などがあった。リーダーの一人が，「一度に取り組むには，やることが多すぎる」と訴えたので，キャロルは，ホワイトボードにすべての事項を書き出した。そして，チームリーダーたちが出し合った意見に対し，聞き返しを行った。「理事会は，クライエントが治療やサービスにより参

組織とフォーカスする｜第8章｜147

加できるような仕組みを求めています。これに対し，基本的な戦略としてリハビリテーションを実施することに合意しました。これは，クライエントの機能レベルを可能な限り向上させながら，社会生活への復帰を目標とすることを示しています。この認識でよろしいでしょうか？」。このキャロルの聞き返しに対し，チーム全員が頷いた。続けて，「理事会はクライエントニーズの記録と症状の経過をモニターするためにデザインされた，ケースノート用ツールを新規導入するよう求めていますね」と確認し，これにも皆が同意した。「そして，クライエントが抱える実際のニーズや望んでいることを理解するためのコミュニケーション戦略，また，変化を支援する手段として，理事を含むスタッフ全員に，MIのトレーニングを実施することが決断されました」。これに対しては皆が考え込んでしばらく反応がなかった。キャロルは聞き返しを続けた。ホワイトボードを指差しながら，テーマとテーマの間に数本の線を引いた。「これらの取り組みは，互いに補完し合っていると考えることができます。つまり，ある取り組みで節約できた時間を他の取り組みの実行に充てることができたり，ある取り組みで収集した情報を他のものに利用したりできるのです。これらの取り組みは相互に依存しているので，すべてを同時に実施することに意味があります。例えば，MIはクライエントが実際に改善したいと考えている事項をスタッフが理解するのに役立ちます。そして，スタッフによる理解は，クライエントに関する情報の質を高め，何よりクライエントのリハビリ目標に向かって成果を記録し，モニターするのに役立ちます」。キャロルの説明に対し，チームリーダーは頷いた。彼らは今まで，各改善点を別個として捉えており，それらの間にある関連性を見逃していたのであった。要するに，理事会が求めていた真の優先事項はクライエントの成果改善であり，彼らがこれまで挙げてきた変化は，あくまで最優先事項の実現のためのステップに過ぎなかった。キャロルは理事会が抱える葛藤を時間をかけて聞きながら，テーマ間の関連性を浮き彫りにしていったことで，彼らの不安を解消することができたのである。これにより，理事会のメンバーは不安を払拭したうえでトレーニングに参加し，MIがどのように役立つかを積極的に学ぶことができた。その後，MIの活用方法を指導する際も，キャロルはこの対話を参考材料として用いた。すなわち，共感を示し，判断を下さない態度をとり，聞き返しとサマライズを行うことで，専門家（キャロル）がクライエント（チームリーダー）の心理を確実に理解し，変

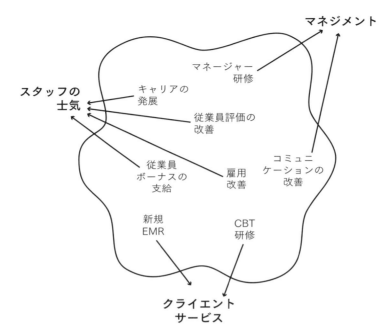

図 8.1 アメーバ戦略

化のプロセスを前進させることができたことを例に挙げ，振り返ったのである。

⦿アメーバ戦略

　組織やチームの中でフォーカスするために設計されたモデルは他にも存在する。Lencioni（2012）は，**アメーバ戦略**を用いたプロセスについて説明している。このプロセスでは，チームを巻き込んで議論を行い，チームが優先的であると考える重要事項をリストアップしていく。この際，重複や対立があっても良いので，フリップチャートの上にアメーバ状に書き留めていく（図8.1参照）。

　Lencioni（2012）の説明によると，各項目を直線的に並べるのではなくアメーバ状に配置していくことで，関連付けを創造的に見出すプロセスを促進する。すべての事項をリストアップした後，関連のある項目やテーマを繋げていき，今後の行動指針となるものを最大三つまで見つける。Lencioniは，「このプロ

セスは常に有機的でごちゃごちゃとする傾向にあるため，マネジメントチームのメンバーには，判断力，考察力，そして時には直観力が求められる。とはいえ，この方法はチームに共鳴を生み，意図的かつ戦略的な方法で意思決定を行う自信へと導く，信頼のおけるプロセスである」と説明する。Lencioni の提唱する戦略はある意味，複雑な聞き返しを視覚化した一種の形態と捉えることができる。

⦿ 付箋を使ってテーマを繋ぎ合わせる

もう一つ役立つ手法として，付箋を用いてアイデアをまとめる方法がある。まず，組織全体または各分野の代表者を招集して会議を行い，特定のテーマについての検討を手伝ってもらう。例えば，クライアントサービスや従業員のエンゲージメントを総合的に向上させる方法についてなどを，グループで議論してもらう。次に，組織全体のミッションに照らし，そのテーマの重要性を共有し，その後はグループに議論してもらい，検討すべき事項について合意したものを付箋に書き出してもらう。そして，図8.2のように，その付箋を大きなポスター用紙に貼って提示してもらう。

すべての付箋を収集後，リーダーはテーマに沿って付箋をまとめていく（図8.3参照）。ただし，ある付箋が特定の部類に属しているかどうかは，グループで確認する。テーマは最大でも三つに絞り，その中でも最も重要と思われるものをグループで決める必要がある。このプロセスは，各グループの提案が要約された一つの主題として定まるまで継続する。なお，図8.3で表されているテーマは，マネジメントとスタッフの士気，クライアントサービスへと絞られた。付箋を用いることで，主題が定まるまでに項目の移動や組み合わせが容易にできる利点がある。

⦿ 優先順位を定める

フォーカスはテーマを連結するだけではなく，テーマに着手すべき優先順位をつける方法でもある。組織と組織の優先事項を一番よく知っているのはリーダーとスタッフの双方である。しかし，全員の意見に耳を傾け，健全な議論へ

図8.2　付箋でフォーカスする演習

の参加を促し，満場一致の結論が出ない中で決定を下すのは，リーダーが果たすべき役割である。たとえ全員が同意しなくても，意思決定のプロセスに参加し，自らの考えや意見が正当に考慮され，評価されたと感じられれば，スタッフはどんな決定にも従ってくれるだろう。

　誤った問題にフォーカスせず，組織のミッション達成のために最も重要となる事項にのみフォーカスしたい。最重要事項が明確でないと，一連の変化の提案と試行を繰り返し，何度も変更を重ねては，核心的な問題に到達できず，問題解決に及ばないということが予期される。例えば，先に紹介したアルコール問題を扱う保健管理センターのリーダーのキャロルは，別の大規模団体による吸収合併が決まった際の責任者に任命されていた。合併から数カ月後，親団体

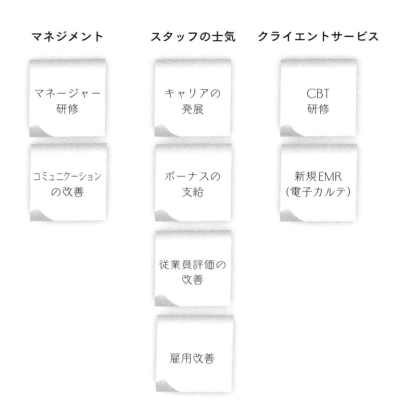

図8.3 付箋を整理してフォーカスする演習

側の理事会が，従業員の病欠を削減するための一連の戦略を全社的に実施するように，と発表した。これを受けキャロルは，チームリーダーやスタッフとともに，要求された戦略を忠実に実行した。そして，数カ月後，彼女は新しい理事会の同僚と会った際に，自身が戦略を展開したプロセスについて話した。すると，その同僚は愕然としながら，「いやいや，そんなことに時間を使わないほうが良い。理事会では常に方針変更があるから，じきに違うことをまた要求してくるだろう。だから，変更にいちいち時間を費やす必要はないよ。理事会の決定が本当に固まったと確信できるまでは，自部署にとって重要だと思う日々の業務に注力しておいたほうが良い」と，述べた。詰まるところ，キャロルは

変化を実行すべき理由や新しい理事会の決定プロセスをよく理解していないまま，早期にフォーカスしてしまったのである。また，フォーカスするのが早すぎただけでなく，組織にとって誤った優先事項にフォーカスしてしまっていた。キャロルが同僚と違って認識できていなかったことは，理事会が傾聴もフォーカスも苦手としているということであった。理事会では一貫性のない決定ばかりがされる上，多くの場合実施に至らないため，従業員からの信頼は失われていた。このような状況を理解したところで，キャロルは，単に指示に従うだけでなく最も重要な事項に組織をフォーカスさせることが求められた。フォーカス──および優先順位の設定──は，組織の透明性，信頼，そして成功に欠かせないプロセスなのである。

フォーカスに終わりはない

リーダーが何かにフォーカスすると，組織も同じようにフォーカスするということを覚えておく必要がある。フォーカスするには，能動的な関与と配慮が必要であり，決して終わることのないプロセスである。これについては，「計画」のプロセスで詳述するので，今の時点では，四つのプロセスがそれぞれ前の段階の上に構築され，決して完結しないということを覚えておいてほしい。特定の対象に組織の意識をガイドし，維持させるためには，一貫性が非常に重要となる。ここでいう一貫性とは，必要とされる変化の背景にある「**なぜ**」を何度も繰り返すことも意味する。

焦点が定まると，その対象に向かって徐々に，絶えずプロセスをガイドしていく。MIの残りの二つのプロセスを進めていくうちに，別のテーマや優先事項が浮き彫りとなり，再び焦点を合わせる必要性が出てくることもある。その際は，個人に対する場合と同様，はっきりとした態度を示したい。組織のメンバーには，「今は，YよりもXに注力したほうが良さそうですが，どう思いますか？　反対意見があれば，またお知らせください。Xに注力すべきでない理由が来週末までに挙がらなければ，この方針で進む方法について，検討を開始します」などと，言ってみるのが良いだろう。このように，組織の焦点を明確化

組織とフォーカスする　第8章

することで，対話を引き出すプロセスに導くことができるのである。

要約

　個人の場合と同様，組織とフォーカスするということは，対話の優先順位を決めることを意味する。状況によっては，焦点がすでに定まっていて議論の余地がないこともある。しかし，多くの場合において，組織とフォーカスするのは，個人との場合と同様に共同意思決定プロセスである。個人に対するプロセスと対照的な点は，傾聴して学んだことに基づき焦点を決定するのが，通常，リーダーの役目であるところにある。すなわち，変化の対象を決定するのは，リーダー（またはリーダーから成るグループ）なのである。それでも，適切な焦点を選択し，組織の賛同を得るために，リーダーは従業員の声に傾聴し，理解を示し，フォーカスするプロセスにも参加させる必要がある。仮に複数の議題を検討する場合は，正しい焦点を選択するうえで，組織の価値観と最終的な目標を指針とすべきである。スタッフと管理者が別々のテーマを重視している場合は，一方を優先すべき理由について透明性を担保する必要がある。なぜなら，リーダーシップとは，組織におけるすべての部署が尊重され，意見を聞かれているように感じられる環境をつくることも意味するからである。

❖組織の事例

　第5章で紹介した組織の例を再度振り返ってみよう。マリエがリーダーを務める外来のアルコール治療センターでは，治療の品質向上に注力していた。マリエがリーダーとしてどのようにそのプロセスを導いたのかについて，見てみよう。

　監査チームによる会議では，サービスの品質を評価する過去6カ月間のデータを中心に取りあげ，議論されていた。特に，クライエントの特徴，治療からの離脱率，個人の治療結果を示す統計データが確認された。目標を達成するための提案や方法があまりにも多く挙げられていたため，監査チームの課題は優

先的に着手すべき事項を定めることであった。サービスの品質向上という全体目標は明らかであったが，そのことに最も役立つ，より具体的な焦点を定めることが問題であった。監査チームが前進するためにはまず，どの提案が最も大きな変化をもたらすかについて，一つひとつの理論を理解し，提案内容を吟味する必要があった。

　監査チームでは治療成果について統計データが示す内容を分析し，データを中心に議論が進行した。すると，30%の患者が数回目の診療で治療から離脱していることがわかった。また，残りの患者の半分は，6カ月経過後に成果（すなわち，禁酒または飲酒量をコントロールできている状態）を達成していた。監査チームは，治療を継続し，望ましい結果を得るうえで大きな障壁となる要素について議論した。特定のタイミングで患者の多くが離脱してはいないか？　しているとすれば，それはなぜか？　離脱を防ぐためにはどのようなアクションが必要か？　監査チームは，文献からのアイデアや，全スタッフが終日にわたる会議で提供し合った意見などをブレーンストーミング形式で集め，患者と組織にとって最大の利益につながる提案について議論した。

　マリエは監査チームとのブレーンストーミングを主導し，すべての提案をホワイトボードに書き込んだ。その際，すべての意見が歓迎され，慎重に検討され，敬意を持って扱われることを出席者に伝えた。ホワイトボードに書かれた提案のリストは，最終的に図8.4のようになった。

　すべての提案が書き出されると，チームはそれらに優先順位を付け，組織全体のミッションに対する相対的な重要性について話し合った。マリエは，どの分野が誰によって最も重要視されているかについても，ホワイトボードに書き出した。そして，提案の中身を可能な限り具体的に引き出すことで，グループのメンバーが内容を理解し，その分野において組織が変化すべきかどうか検討できるよう促した。例えば，新しいクライエントに対し，組織がより温かい印象を与えるべきであることを指摘する意見があった。これでは，かなり抽象的で対処法もさまざまとなるため，マリエは内容を具体化しながら対話を主導した。「より温かい印象を与えるとは，具体的にどのようなことを指すのでしょうか？　例えば，ウェブサイトやパンフレットなど，組織のマーケティング資料で受ける印象のことでしょうか？」とマリエが質問すると，何人かのメンバーが同意し，「あるいは，待合室をもっときれいにすることですか？」との質問に

組織とフォーカスする　第8章　155

　　　　　患者への書面による情報資料

　　　　　スタッフ向けのMIの研修

　　　　　スタッフの小チーム体制

　　　待合室に，より居心地の良い雰囲気をつくる

　　　　　禁断症状に対する治療の改正
　　　　　　　　（治療へのアクセスに注力）

　　　　　　待ち時間の削減

　　地方に在住する患者に向けた，ビデオ通話を通じた治療

　　　　　営業時間の柔軟性担保

　　　　常に患者にとって重要な人の関与を促すこと

　　　治療に他のサービスを組み合わせる場合は，
　　　　　　承諾を得るよう留意すること

　　　　　アウトリーチ活動を行うチームの結成

　　　患者満足度調査を6カ月ごとに実施

　　　　患者との治療評価を1カ月ごとに実施

図8.4　ホワイトボードに書き出された提案一覧

対しては，違うと答えた。そして，「それでは，どういったことに関わる印象でしょう？」と投げかけると，チームメンバーは，施設に入るすべてのクライエントを，必ず秘書が出迎え，案内することを提案した。マリエは，その提案をより一般的な言葉でホワイトボードに書いた。すべてのクライエントが，治療を開始する前に案内と援助を受けること（聞き返しとリフレーミング）。

議題には，現行サービスの品質改善に関与する分野を取りあげるよう，マリエは常に主導した。そのためには，フォーカスする分野が監査チーム全体に受け入れられるよう，対話の聞き返しとリフレーミングを行った。

　治療のコンプライアンスを向上させ，クライエントの早期離脱を防ぎ，治療成果（治療開始から3カ月後に飲酒していないクライエントの数）を高めるために，監査チームは改善点を次に挙げる事項に絞り込んだ。すなわち，急性期治療（解毒と禁断症状の治療），クライエントにとって重要な人を治療に巻き込む，クライエントへの情報資料の提供，エビデンスに基づく治療に関するスタッフ向けの研修を重点的に取りあげた。

自己振り返り演習

組織とフォーカスする

　あなたは現時点で，組織が行き詰まりを感じている理由と，変化の重要性やそれを実行する能力を組織がどのように捉えているかについて十分に理解しているはずである。今度は，組織が特定の対象やテーマにフォーカスするのを手助けできる方法を考えてみよう。ここで忘れてはならないのは定めた分野の改善に向けて前進できているかを，組織全体に明確に伝えられるよう，テーマを十分具体的に設定することである。

　今回の演習では対話内容の絞り込み，あるいは優先順位付けを行ってもらいたい。会議では以下のプロセスを用い，協同して一つまたは二つの分野を挙げることで，議論を進めるための明確な焦点を定める。

　なお，このプロセスを始める前に主要な変化の対象が何か，あるいは何であるべきかを思い切って推測し，それを書き留めよう。後になって推測した内容を振り返り，対話の前に明確な焦点を把握できていたかを確認する。

　議論の対象となる変化について，チームとの**対話をリード**しよう。対話は自由な形で行って良いが，次に挙げるアドバイスは対話を導くために役立てられるだろう。ホワイトボードや付箋にフィードバックを書き留めるなどをして理解の聞き返しを行い，関わるプロセスを継続することを忘れ

ないようにする。

　この変化に関連する他のテーマについて，これまでにグループから聞いたことを要約しよう。

- 変化の必要性についてチームはどう考えているのか？
- なぜこの変化が重要だと考えているのか？
- 誰が同意し，誰が異なる意見を持っているか？
- その他，チームの現状への理解を示すために重要なことがあれば共有する。

　付箋に書き留めよう。 グループに全員で計画を立てる際の指針となる焦点を定めたい旨を伝える。変化の対象となる分野に影響する要素のうち，フォーカスするべき主要論点を付箋に書き出してもらう。主要なテーマがわからない場合は，複数書き出してもよいが，その際に三つ以上は書かないよう伝える。

　考えやメモを共有しよう。 各メンバーに立ち上がってもらい，自身が付箋に記載したテーマを共有し，なぜそれが最も重要な焦点だと思うのかを述べながら壁に貼ってもらう。

　メモを整理し，統合しよう。 全員の共有が完了したら，メンバーに，付箋の内容を一つまたは二つの主題に絞れるか尋ねる。このような対話へと誘導するためには，関連するテーマの付箋同士が部類別に並ぶよう，各付箋の配置を聞いていくと良いだろう。

　主題を推測しよう。 リーダー自身を含めたグループで，配列されたすべての付箋を繋ぎ合わせるような主題を推測する。主題が思いついたら，それを新しい付箋に，可能であれば違う色で記載し，その列の上部に貼る。なお，このプロセスを行う上では，「こちらのテーマはそちらのテーマより重要ですか？」などといった質問をし，共有された案にどのように優先順位をつけるかの確認を伴うかもしれない。

　焦点を共有しよう。 一つまたは二つの主要な焦点が定まった後は，グループに対し，いつでも他のテーマに戻ることができる旨を共有する。その際は，今は定めた分野だけにフォーカスして議論を続け，他のテーマに立ち

返る場合も，一つずつ着手する旨を補足する。なお，この演習においては，まず一つの焦点だけで進行し，必要に応じて後から二つ目のテーマについても同様にプロセスを繰り返すこととする。

　グループ内でコンセンサスが得られず，検討すべきテーマが多数ある場合は，どのテーマから着手するかについてグループに代わって判断しよう。議論のすべての側面を加味したうえでグループの意見を反映し，そのテーマを選択した理由を説明する。

　後日，対話が終わった後に，プロセスを振り返ってみよう。

- 何か気づいたことはあるか？
- グループが合意した主題の見当はついていたか？　あるいは，別の事項だと推測していたか？
- フォーカスすべきテーマがグループの考えるものと合致しなかったときは，どのように対処したか？　どのようにして協働的に議論したか？
- 適切なテーマにフォーカスできたことを，どのようにして確認できたか？
- チームのどのような発言や行動から，焦点の対象に合意できたことを確信したか？
- フォーカスするのは協働的なプロセスであったと感じたか，それともリーダーとして一人で焦点を決めたか？　一人で決めたのであれば，なぜそうなったと思うか？

組織とフォーカスする　第8章　159

第 IV 部

引き出す
EVOKING

第9章 Evoking with Your Employee

従業員と引き出す

一つ目の「引き出す」プロセスでは，MIのすべてを包含した対話を行う。これまでの章では，全体的な考え方（あるいは，「心の在り方」），MIのスピリット，そして関わるとフォーカスのプロセスについて説明した。MIのこれらの要素はすべて，傾聴力やマネジメントに関する他の戦略にも類似していると言えるため，ここまでの内容は，すでに実践している戦略のように思われるかもしれない。MIが単に傾聴すること以外の要素を持ったガイド・アプローチであることは，「引き出す」プロセスで明らかになる。従業員から何をどのように引き出すのか，なぜそれが重要なのかを知ることで，両価性や行き詰まりを感じている従業員を，決断や変化へと導くことができる。

引き出すことについて考える際，まずは問題の答えや解決策をどこから見出すか想定してみると良いだろう。リーダー自身の経験や専門性からか，あるいは従業員自身に期待するのか。両者の中間ということもあり得るだろう。MIでは，解決策や提案，そして変化の理由は，従業員や組織の中にすでに存在しているということが前提にある。先の章で説明してきたすべてのプロセスを経ることで，変化を起こすためのプラットフォームが構築される。そして，引き出すプロセスにおいては，変化に対するスタッフのモチベーションとコミットメントを強化し，対象となる変化がどのようにもたらされるかについてのアイデアを引き出すことを意図とする。

はじめは，少々思い切りが必要である。リーダー自身で答えを出さないと，従業員が苦労するのではないかと不安を感じたり，対話を省略して解決策を提示したほうが話が早く，簡単に感じたりするかもしれない。ところが，リーダーが代わりに答えを出すことの問題点は，それがリーダーにとっての答えであると認識されてしまうことにある。また，仮に従業員がその答えを受け入れたと

しても，リーダーに頼らないと従業員自身で問題や葛藤を解決できないという誤った示唆となってしまう。リーダーは，従業員自身のスキルや能力，自信などを高めることで，個人の成長をサポートしたいと考えているはずである。しかし，リーダーの目的が単なる問題解決に置かれると，部下の成長をサポートする大きなチャンスを逃すこととなる。従業員が成長すれば，チームも，リーダー自身も，ひいては組織も成長する。

　リーダーとしての目標は，対話する従業員の置かれている状況や行き詰まりの理由，希望する方向性を理解することである。また，十分に意思や準備性，実現可能性が備えられていると本人が感じているものを把握することである。このような基本的な理解ができた後は，焦点を変え，変化につながりそうな要素に部分的に注意を払いながら，対話を導くことができる。両価性を抱えるスタッフは，自身のジレンマについて二つの考えを持ち合わせている。片方は，変化への方向性を示す。この方向性を示すような発言を，チェンジランゲージまたはチェンジトークと呼ぶ。従業員の前進を助けるために，リーダーは対話の中からこの発言を拾えるよう傾聴力を鍛える。そして，従業員自身が変化の理由と方法を固められるよう試みる。このようなチェンジトークの存在と，それを深化し，展開させるリーダーの能力こそが，変化へのコミットメントの可能性を高めるということが，3,000件以上の調査研究から明らかになっている。引き出すプロセスは，このチェンジトークを展開させることにフォーカスしている。対話の中でチェンジトークを聞き取ったら，そこに時間をかけ，変化を起こすことの重要性（願望，理由，必要性）を強化および深化させ，また，変化を起こすことができるという自信（能力）を構築させ，さらに，変化への準備（コミットメント）を評価させるとよいだろう。

準備的なチェンジトーク

　チェンジトークにはさまざまな形があるが，主に準備的なものと実行的なもの（もしくはコミットメント言語）の2種類に分けることができる。準備的な言葉には，前章で説明した DARN CAT の DARN の部分が含まれる。準備的な

チェンジトークは，従業員がすでにある程度変化について検討している旨を説明している際に聞き取れる。すなわち，コミットしている段階にはなく，単に変化を検討し，あるいは自身にとって何が変化となるのかを従業員がイメージしている状態である。従業員のチェンジトークを聞く際は，まず，相手の**願望**（D）を傾聴する。願望とは，従業員が望み，期待することを指す（「チームの業績を向上させたい」「チーム・ダイナミクスをより上手く管理したい」「仕事の質を向上させたい」「細かい作業が得意になりたい」など）。質問や詳述することの要求，聞いたことに対する振り返りなどを行い，従業員が何を望み，希望しているのかを考えてみるとよいだろう。

　次に，**能力**（A）に関する言葉にも耳を傾けよう。ここでいう能力とは，従業員自身が能力的に可能であると信じていることである（「時間さえあれば細部の仕事にまで行き届かせることができると知っている」「過去に似たような会話をし，上手くいった経験がある」「チームが集中すればどんな目標でも達成できると確信している」など）。このような考えを念頭に置き，振り返りや質問をしてみるとよいだろう。すなわち，「どのようなことであれば達成可能であると思うか」「変化の実行を決意することで，何が実現できるか」「これまでのいかなる経験をもって，変化の達成を確信できるか」などの問いかけである。

　さらに，変化する**理由**（R）についても傾聴する。これは，従業員が「なぜ」変化を起こすのかである。理由は，条件と結果論証を探ることで明らかになることが多い（「細部に注意をすれば，多くの仕事をやり直す必要がなくなると思う」「あの会話をしていれば，関係性が強化されていただろう」「チームは評価されたいと感じているし，これを成功させることでそうなれると思う」など）。次のような考え方を念頭に置き，詳述することの要求や聞き返しを行うとよいだろう。すなわち，「この変化を起こすことで，何が得られるか」「この変化を実行すべき理由は何か」「変化により，どのような利益をもたらせるか」などである。

　最後に，従業員がなぜ変化の**必要性**（N）を感じているのかを聞く。必要性を感じているということは，必ずしも具体的な理由を述べることなく，変化に対する緊急性を表現している場合を指す（「ミスを断ち切らなければ，解雇されるだろう」「直ちに状況を好転させなければ，後で取り返しがつかなくなるだろう」「今チームを改善しなければ，他のチームにメンバーを奪われる可能性が

ある」「期限が迫っていることを認識している」「これは実行しなければならない」など）。このような変化の必要性を引き出すためには，聞き返しを行うか，次のような質問をするとよいだろう。「何を起こすべきか？」「今，何を変えなければならないのか？」「この変化はどのくらい深刻で，緊急であるか？」などである。

　従業員の変化に対する願望と能力，理由，必要性を示唆する発言をリーダーが理解することで，従業員にとって最善の方向に導く機会を見出すことができる。引き出すことは，従業員がすでに共有しているチェンジトークを強調したり，詳しく説明したり，より多くの言葉を引き出すといった，簡単なプロセスともいえる。

選択的な注意

　引き出すプロセスに至るまでのこれまでの対話においては，選択的に注意することなしに傾聴していた。リーダーとしての目標は理解するために傾聴することである。そのため，引き出すプロセスに入ったからといって，関わりや傾聴，フォーカスなどの各アプローチを止めるわけではない。理解するために傾聴すること——関わるプロセス——を終わらせることは決してないのである。従業員の状況や心情をより理解したうえで新たに引き出すプロセスが加われば，変化の方向によりフォーカスすることができるだろう。上手くいっていれば，この時点で従業員も理解されていると感じられているはずである。引き出すプロセスの目的は，単に理解することからさらに前進し，従業員の両価性を解消する手助けをすることである。当プロセスは，チェンジトークに耳を傾け，それを優しく促すことで内容を深めながら表面化していく工程を伴う。これは，チェンジトークを優しく従業員に聞き返すことで行われる。

　聞き返しや詳細の要求を選択的に行うことで，従業員が変化を決断する方向に進めるように支援できる。原理上，従業員が対話に関わり，理解されていると感じ，焦点がはっきりしている前提があれば，対話の冒頭からこのような選択的な聞き返しを行っても構わない。その際は，従業員が理解されていると感

じ，また，決断や行動を迫られていないことを，対話を通して確認すればよい。しかし，多くの場合，対話後しばらくして従業員の置かれている状況を理解し，相手も理解されていると感じたタイミングで，引き出すプロセスを開始する。

引き出す方法における代表的な戦略は追って紹介するが，実際のところ，相手がなぜ変化を検討しているのかに関心を持つだけで簡単にできることもある。相手は何を望み，なぜ変わりたいと思っているのか？　変化が実現可能であると，何をもっていえるのか？　また，この変化がなぜ有益であると相手は考えているのか？　繰り返しとなるが，チェンジトークは対話の中にすでに存在する。それにもかかわらず，リーダーはそれを探し出せず，結果的に傾聴できていないことが多い。誰しもそうだが，リーダーも従業員が変化を起こそうとしない背景にある理由に耳を傾けがちである。そして，その理由の多くにリーダーは抵抗や言い訳，苦情などのレッテルを貼るだろう。しかし，従業員が葛藤していることを認識し，変化を起こせない背景にあるのは意欲不足や抵抗ではなく両価性であることを理解し始めると，チェンジトークが聞こえ始め，従業員の前進を促す対話部分に選択的にフォーカスすることができるようになる。

次の例を見てみよう。カレンはソーシャルワーカーであるケンの上司であった。ケンは多数抱えるプロジェクトの進捗に遅れが出ていた。彼は時間の使い方や優先事項を把握できておらず，すべてのタスクに少しずつ取り組み，最終的にはどのプロジェクトも締め切りを過ぎ，高水準の成果を提供できなかった。そこで彼はカレンとの週1回のミーティングに，自身が取り組んでいるプロジェクトのリストを持ち込んだ。対話の構成を整えるためカレンは，「あなたがこれらの優先事項をどのように管理し，処理しているかについて，少し話し合ったほうがいいでしょうか？」と尋ねた。これに対してケンは，「そうできれば，助かります」と答えた。彼はこのジレンマを以下のように表現した。なお，まずは理解するために傾聴し，それから，チェンジトークを聞き取れるよう，再度話を聞こう。

「どこから手をつけていいのか，本当にわからないのです。すべてのタスクが重要であり，今日中に達成しなければならない優先事項のように思えます。どのタスクであれば省略や先延ばしができるか聞かれるかもしれませんが，すでに検討したうえで，どれも省略や先延ばしができないように

思えます。これだけのタスクを管理し，一度に集中的にやり切ることができないのはわかっていますが，他の選択肢が本当にありません。現状，すべてのプロジェクトで成果を出したいと思いながら，各プロジェクトに少しずつ取り組んでいますが，もどかしさを感じます。進展がなく常に作業に溺れているような感覚がありますし，自分自身，期待されている水準の仕事ができていないように感じます」

　上記から，何が聞き取れるだろうか？　単なる意味の理解を目的とするなら，次のように聞き返すだろう。

　　　「自身が溺れているように感じ，何から手をつけてよいのかわからない。状況を改善したいが，どのように改善できるかわからないのですね」

　あるいは，次のように聞き返すかもしれない。

　　　「物事が山積みになっている状況から抜け出すことができないのですね。断片的に作業に取り組んでいるものの，進捗の改善は見られず，作業が増え続けているようですね」

　また，少し間を置いて検討したうえで，返事をすることもあるだろう。どのように相手に理解を示し，共感を表すことができるだろうか？　アドバイスの提示やリーダー自らが問題解決をしようとすることを避け，間違い指摘反射を抑えるようにする。単に共感と理解を示すよう，心がけるとよい。
　さて，今度は代わりにチェンジトークに傾聴し，それを深堀りすることに注意を払う。すると，次のように聞き返すかもしれない。

　　　「あなたは現在の状況を改善することを望んでいますね。それゆえ，一部の仕事を手放すことも検討したのですね。高い水準で仕事の成果を出すことは，あなたにとっては重要なことですが，今の働き方とは別の方法を編み出さないことには，それが達成できないと認識しています。そして，現在担当している重要なプロジェクトに響かない範囲で，理にかなった解決

策を考え出そうとしていますね」

　上記の回答例は前述のものとどのように異なるだろうか？　後述した回答では，変化の方向性の中で，ケンにとって何が重要なのかが強調されている（「高水準の成果を達成することがあなたにとって重要である」「現在の状況が改善することを望んでいる」）。また，この回答ではケンの能力や自信にもフォーカスしている（「一部の仕事を手放すことも検討した」「解決策を考え出そうとしている」）。このようにチェンジトークを強調して聞き返すことで，相手からより多くのことを引き出すことができる。この後の相手の反応として，本人にとって重要なことやすでに試行と検討をしていることについて，さらに話してくれることが期待される。

　このような返答がなぜそれほど重要なのか，疑問に思われるかもしれない。しかし，チェンジトークを理解したうえで展開し，深掘りする過程こそが，従業員が変化の可能性に心を開き始めるきっかけとなることは，研究結果からも筆者の経験上も，明らかになっている。つまり，従業員が安心して自身の声を聞き，考えを探究できるプラットフォームを提供し，発言に聞き返しを行うことで，本人が変化へ向かうための理由を整理し，強化することを手助けできるのである。

　無論，これまでに取り上げられたことも引き続き念頭に置いておく必要がある。引き出すプロセスにおける戦略を用いることで，魔法のように変化が起こるというわけではない。MIとは相手に対して一方的に行うものではなく，パートナーシップと受容，信頼に基づいた個人間における特定の対話なのである。変化が起きるのは理解，共感，協働の上に成り立つ思いやり（コンパッション）のある関係性の中である。要するに，リーダーは従業員の中にすでに存在するものへと導く手助けをする。

　チェンジトークを深っていくと，従業員が明るくなり，未だ考えたことのないアイデアに目を向け始めるのを目にすることが多い。筆者はこの典型的な反応のことを，本人が自分自身に変化するよう説得している，と表現している。リーダーとしての役割は，チェンジトークを見逃さないこと，そしてそれを可能な限り多く掘り出せるよう助けることだけである。

従業員と引き出す　第9章

重要性と自信

　チェンジトークの聞き取りと強化をするうえで，重要性と自信という二つの面を意識するとよい。この二つは，両価性の中核を成す。一般的に人は，自分にとって重要な優先事項や目的が競合する場合や，提示された変化を起こすことの重要性がわからない場合に，両価性を抱く。また，変化を起こしたくても，必要な自信が備わっていないという理由で行き詰まる場合もある。両価性の原因が優先事項の欠如もしくは競合か，自信不足か，あるいはその両方なのかを知ることで，どの分野を探究すべきかを明確化できる。例えば，従業員が「その気になれば実現できると確信しているが，そもそもやりたいかどうかがわからない」と言った場合，本人の望みを把握することに時間をかけたほうがよい。非常に高い自信と取り組みへのアイデアを備えているかもしれないが，この場合，変化を起こす重要性を探ることを中心に対話する。同様に，その従業員が「これを実現させなければ，職を失ってしまう。私は今の仕事が好きだし，この問題を解決したいと思っている。ただ，実現できるかどうかがわからない」と言った場合，重要性の感度は非常に高いが自信のレベルが低いので，本人の能力，強み，自信などについて探ることに時間を費やすとよい。

　次に，引き出すための代表的な戦略を紹介したい。ただし，これらの戦略は，重要性や自信を探り，強化するための単なるツールであり，引き出すプロセスを包括するものではない。読者も独自の戦略を持っているもしれない。探究する間は，積極的かつ共感的に傾聴を継続することで，これまでのプロセスで築いた協働関係を維持することが重要である。多くの場合，チェンジトークはすでに存在しており，リーダーが芽生えさせる必要はない。すでに存在している場合は，それを聞き返し，従業員に詳しく説明してもらうだけでよいのである。

　もし，チェンジトークを直接的に聞き取ることができない場合は，従業員の抱える両価性において変化を肯定する側の主張を引き出せるような，簡単な戦略もいくつか存在する。例えば，MillerとRollnick（2013）が提示する古典的な戦略リストを参照してみてもよいだろう。

引き出す質問をする

チェンジトークを引き出す方法は，単にそれを求めるだけでよい，というほど簡単であったりする。賢く，完璧な質問を考え出す必要はなく，第2章で説明したDARNの各要素に基づいて，開かれた質問をすればよい。

◉願望

願望に関するチェンジトークを引き出したい場合は，（変化の方向性へ）「望む」や「願う」などの言葉を含む質問をしてみよう。以下にいくつかの例を挙げるが，独自の質問を追加してもよいだろう。

- 「どのように状況が変わってほしいですか？」
- 「何が変わることを望んでいますか？」
- 「今の状況で気に入らないことを教えてください」
- 「何が起きればいいと願っていますか？」
- 「何が違っていたらいいと願っていますか？」

◉能力

能力に関するチェンジトークを引き出したい場合は，従業員が，自分にどのような可能性があると信じているか，また，変化を起こすと決めたらどのようなことが起こり得るかについて考え始めることを助けるのが狙いである。次のように尋ねてみるとよいだろう。

- 「この変化を起こすと決めたら，どのように行動できるでしょう？」
- 「どのようなことができる可能がありますか？」
- 「決心さえすれば，＿＿＿＿＿できる自信はどれくらいありますか？」
- 「持っているアイデアのうち，成功する可能性が最も高いと思うものはどれですか？」

従業員と引き出す｜第9章｜171

⊙理由

　理由を引き出したいのであれば，なぜこの変化を起こすのかについて，具体的な理由を述べるよう，促す。質問する際には，次のように「もし……たら」の構文を用いるとよいだろう。

- 「もし，そのアイデアを試したら，どのような利点を得られると思いますか？」
- 「この問題を解決したら，どのような改善が想像できますか？」
- 「どうしたら，この変化が努力と時間に見合ったものであるといえますか？」
- 「この変化を決断した場合に，有利に働くことは何ですか？」

⊙必要性

　必要性を引き出したいのであれば，従業員にとっての変化を起こす緊急性と重要性について，自身で考えるのを手助けしたい。質問としては，次のようなものが挙げられる。

- 「今，この変化を起こすことにはどのくらいの緊急性がありますか？」
- 「何を変える必要があると考えていますか？」
- 「この変化は，あなたにとってどれほど重要ですか？」
- 「変更すべきものは何ですか？」

⊙誤った質問

　上記の質問によってチェンジトークを引き出すことができるが，反対に，避けるべき質問もある。相手が批判されていると捉えたり，現状維持を促されていると感じたりさせる質問は，チェンジトークの引き出しを制限してしまう。中には，単なる批判に受け取られる質問もあり，これらは決して使用すべきでない。また，理解するという側面においては意味がある質問でも，引き出す過

程では，両価性の反対側，つまり現状維持を肯定する主張を呼び起こす可能性があるため，慎重に質問すべきものもある。ここでは，こういった質問の例をいくつか紹介していく。

- 「なぜ，あなたは変わらないのですか？　なぜ，それはすでに実行されていないのでしょうか？」
- 「何があなたをそうさせないのですか？」
- 「失敗したとき，どのようなことを考えていましたか？」。あるいは，単に「何を考えていましたか？」
- 「より精力的にならない理由はなんですか？」
- 「なぜ，＿＿＿＿＿＿できないのですか？」

評価尺度を使って重要性と自信の度合いを示す

チェンジトークの探求や深堀りのために，MIでは，さらに多くの戦略が用いられることがある。

◉尺度

変化の尺度は，従業員が変化を起こすことに対する重要性，自信，または準備性を測るための一連の質問に導くのに役立つ。

従業員への質問の例として，「あなたにとって，この変化を起こすことはどのくらい重要ですか？　0〜10のスケールで，0はまったく重要でない，10は人生において最も重要なことであるとして，お答えください」といったように投げかけてみる。このようにして，対象となる変化が本人にとって本当に重要であるかどうかを考えるよう促す。多くの場合，このような角度から問題について考える方法は従業員にとって新鮮であり，問題を整理するきっかけになる。相手が回答したら，その数字が本人にとってどのような意味を持つのかを理解するために傾聴し，「なぜ2ではなく5なのですか？（常に相手が選んだ数字よ

従業員と引き出す｜第9章

りも低い数字を選ぶこと)」などと，尋ねる。そして，再度その変化がなぜ重要なのかを理解するために傾聴する。続けて，「7（相手が選んだ数字よりも高い数字を選ぶ）にするためには何が必要でしょうか？」などと尋ねると，その変化にさらに重要性をもたせる要素について引き出すことができるだろう。対話の流れは次のような構造となる。

- 「仕事の細部まで注力することは，あなたにとってどの程度重要ですか？0〜10のスケールで，0は全く重要ではなく，10は最も重要なことだとしたら，いくつでしょう？」
- 「5と評価した，その背景について教えてください」。聞き返しを繰り返す。
- 「なぜ3ではなく5を選択したのですか？」。聞き返しを繰り返す。
- 「5を6にするには何が必要であると感じますか？」。聞き返しを繰り返す。
- 要約する。

　実際の例を見てみよう。この例では，従業員のジュディスが，自身の臨床アプローチにトラウマ焦点化認知行動療法（TF-CBT）を取り入れることを検討している。ジュディスは，このモデルを学ぶのに長い時間とスーパービジョンが必要なことを心配する一方，クライエントへのサービスの成果向上に役立つと信じている。

　　マネージャー：この新しいアプローチ（TF-CBT）を取り入れることは，0〜10のスケールで評価するとして，あなたにとってどの程度重要ですか？
　　ジュディス：6かと思います。
　　マネージャー：どちらかというと重要と捉えているようですね。何をもって，例えば4ではなく，6であると思うのですか？
　　ジュディス：トラウマを抱えた人に対する援助経験が私にはあまり無いので，TF-CBTを学ぶことで自信を持てるのかなと思うからです。また，すでにCBTは学んでいるので，それをトラウマに応用する方法を学ぶだけで済むだろうと思います。

マネージャー：CBTを学んだ経験があるので，TF-CBTも習得しやすいだろうと考えているのですね。トラウマを経験したクライエントに対して，もっと自信を持って対応したいと思っていて，TF-CBTを習得すればスキルと自信が高くなるだろうと。

ジュディス：そうです。私としてはクライエントの援助にあたって，自分が未熟だと思いたくないのです。でも，トラウマを抱えている人の場合は，そう感じることが多くて。担当しているクライエントの中に，トラウマを抱えている人が増えてきているので，何とかしなければならないと思っています。

マネージャー：トラウマを抱えたクライエントへの対応において能力向上の必要性を感じていて，今がそのタイミングだというわけですね。

ジュディス：はい。できるかぎりベストの方法でクライエントをサポートできるようになりたいです。

マネージャー：では，先ほど6と自己評価したことにちょっと話を戻しましょう。その6が，例えば8になるためには，何が必要だと思いますか？

ジュディス：トレーニング後のスーパービジョンやコーチングに時間を割くことができるとわかっていれば，評価は変わると思います。クライエントと接する時間は減らさないまま，新しい治療法を私のスケジュールに入れられるなら，評価は高くなります。

マネージャー：では，今のお話を正しく理解できたかどうか，確認させてください。あなたにとって，すべてのクライエントにベストの治療をすることが重要で，トラウマを抱えたクライエントに対する支援の能力を向上させたいと考えていますね。そして，TF-CBTがそれを可能にしてくれると思っている。その上で，コーチングをスケジュールに組み込むための調整について考えている。この他に，何か付け加えたいことはありますか？

ジュディス：その通りです。もっと自信を持って，トラウマを抱えるクライエントの援助に臨みたいです。

マネージャー：それで，どのように行動しようと？

ジュディス：今後6カ月間のスケジュールを確認して，2時間分のコーチング枠をとれるか，確認してみます。

従業員と引き出す｜第9章

従業員の自信や準備性を理解し，育成したければ，**重要**という単語を**自信**や**準備**に置き換えるとよいだろう。

　このような尺度戦略を用いて，重要性と自信，準備性を捉える際，最初の質問の仕方だけでなく，さらに進んだ理由について聞く方法も知っておくことが大切である。従業員が自己評価した数値を聞いた後，「それより低い点にしなかった理由は？」と尋ねる。そうすれば，変化の方向に向かって質問することになり，その変化が重要である理由をすべて従業員から聞き出せる。反対に，「それより高い点にしなかった理由は？」と聞くと，変化が重要でない理由ばかりを聞くことになり，最終的には変化が課題にならない理由を探ることになるだろう。同様に，「もっと高い点にするには何が必要ですか？」と聞けば，重要性を高める要素を探ることになる。

　次に紹介するのは，MIの対話において，自信の尺度の使用方法を示す，簡単なモデルである。なお，自信を重要性や準備性と入れ替えることも可能であることを，念頭に置いておこう。

- 「チームが業績を向上させる自信はどの程度ありますか？　0～10のスケールで，0は全く自信がなく，10はあなたの評価を賭けられるほどの自信であったとしたら，いくつでしょう？」
- 「7と評価した，その背景について教えてください」。聞き返しを繰り返す。
- 「なぜ5ではなく7を選択したのですか？」。聞き返しを繰り返す。
- 「7を8にするには何が必要であると感じますか？」。聞き返しを繰り返す。
- 要約する。

◉極限の質問

　変化を促すために考えられるもう一つの戦略は，何も行動しなかった場合の懸念を探ることである。

- 「もし，この問題または課題が存続した場合，最悪の事態としてどのよう

176　第IV部　引き出す

なことが起こり得るでしょうか？」
- 「もし，あなたが変わらなかったら，最悪の事態を想定したとして数年後の状況はどうなっているでしょうか？」
- 「この側面において最も懸念されることは何ですか？」
- 「この状態が続いたら，自分には直接起こらないことであっても，他の人にはどのような影響があると思いますか？」

さらに続けて，もう一方の極端な状況，つまり，変化によって得られる最良の結果は何かを探ることもできる。

- 「この変化を起こすことで期待できる最良の結果は何でしょう？」
- 「もし，この変化を起こした場合，数年後の状況はどうなっているでしょう？」
- 「もし，この変化を達成することができたら，何が変わるでしょうか？」
- 「もし，この問題が解決できたら，どんな風になっているでしょう？」

◉昔を振り返る

現在抱える課題などが問題となる前のことを振り返ってもらうことも有効である。問題化する前の職場や仕事の仕方は，どのようなものだったかについて，質問するとよいだろう。

- 「この職場で，あるいはこれまでの仕事で成功したときのことを思い浮かべられますか？　そのときから，何が変わりましたか？」
- 「この問題について悩む以前は，どのような仕事生活を送っていましたか？」
- 「この問題に悩んでいる現在と，5年前の仕事生活では，どのような違いがありますか？」

⊙ 先を見通す

　従業員が先を見るのを助けることも，チェンジトークを引き出す手段の一つである。これは，従業員に変化後の仕事の状況について想像してもらい，説明するよう促すことで行う。

- 「もし，この変化を決断したら，将来，仕事において何が変わることを望みますか？」
- 「5年後の仕事がどうなっていることを期待しているか，聞かせてください」
- 「この問題について，次の業績評価でどのようなフィードバックを受けたいか，教えてください」
- 「このことがあなたに本当に重くのしかかっているのがわかります。将来的に何を変えたいと思っていますか？」

⊙ 目標と価値観を探る

　従業員が両価性を解消し，正しい判断を下すことを真にサポートするためには，直面している問題に関連する従業員の目標や価値観を探ることが役立つ場合がある。従業員にとって何が最も重要なのか，また，検討している変化によって本人の価値観や目標がどのように満たされるかを理解することは，従業員のモチベーションを高めるのに役立つのである。従業員が在職期間中や自身のキャリアにおいて達成したいことを理解することは，大半のリーダーが当然のように仕事の一部として捉えている。しかし，他者の価値観について職場で探求することが適切でないと感じているリーダーもしばしば見受けられる。これについて，筆者は不適切であるとは思わない。従業員が日々，主軸としている価値観を理解することで，その個人が職場で価値観との対立に陥っている状況を察知したり，目標達成のためにどのように価値観を役立てられるかを理解したりできる。ここで，前述したヘンリーの話を思い出すかもしれない。彼は資金調達の仕事に就いたとき，価値観の対立に陥った。人に出資を頼むとき，自身が不誠実でなければならないと感じていたからである。ヘンリーが大切にしてい

る価値観は，正直さと誠実さであった。彼は他者に劣ることなく「役を演じる」ことはできたが，意図的に不誠実な行動をとることは，彼にとっては有能な資金調達者と言えず，むしろ非常に不幸であることを意味した。彼は，上司から自身の価値観を仕事に照らしてみてどう思うか，と聞かれたとき，変化を起こす兆しを捉えた。すなわち，資金調達の仕事を遂行するうえで，誠実さと正直さを兼ね備えたより良い方法を見つける必要があると認識したのである。

　直面している課題や目標に関連して，個人の価値観や目標を明確化したり，探ったりすることは，変化の理由を呼び起こすのに役立つと同時に，矛盾を生じさせることもある。ここでいう**矛盾**とは，例えば，個人の持つ目標や価値観が現在の行動や状況と対立しているときのように，二つの間に対立や隔たりが見られることを意味する。自身の持つ根源的な価値観と現在の行動や方向性との間に生じる矛盾に気がつくと，通常は両価性に陥り，その矛盾をどのように解消すべきかについて深刻になる。なお，忘れないでもらいたいが，多少の両価性を経験することは，多くの場合，変化を決断するための第一歩である。また，目的はあくまで従業員自身から変化する理由を呼び起こすことであり，従業員に変化を促したり，リーダーの視点から問題を捉えるように仕向けたりすることではない。つまり，従業員が自身の目標や価値観に照らして目の前の問題を捉えられることが狙いなのである。そのために，リーダーは次のように尋ねることができる。

- 「あなたの人生において最も重要なことは何ですか？」
  - その答えに対し，聞き返しをする。
    - ――「それはあなたが検討している変化とどのように関連していますか？」
- 「あなたの今の職場での目標は何ですか？」
  - その答えに対し，聞き返しをする。
    - ――「その目標に照らして，この問題をどのように捉えていますか？」
- 「あなたのキャリアにおける目標は何ですか？」
  - その答えに対し，聞き返しをする。
    - ――「その目標に照らして，この問題をどのように捉えていますか？」
- 「あなたが人生の指針とする最も重要な価値観は何でしょうか？」

- その答えに対し，聞き返しをする。
  ──「その価値観に照らして，この問題をどのように捉えています
  か？」

チェンジトークへの反応──どうやって育むか

　従業員からのチェンジトークを聞き取り始めたら，同時に変化しないことに
ついての主張や，いわゆる維持トークが混じっていたとしても，チェンジトー
クを成長させたい。要するに，従業員がチェンジトークをできる限り多く発信
し，自分自身で変化するよう説得できるような機会を増やしたいのである。そ
のためには，どうすればいいだろうか？　チェンジトークを聞き取ったときに，
どのように対応すべきか？　そして，どのようにしてそれを育むことができ
るか？

　幸いなことに，その対処方法については既知のスキルをそのまま用いること
ができる。すなわち，OARS（開かれた質問，是認，聞き返し，サマライズ）の
スキルを使えば良い。唯一の違いといえば，従業員のために重点化し，フォー
カスする対象について少し選択的になることである。MIでは，このような意
図のシフトを強調するために，EARSのスキルを使うことが多い。引き出すプ
ロセスでは，チェンジトークの探求や**詳述すること**（E：elaboration）を促進
するために，開かれた質問を選択的に行う。そして，強みや変化への試みを**是
認**し（A），重要性と自信に関するチェンジトークを**聞き返す**（R）。さらに，従
業員の回答に含まれるチェンジトークの要素を**要約**し，つなぎ合わせる（S）。
EARSのスキルを用いながらただ継続して傾聴を行うだけで，他の戦略を賢く
駆使する必要もなく，さらに多くのチェンジトークを聞き出すことができる。

実行チェンジトーク

変化に関する対話の流れは，MillerとRollnick（2013）がはじめに提示した比喩を通してイメージできる。

対話は，図9.1のように，丘を登ったり降りたりすることにたとえることができる。

関わる，フォーカスする，引き出すプロセスは，それぞれ坂を上る道のりの一部を成す。坂を上る間は，**準備チェンジトーク（DARN）**を耳にするだろう。そして，頂上に到着すると，コミットメント言語——**実行チェンジトーク（CAT）**が聞こえ始める。そこからは下り坂となり，対話ははるかに簡単になる。坂を上る道のりでは，従業員に変化について考えさせることで，決断への準備の手助けをする。すなわち，相手の両価性を理解しようと努め，変化を支持するすべての論拠を引き出し，変化を支持する考えを調査する手助けをするのである。これまでに話したチェンジトークの話はすべて，準備的言語と捉えることができる。この段階で，対象となる変化を従業員が心の底から望んでおり，それが

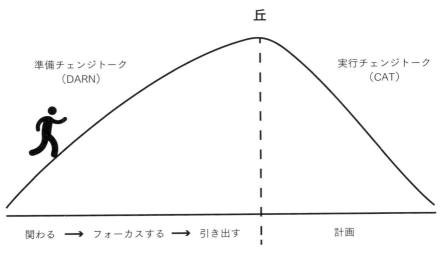

図9.1 MIにおける丘のたとえ

本人の価値観や将来への考えに沿うものであれば，おそらく，次に実行的言語を聞き取り始めることになるだろう。その実行チェンジトークが，両価性を解消する動きと変化を決断できる態勢を示すのである。

　実行的言語はさまざまな方法で聞き取ることができるが，前述したDARN CATの一部であるCATという頭字語で表される。**コミットメント（C：commitment）**は，実行チェンジトークの最も明確な例である。コミットメントとは，「私は……する」などといった決意表明のことを指すが，例として次のように聞こえる。

- 「……を明日から始めます」
- 「私は本当にこれをするつもりです」
- 「……と約束します」

（「来週からそのレポートを使い始めます」「チームミーティングの準備をして，今月末までに実現させます」「次にチームでこの問題が出てきたら，すぐに対処して長引かせないようにします」など）

　コミットメントは，**活性化（A：activation）**とも捉えられることがある。これは，動きを示す言葉である。

- 「私は……をしようとしています」
- 「私は……をする準備ができています」
- 「私は……する用意をしました」

（「私はそのコーチと会おうと思います」「私はこれをチームの優先事項にする準備ができています」「このネガティブなチーム・ダイナミクスを乗り越えるために，対話する用意をしました」）

　3つ目の実行チェンジトークは，言葉そのものではなく，聞いている過程で明らかになるものによって示される。活性化言語は，従業員がどのようにして変化の準備を試み，あるいは始めたかを伝えるときに用いられる。これを**段階を踏む（T：taking steps）**と呼ぶ。

- 「参考書を買いました」
- 「関連する講義を受講しました」
- 「これを追跡するために予定を立てました」
- 「これに取り組むために上司とのミーティングを設定しました」

　これらは，実行チェンジトークがどのように聞こえるかの例である。もちろん，準備チェンジトークや実行チェンジトークを聞き出す方法は他にも多数存在する。重要なポイントは，従業員が変化を検討しているときと，行動を起こそうと前進しているときの違いを認識することである。さらに重要なのは，準備チェンジトークを育む際と同様に，実行チェンジトークを育むうえで最も簡単な方法は，従業員にそれを言い放つのではなく，それを求めることである。

- 「どのように行動するのですか？」
- 「次のステップは何ですか？」
- 「私たちの会話をあなたはどう結論づけますか？」
- 「どうすれば，この変化への決断に近づけそうですか？」
- 「どのようなことを試みますか？」

　実行チェンジトークは，第4章で説明する計画プロセスに移行するタイミングであることを示す。しかし，このプロセスに移る前に，次の章では，変化に導きたい対象が従業員個人ではなく，組織である場合の引き出すプロセスについて，少し検討してみよう。

要約

　対話の焦点が確立された後は，チェンジトークを育むプロセスがより重要となる。チェンジトークの育成とは，変化や決定の方向に直接的にも間接的にも繋がる発言に，あらゆる側面を考慮しながら傾聴することを意味する。聞き返しと詳述の要求を繰り返すことで，変化への熱量を徐々に上げていく。変化の

必要性を含む肯定的な側面について従業員が自身に言い聞かせるのを助ける。そして，重要性と能力に対する自信を表わす機会をつくり出し，発言された表現を本人に聞き返すことで，変化への熱量を上げるのである。

❖従業員の事例──スーザンとの対話

　スーザンは業務の一部について非常に苦戦しており，新規クライエントの獲得においても成果を上げたいと考えていた。これまでの対話を通し，彼女の成果に対する自己評価が新規顧客を獲得する能力に与える影響にフォーカスすることになった。フォーカスが定まったところで，次の対話の流れを見てみよう。アシュリーが，スーザンからチェンジトーク（新しい変化を起こすことの重要性，自信，準備性）を引き出す段階に進んでいる様子も見受けられる。このようにして，スーザンが仕事上の期待に応え，解雇を避けるという目標を達成する手助けをしているのである。

> アシュリー：新規クライエント獲得のために，業務の中で新たに行っていることと，その進捗状況をどのように評価しているかについて，少し教えてください（**開かれた質問**）。
>
> スーザン：多くのことを試みています。例えば，同僚や上司とのミーティングで練習をしています。クライエント役を演じてくれたチームメイトや上司とのロールプレイの中では，学んだスキルを活用して新規登録に至りました。練習中は，私たちのサービスが必要とされているかを心配せずに会話ができるので，実際のクライエントを相手にしているときとはわけが違うのです。
>
> アシュリー：仲間や上司と何度も練習しているのですね。また，練習が上手くいくのは彼らが相手であるからだと，ご自身で認識しているのですね（**聞き返し**）。
>
> スーザン：それがとてももどかしいのです。同僚や上司との練習では上手く力を発揮できるのに，一人でクライエントと接するときはひどいのです。
>
> アシュリー：どうしてそのようになるのでしょう（**開かれた質問**）？

スーザン：練習の中では，相手の最終的な回答が重要でないので，それを気にせずにいられることが関係していると思います。クライエント役の人の話を聞くことに集中できるので，その人にとって何が重要で，私たちのサービスが役に立てると感じてもらえているかを理解することができました。彼女が私たちのプログラムを真に望んでいるかどうかを心配しなくていいからです。つまり，彼女にとって重要なことが私たちのプログラムでなければ，それでもいいと思います。でも，練習はすべて演技だから現実とは違いますよね。所詮，すべてロールプレイなのです。

アシュリー：結果を気にしなくて良いときは，クライエントにとって最も重要なことを上手く聞き出すことができるのですね（聞き返し）。

スーザン：ええ，実際のクライエントとの電話ではそれができません。その人にとって何が重要かを考えるよりも，その人がプログラムへの加入を希望していないという事実に気が向いてしまいます。相手が何を言っているかよりも，自分が失敗することを心配しているのです。

アシュリー：つまり，クライエントの声に耳を傾け，その人が何を望んでいるかに意識を向けると，より成功しやすいということですね（聞き返し）。それはトレーニングの相手に限らず，実際のクライエント相手でもいえることですね（開かれた質問）？

スーザン：ええ。先程話したとおり，すでにプログラムに参加している人に対してはそうやって上手くアプローチできているのに，新規のクライエントに対しては同じようにできません。

アシュリー：なぜなら，新規クライエントの場合は相手がプログラムへ入会を希望するかどうかに集中してしまい，相手の望みや発言に意識を向けられないからですね（聞き返し）。

スーザン：その通りです。

アシュリー：では，6カ月後の自分が最初の学習フェーズを乗り越えているとしたら，どのように状況が変わっていることを期待しますか（開かれた質問，引き出す）？

スーザン：そうですね，まずはここでまだ働いていたいですね。そして，トレーニングのときと同様にクライエントと接することができていたらいいなと思います。自分のサービスを売り込むのではなく，落ち着いて，

オープンに接することができていれば，と。

アシュリー：あなたが変わりたいと思う姿に関係するのは，落ち着きやオープンな態度，売り込み意識の払拭などですね（**チェンジトークの聞き返し**）。

スーザン：そうですね，なぜ今それを変えないのか，自分でもわかりません。

アシュリー：ええ，私も同じことを考えていました。それはなぜでしょうか（**開かれた質問**）？

スーザン：解雇されるのではないかという不安に支配されているのだと思います。クビを宣告されるまでに30日ほどしかないのに，まだ目標からかけ離れているとわかっているから。

アシュリー：解雇されることを気にしていて，上手くいかないと認識しているのですね。そもそも上手くいかない原因はそこにあると。ただ，時間が刻々と過ぎていくのを感じ，どうしたらその考えから抜け出せるか，わからないのですね（**聞き返し**）。

スーザン：その通りです。こんな考えは手放せるものなら手放したいです。そうすれば，きっと前に進めると思います。

アシュリー：解雇されることを心配せずに，落ち着いて，オープンになり，クライエントの声に真に耳を傾けられるようになる。そんな自分になるためには，どのようなことが役立つと思いますか（**開かれた質問，チェンジトークを求める**）？

スーザン：改善するまでに自分が与えられている時間をはっきり認識できて，毎日少しずつ改善が見られれば，心配はなくなると思います。

アシュリー：では，改善するまでの期間を認識することは，重要な要素なのですね（**チェンジトークの聞き返し**）。

スーザン：そうですね。

アシュリー：期待に応えるために与えられた期間について，今はどのように認識していますか（**開かれた質問**）？

スーザン：はっきりとしていませんね。解雇されるまでの時間は人それぞれのようで，私はよく把握していません。

アシュリー：では，従業員が解雇される際の判断基準となる期間やプロセ

スについて，少しお伝えしたほうがいいでしょうか（情報提供の許可を得る）？

スーザン：お願いします。

アシュリー：通常，進歩が見られ，目標に近づいている従業員は継続して雇用しており，結果的にはほとんどの人が成果を出します。仕事が好きになれず従業員のほうから辞めてしまうこともありますし，進歩が見られずに解雇せざるを得ないこともありますが，それが起きるのは通常，入社してから約6カ月後です。業務を覚えるペースは人それぞれのようなので，努力し，上司を上手く利用し，進歩を見せている限りは，私たちも一緒に仕事を続けます（情報の提供）。これを聞いてどう思いますか（開かれた質問）？

スーザン：そうですね，それを聞くと解雇されるまで2カ月しかないように思えるので，まだ少し怖いです。でも，私が改善を示せば，まだここで働ける余地があるということですね。

アシュリー：そうですね。ご自身では，どのようにしたら進歩が見られると思いますか（チェンジトークを求める）？

スーザン：そうですね，この先の2カ月間，登録者が増えないことを気にせず，トレーニングでやっていることを実践する方法を見つけられれば，少しは進歩が見られるかもしれません。

アシュリー：トレーニングで実践していることを，実際のクライエントにも適用することに集中すると良さそうで，そのためには，登録者を増やすことや売り込みから意識を逸らすことが大切ということですね（チェンジトークの聞き返し）。

スーザン：そうですが，私には自信がありません。解雇のことが何度も頭をよぎります。

アシュリー：解雇を意識しないほうが良いとわかっていて，その上でどうすればいいのかを考えているのですね（聞き返し）。

スーザン：そうですね。

アシュリー：では，どうすればいいでしょう（さらなるチェンジトークを求める）？　私の理解が正しければ，あなたは失敗や解雇にとらわれているため，クライエントの前で落ち着いて，オープンになり，ご自身のス

従業員と引き出す｜第9章｜187

キルを用いて接することができないと認識しているのですね。また，ト
レーニングでは上手くいくからこそ，本来ご自身にそういったスキルが
あることはわかっているのですね（**チェンジトークのサマライズ**）。

スーザン：本当のところはよくわかりません。ただ，突然，予期せず解雇
を通告されるのは嫌ですね。それに，もしクビになるなら，今から別の
仕事を探さなければなりません。

アシュリー：では，その状況を改善するのには何が役立つでしょうか？　不
意打ちを回避することでしょうか（**チェンジトークを求める**）？

スーザン：どうでしょう。（間）60日が経過する以前に，解雇されないと確
約してもらえる方法はありますか？　そうすれば，少なくとも次の30日
間は解雇を気にせずに業務に集中できますし，それで改善されなくても，
さらに30日間悩む時間があります。

アシュリー：では，改善までに60日間の猶予があることを確約できれば，
あなたの助けになれるのですね（**チェンジトークの聞き返し**）。

スーザン：そうですね。

アシュリー：ええ。少なくとも60日間の改善期間があると言えます（**情報
提供**）。

スーザン：わかりました。では，あとは実行に移すだけですね。結果にこ
だわらず，クライエントのことだけ考えることを。

アシュリー：良いと思います。実際にそれを行動に移すと思いますか？　結
果にこだわらずに新しいクライエントの話を聞くようにしますか（**コミッ
トメントを求める**）？

スーザン：はい。やってみようと思います。

自己振り返り演習

従業員と引き出す

　あなたは現時点で，従業員の両価性とフォーカスする対象について理解
できており，両者を念頭に置いたうえでプロセスを継続していける。理解
の聞き返しを含む，関わるプロセスへ移行したあと，引き出すプロセスを

続けながら，徐々に対話を焦点へ導いていこう。

　相手と変化についての対話を続けよう。対話は自由に行い，引き出すための質問はガイドとして用いて良い。相手が自身の考えを共有してくれる度に理解を示すことで関わるプロセスを継続することも常に忘れないようにする。

　このプロセスのゴールは，先に合意したフォーカスする対象範囲にある変化を行う上での，従業員自身の重要性と自信に気づくことを助けることである。ここで忘れてはならないのは，プロセスの目的が問題解決やアドバイスの提供ではないということである。この段階では，従業員がアイデアや解決策について話し始める可能性があるので難しいかもしれないが，理解したことを聞き返すだけで，準備ができていることを確認できるまでは，行動計画に移らないようにしよう。

　覚えておいてほしい点は，従業員によるチェンジトークが，本人が変化をただ検討しているのか（願望，能力，理由，または変化する必要性），あるいは変化にコミットしているのか（コミットメント，活性化，段階を踏む）の合図となることである。引き出すプロセスにしばらくとどまり，従業員の発言からコミットメントを聞き出したら，本人と確認したうえで次の計画開始プロセスに移行するとよい。

　以下の質問は，引き出すプロセスへと導くために用いることができる。従業員がこの変化の重要性についてどのように感じているか，あるいは変化を起こすことに自信を持っているかによって，一部の質問を優先的に用いるかもしれないが，それでも問題ない。ただ，対話の目的が，変化への重要性と自信を築き，準備ができていると感じるように本人を導くことであると，覚えておいてもらいたい。いずれも必要不可欠な要素である。

◉引き出すプロセスを導く質問
　質問を重ねる前に，理解した内容を聞き返すのを忘れないようにしよう。

重要性（重要性［理由／必要性／願望］を探求，または向上させるための質問）
- 「あなたにとってなぜこの変化は重要なのですか？」

◇理解した内容を聞き返す。「そのことについてもっと聞かせてください。……他には？」
- ●「この変化を起こす理由は何ですか？　現状のままではいけない理由はありますか？」
◇理解した内容を聞き返す。「そのことについてもっと聞かせてください。……他には？」
- ●「この変化はいつ起こる必要があると思いますか？　どのくらい緊急性があると感じますか？」
◇理解した内容を聞き返す。

自信（自信［能力］を探求，または向上させるための質問）
- ●「もし，あなたがこの変化（焦点）を行うことを決定した場合，その変化を実行する自信はどの程度ありますか？」
◇理解した内容を聞き返す。「そのことについてもっと聞かせてください。……他には？」
- ●「この変化を起こすと決めた場合，それを実行する方法について，すでにアイデアなどありますか？　どのようなものか，もっと教えてください」
◇理解した内容を聞き返す。「そのことについてもっと聞かせてください。……他には？」
- ●「この変化の実現をどのようにして思い描いていますか？」
◇理解した内容を聞き返す。「そのことについてもっと聞かせてください。……他には？」
- ●「この変化の実現のためには，どのようなものが必要ですか？」
- ●「どのようなことが，この変化を起こしやすくするでしょう？」
- ●「現時点で，他にどんなリソースがあれば役立つでしょうか？」

対話をしたら，後日，そのプロセスを振り返ってみよう。
- ●どのようなことに気づいただろうか？
- ●変化の重要性と変化を起こす自信に関する従業員の発言で気付いたことは何か？

- アドバイスや解決策を与えないようにするのが難しいと感じた瞬間はあったか？　あれば，なぜそのときに難しいと感じたのか？
- 傾聴し，導くことが簡単な場面もあったか？　そのときに気付いたことは何か？

第 **10** 章 | Evoking with Your Organization

組織と引き出す

組織におけるMIが成り立つためには，解決策やアイデア，変化の理由がすでに組織の中にあり，リーダーとスタッフ，あるいは顧客間の協働を通して発展していくという前提がある。リーダーは，引き出すプロセスを利用し，変化を起こすうえでのスタッフの動機やアイデアに傾聴し，内容を広げていくことで，組織を変化の方向へと徐々に導くことができる。

　前章で述べた「従業員と引き出す」場合と同様，リーダー自身がいきなり決断や解決策を提示するほうが手っ取り早く感じられるかもしれない。あるいは，解決策を提示することが，実際，リーダーの役割に期待されることなのではないかと疑うかもしれない。組織のジレンマに対する解決策をリーダーが提示することの問題点は，その解決策がリーダーだけの答えであり，組織の答えではないということにある。たとえ，リーダーによる解決策を組織が受け入れたとしても，その根底に，従業員が解決先を編みだす期待値が低いことを示唆してしまう。答えや解決策が，リーダーや組織の上層部からしか得られないということを間接的に伝えることは，組織の革新性と創造性，効率性を失うことに繋がる。他方，解決策が組織全体から生み出されると，実行のプロセスが成功する可能性が格段に上がる。スタッフが解決策の創造に関与していれば，提案されたアイデアを実行に移し，変化を先送りせず真に受け入れる可能性が高まるのである。また，組織のあらゆる場所に答えが内在していることを理解し，スタッフを巻き込みながら解決策を考えれば，より多くのアイデアを得ることができ，成功する確率も高くなる。加えて，リーダーにとって，スタッフのスキルや能力，自信を高めることで組織の成長に貢献するのは最重要課題であり，引き出すプロセスはそういった観点からも役に立つといえる。

組織におけるチェンジトークを傾聴し, 引き出す

　組織においては, どのようにチェンジトークを傾聴し, 発展させるのか？　前提として組織は人の集合であり, 一人ひとりの声に傾聴することがすべてであることを再度思い出すと良い。その点においては, 従業員からアイデアを引き出すことについて述べた前章が参考になるだろう。前章で紹介したアプローチや戦略の一部は, 組織にも適用することができる。しかし, 大勢の意見を聞き, 集団を変化の方向に導くような話に耳を傾けるときには, パターンを拾えるよう耳を調整するほか, グループにおけるプロセスがどのように機能するかを多少学ぶ必要がある。

　スタッフは人の集団で構成されている。特定の分野（患者の受け入れ, アフターケア, 支援など）で働くチームもあれば, 特定の任務に従事する専門家集団（看護師やソーシャルワーカー, 秘書, 医師など）もある。通常, チームやグループは, 公式にも非公式にも異なる役割を持つメンバーで構成されている。ある人は代弁者となり, 別の人は懸念を表明し, また別の人は議論を好まず「さっさとやってしまいたい」と思うタイプかもしれない。お客様の視点に立つグループもあれば, 新しいアイデアに飛びつくグループもあるし,「悪魔の代弁者」のように常に問題を予測するグループもあるだろう。このような傾向は, 異なるタイプのチームにおいてもみられる。新しい提案があれば何でも試してみたいと思うチームがあれば, 常に二の足を踏むチームもあるだろう。Everett Rogers はこのようなグループダイナミクスを五つの採用者タイプと名付けて分類している。彼が提唱した理論によると, 各タイプ（個人またはグループ）は新しい変化やイノベーションを採り入れるうえでの準備性が異なる。その五つのタイプとは, **イノベータ**, **初期採用者**（オピニオンリーダー）, **前期多数派**（熟考者）, **後期多数派**（懐疑者）, そして**ラガード**（伝統主義者）である（Rogers, 1995, p.263ff）。**イノベータ**は, 直ちに意思と準備が整い, 他者よりもいち早く新しいアイデアやそれに伴う利点に気づくことが多い。**初期採用者**は, イノベータよりも社会システムに浸透しており, チームにおけるオピニオンリーダーの数が最も多い。新しいアイデアを検討しているスタッフがいた場合, こういった人たちにアドバイスや情報を求めにいくだろう。他方, **前期**

多数派は，新しいアイデアや変化を慎重に採用し，全体の平均的には早く採用するものの，チームにおけるオピニオンリーダーになることはほとんどない。通常，組織を構成するメンバーの3分の1がこの層に属す。**後期多数派**は，**前期多数派**よりも懐疑的で，平均的なメンバーの直後に新しいアイデアを採用する。彼らもまた，組織を構成するメンバーの3分の1を占めるといわれている。最後のタイプは，**ラガード**と呼ばれる層で，組織の中で最後にイノベーションを採用する人たちである。彼らが参照するのは過去であるため，変化に対して疑念を抱く傾向が強い（Rogers, 1995）。

　前述したすべてのタイプが集まると，組織全体として両価性を抱えることになるだろう。重要性に関する言語（願望，理由，必要性）や自信に関する言語（変化するための能力）を共有し，変化することに関心を示す人がいる一方で，維持トークを共有し，現状を促す人もいるだろう。このような状況を理解することで，それぞれのグループにMIをどのように使用するのが効果的かを考えることができる。例えば，イノベータと話をする場合，相手はすでにイノベーションが持つ重要性や価値観については認識している。そのため，対話の大半は，新しいアイデアを実行するための能力や可能性に対する自信構築に焦点を当てるだろう。他方，ラガードと話をする場合は，組織の全体的なミッションや目標に照らした変化の重要性や，組織が変革を決断した際にそれを実践する能力や自信について，本人の考えを引き出すことに時間を使うだろう。図10.1では，従業員の変化に対する準備性や意欲に応じて，リーダー（手にカバンを持っている人）が従業員（カバンを持っていない人）にどのように対応するかの例を見ることができる。

組織の中のチェンジトークに気づく

　従業員グループ，または個人のイノベーションに対する態度を把握することは重要であるが，加えて，グループが抱える両価性を解消する方法について知ることも重要となる。組織の両価性を深めることなく，チェンジトークを発展させるよう，どう手助けできるか？　どのようにして，スタッフやグループ全

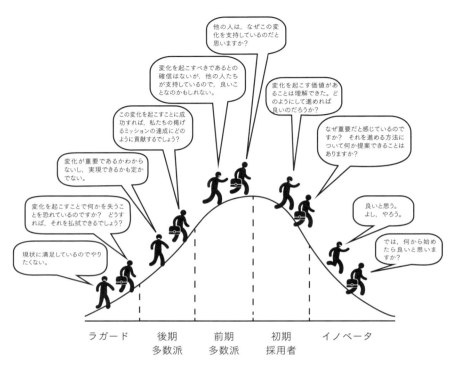

図10.1 従業員の変化に対する準備性や意欲に応じて、リーダー（手にカバンを持っている人）が従業員（カバンを持っていない人）にどのように返答するかの例

員からチェンジトークを引き出すのか？　リーダーが変化を支持するグループ、すなわちイノベータや初期採用者と共鳴してしまうと、組織の両価性をさらに深化させてしまう。なぜなら、変化に対して消極的なグループや個人は、もっと声をあげる必要があると感じ、変化に対する懸念や消極性をさらに強調するようになるからである。それどころか、圧倒されたり、恐れたり、不安を感じたりすることで、これまで以上に反対意見を強調し、結果として組織内の支持者を増やし、変化することが悪い考えであり、必要性も実現可能性もない、と組織全体に確信させることもある。このような結果は、組織の対立や停滞につながる危険性があるため、リーダーは避けるべきである。

　ここでは、改革に肯定的なグループとただ歩調を合わせるのではなく、より

慎重に進めたほうがよいだろう。消極派のグループの維持トークを緩和しながらチェンジトークを引き出す一方で，すでに変革の準備が整っているグループにも十分な注意を払い続けると良い。では，どのようにしてそれができるだろうか？

　最初のステップは，チェンジトークが組織の中でどのように聞こえるかを認識することである。個人の場合と同様，まず，願望（D）に傾聴する。願望とは，組織に対してスタッフが望み，期待または希望することである。例えば，「自分の組織がベストになってほしい」「もっとクライエントのためになれたらいいのに」などのような言葉である。次に，能力（A）に関する言葉にも傾聴する。能力とは，スタッフが，自らができると信じていることであり，「注力すればできると思う」や，「過去にそのようなことをした経験がある」などの言葉が例として挙げられる。さらに，変化の理由（R）を聞く。理由とは，スタッフがその変化を「なぜ」起こすかである。「これを実現すれば，クライエントにより良いサービスを提供できる」「顧客層を拡大し，より多くのカウンセラーを採用してチームに加えることができる」「これを実現させれば，会社の収益が上がり，私たちの給与も上がるかもしれない」などの内容が例として考えられる。最後に，スタッフがなぜ変化の必要性（N）を感じているのかを聞く。これには，変化の緊急性を表す言葉が含まれる。「このままでは，私たちの部署は縮小されてしまう」「今すぐに実現しないと，競合に先を越されてしまう」「今すぐにやらないと，スタッフが辞めてしまうのではないかと心配だ」などが考えられる。

　維持トークを緩和するために，維持トークの存在に気づく必要もある。維持トークは，内容を深め展開させるために聞き取るのではなく，必要に応じてそれを認め，そこから学び，意思決定ができるレベルまで緩和させられるよう，聞き取るのである。そのためには，現状を維持したい，という組織の願望（D）を認識する必要がある。具体的には，「現状のままでいたい」や「今やっていることをただ継続できたらいいのに」などの言葉で表されるかもしれない。また，現状を維持する能力（A）を示す言葉や，変化を起こすことができないことを表現する言葉も認識したい。例えば，「過去にも，同様のことに抵抗して上手くいったので，今回もそうすると良いだろう」や，「いくら必要性を感じていても，私たちのチームが実現できるとは到底思えない」などの言葉である。さら

組織と引き出す　第10章　197

に，「変化しない理由」（R）を耳にすることもある。例えば，「変化すれば，スタッフが辞めてしまう」「これをやらなければ，すでにやるべき目の前の仕事に集中できる」といった内容である。加えて，スタッフが変化しないことの必要性（N）を聞くこともある。例えば，「他の仕事で手一杯の中，これをやる必要があると思えない」「他の病院ではしていないし，私たちがやる必要はないと思う」などのような言葉である。このような維持トークに気づき，共感し，それを解消することが必要である。無視していると，どんどん声は大きくなってしまうだろう。個人に対するMIの場合と同様に，これらの頭文字を集めたDARNを，対話の中で意識すると役立つだろう。変化への方向を示す言葉とそうでない言葉を理解することで，それを認めて緩和すべきか，あるいは共有されていることを引き出し，展開すべきかを判断することができる。維持トークをより強調したり引き出したりしても，組織は行き詰まるだけである。表10.1では，深化させたいチェンジトークと，緩和させたい維持トークの例を示している。

組織における両価性の解消

　引き出すことは，チェンジトークを発展させ，両価性を解決しようとするときに用いる戦略である。グループや個人が話す内容を選択的に聞き返し，より詳しい説明を求め，深く掘り下げてもらうようにすると，変化に向けて一歩前進し，組織にすでに内在する変化へのモチベーションにフォーカスすることができるようになる。しかし，すでに存在あるいは潜在するチェンジトークをリーダーが聞き逃してしまうことは非常に多い。チームやグループが変化を望まないあらゆる理由を聞き出し，その理由を抵抗や不満などと捉えることがしばしばある。一方で，チェンジトークに耳を傾けるようになると，組織を変革の方向に向かわせることが思ったよりも簡単であることに気づくだろう。そのプロセスは，組織の中を旅して秘宝や秘境を探すような感覚さえ与えてくれるかもしれない。つまり，チェンジトークを発展させ，組織が自ら変化のプロセスを促進できる機会をつくり出すことは，組織を説得して変革を促そうとするよりも簡単で，早く，楽しい方法なのである。

表10.1　チェンジトークと維持トークの対比

DARN	チェンジトーク （広げ，発展させる）	維持トーク （理解し，緩和させる）
願望	「自分の組織がベストになってほしい」	「現状のままでいたい」
	「もっとクライエントのためになれたらいいのに」	「今やっていることをただ継続できたらいいのに」
能力	「注力さえすればできると思う」	「過去にも，同様のことに対して抵抗し，上手くいったので，今回もそうすると良いだろう」
	「過去に同様のことをやった経験がある」	「いくら必要性を感じていても，私たちのチームが実現できるとは到底思えない」
理由	「もし，実現させることができれば，クライエントのためにより良いサービスを提供できる」	「変化すれば，スタッフが辞めてしまう」
	「顧客層を拡大し，より多くのカウンセラーを採用してチームに加えることができる」	「これをやらなければ，すでにやるべき目の前の仕事に集中できる」
	「これを実現させれば，会社の収益が上がり，私たちの給与も上がるかもしれない」	
ニード	「このままでは，私たちの部署は縮小されてしまう」	「他の仕事で手一杯の中，これをやる必要があると思えない」
	「今すぐに実現しないと，競合他社に先を越されてしまう」	「他の病院ではしていないし，私たちがやる必要はないと思う」
	「今すぐにやらないと，スタッフが辞めてしまうのではないかと心配だ」	

　組織の意見に傾聴しているうちに，一部の意見からその組織が両価性を抱えていることがわかり，組織全体が感じる行き詰まりこそが，新しいアイデアの実施に至らない要因となっていることを理解し始めるだろう。その際には，懸念を表明する言葉に混じったチェンジトークを聞き取れるよう，傾聴力を鍛えるとよいだろう。組織を前進させるために，そういった言葉にフォーカスして，話を広げていくとよい。同時に，表明された懸念を無視してはならない。変化に対して賛否両論が存在することをそれとなく認識し，組織が両者の意見を検討できるようにすればよい。戦略的な話をすると，リーダーが組織の両価性を

認識することで，特定のグループや従業員が自身の懸念を強調する必要性を感じるような状況を回避できる。そして，代わりに変化したいと思える理由はないか，あるいは組織が新しいやり方を進める決断をした際には，それをどう捉えられるかについて，考えてもらうことができるのである。だからといって，打ち明けられた懸念に一切耳を貸さないということではない。むしろ，理解するためにその悩みに耳を傾け，理解したことを聞き返し，相手に理解されたと思ってもらうのである。同時に，その職員やチームが，新しいアイデアを実現するうえで必要な緊急性や自信に常に焦点を合わせて対話を進めるのである。そして，変化に必要なそれらの要素を醸成させるために，対話の中で常にフォーカスし，聞き返し，認めるのである。

　組織の中でチェンジトークを引き出し，両価性を解消するための実践的戦略として，従業員によるグループ対話があげられる。例えば，組織で改善が必要な特定の領域（患者の受け入れなど）についてテーマを設定し，組織全体，または部門をまたいだチームを招待し，その問題について議論させるとよいだろう。その際，スタッフ全員に，すでに上手く運んでいることと，将来的なプロセスにおいて失わないよう注意すべき事項について，それぞれの意見を簡単に述べてもらう。グループディスカッションを誘導するために，まずは各メンバーに，患者の受け入れにおいて効果的だと考えることを2分程度で列挙し，説明してもらう。一人のメンバーが話している間，他のメンバーは清聴し，リーダーは提示されたすべてのアイデアをホワイトボードに書き出しながら，必要に応じて詳細の説明を求める。既存の取り組みで上手くいっていることについてメンバー全員の共有が済んだら，リーダーはホワイトボードに書き出したことを要約する。その間メンバーには，そこに記載されている内容を眺めるよう，指示する。休憩を挟み，同じことを繰り返す。今度は，メンバー全員が一人ずつ，改善点や変化してほしい点を述べるよう求める。このときも，各メンバーが話している間は静かに聞いてもらい，リーダーは提案された内容をホワイトボードに書き出し，必要に応じて発言者に聞き返しをする。すべてのメンバーが提案やアイデアを出し切ったら，リーダーは共有された事項を要約し，内容を聞き返す。このプロセスにより，考慮すべき懸念事項の存在を認識し（維持トークの緩和），同時に変化を実行するためのサポートを集める（チェンジトークの醸成）ための基盤が構築される。ここでも注意してほしいのは，多くの場合，

チェンジトークはすでに対話の中に存在するということである。変化に反対するメンバーと争うのではなく，彼らの意見に耳を傾けながら，他のメンバーが主張する組織内のチェンジトークを，（それが維持トークと混合しながら表現されていたとしても）醸成する。そして，それぞれの意見を尊重しながらチェンジトークと維持トークを並べ，会社の目標やミッションに照らしていくのである。

　アルコール問題を扱う保健管理センターのリーダー，キャロルの例を挙げよう。彼女はアルコール関連の問題を抱えるクライエントに対し，急性期治療を開始するチームと仕事をしていた。そのチームは組織内の新体制であったことから，新しい仕事の割り当てが多く，リソースが不足しているように各員は感じていた。グループ内の何名かはストレスを感じ，仕事量が多すぎると思っており，その結果，対立が生じるようになった。会議を行ったところ，グループの全員が新しい体制について，実現不可能であると主張した。そこで，キャロルは，「チームがどのようにタスクの管理や処理を行っているか，少し話し合ったらどうか」と尋ねた。彼女の発案に対してチームは，役に立つだろう，と同意した。キャロルは，前述したような形式で，グループ対話を行った。以下は，チーム自らが抱えるジレンマについて説明したものである。まずは理解するためだけに傾聴し，次にチェンジトークに注意を払って聞くとよいだろう。

　チームは次のように述べた。「現状において良くない（改善を検討すべき）点は，次の通りです。文書作成に十分な時間を確保することが難しい。お客様の待ち時間が長くなり，安定したサービスを提供できているか不安。新しい業務フローの手順を一つひとつ覚えるのが難しい。同僚が疲れているのでは，と心配になる。医師と連絡を取らなければならないのに，繋がらないことがある。もっと上手くタスクをこなすべきだと思うし，以前できていたレベルの成果を出せていないと感じ，もどかしい」

　「新体制下における良い点は次の通りです。協働的に仕事をするのが楽しい。新しい業務フローはクライエントにとってより安全であり，治療開始前より有益な情報を提供できるようにもなった。薬によって生じうる副作用について，クライエントへ知らせるよう，努められている。文書化作業も上手くいっている。治療の初期段階において，クライエントにとって大切な人をより巻き込めるようになった。クライエントによるサービスへの満足度も得られている」

　これらのチームの発言から，何を聞き取り，彼らにサマライズと聞き返しを

組織と引き出す　第10章　201

したいか？　意味を理解するために傾聴していれば，次のようなことを聞き返すかもしれない。「チームは，仕事量に圧倒されていると感じている。クライエントに対して良質なサービスを提供したいが，このような働き方が正解だとは思っていないようだ。そして，スタッフを増員し，医師との連絡手段を改善する必要がある」（これは，チームにもっとリソースを加えるなどして管理者側が解決策を提供すべきである，ということを示唆している）

　他方，要約の中のチェンジトークに着目すれば，次のような聞き返しができるだろう。「チームの懸念は，現状，業務工程に時間がかかり，その工程をすべて把握できているか自信が持てない点にあるのですね。チームの各員はクライエントにとって満足度の高いサービスを提供することを重視しており，それに向けて懸命に努力している。高品質な治療を提供することを心から望んでいると同時に，互いのことも気にかけていますね。皆さんは仕事に注力することができており，クライエントがより満足し，仕事の文書化も改善されたことについて喜ばしく思っている。クライエントの待ち時間が発生しないようにもしたい。チーム全体で，納得のいく解決策を編み出そうとしているのですね」（これは，管理側主導のもとに，チームが自ら解決策を生み出すことができる，ということを示唆している）

　上記の例では，聞き返しとともに，変化の方向において，チームにとって何が重要であるかを強調している（「チームにとって高品質な業務を提供することが重要である」「チームは改善を望んでいる」など）。また，チームの能力や自信にも着目している（「チームは解決策を見出そうとしている」）。対話中のチェンジトークを強調し，聞き返すことによって，通常，さらに多くのチェンジトークを聞き出せる。よくある反応としては，チームが重要視している要素や検討していることについて，さらに共有してもらえるのである。

　従業員個人，チーム，部門間で交わされるチェンジトークを理解し，醸成し，深堀りすることで，リーダーは変化の可能性に対して組織がオープンになれるよう，導くことができる。しかし，個人の場合と同様，引き出すプロセスにおける戦略を用いるだけでは，組織が突然変化するような魔法は起きないことを覚えておいてほしい。MIは，個人の場合，相手に対して単に施すものではないと説明したが，組織の場合も同様である。変化は，信頼，理解，共感，協働の上に成り立つリーダーと従業員の関係の中で起こるのである。協働的な解決策

を見出せるようスタッフを導く存在として，指導の専門家であるリーダーに頼ることができる。こういった相互理解に基づき，変化は実現できるのである。MIを用いて組織に変化をもたらすことは，リーダーが変化のプロセスを推し進め，スタッフの行動を強制的に変えると言うよりも，リーダーが従業員の趣向，知識，専門性を探究することで，変化への動機づけをする機会を創造すると言ったほうが良いだろう。

　組織に内在するチェンジトークを探究し，醸成する際には，話された言葉だけでなく，書かれた言葉や口に出されない言葉をも意識する必要がある。週刊または月刊で発行される社内報は，チェンジトークを醸成するためのツールになり得る。変化に関するストーリーを共有したり，顧客満足に関連する事例を紹介したり，実施状況をフィードバックしたりすることで，実現しようとしている変化について組織的視点の聞き返しをする機会として活用できるのである。同様に，会議の議事録もチェンジトークを醸成するツールになるだろう。また，スタッフとの昼食中の世間話も，相手への理解を深めるだけでなく，モチベーションを高めるきっかけとなり得る，良い機会である。組織が抱く変化への意欲，能力，理由，そして必要性を認識し，それをあらゆるプラットフォームや場所，状況などを通してスタッフに聞き返す。このような方法によって，組織と共生し，潜在的なアイデアに気付き，ポジティブな変化を創造することができるのである。

組織の一部は変化に消極的で，一部はそうでない場合，どう対応すべきか？

　通常，新しいアイデアを前にしたとき，組織の一部はすぐに変化を受け入れ，一部は消極的な姿勢をみせる。これは組織の両価性の表れであり，リーダーが慎重に対処しなければ対立に発展しかねない，ハイリスクな状況である。では，このような状況において，どのような点に気をつければよいだろうか。まず，スタッフやチームが変化に対して抵抗を示すとき，それが彼らの善意からくる反応であることを認識しておくことが大切である。彼らの反応は，変化を実現

する手段について知見がないことや，どのように行動すべきか見当がつかないことからきているかもしれない。変化自体を拒否していることは，ほとんどないのである。次に，組織の一部で生じている変化への抵抗を無視すると，その抵抗はさらに増強される危険性があることを意識しておくべきである。変化を押し通すことに注力し続けると，その意思に反して，消極性や恐怖，あるいは不安を感じている組織内の人々が，自分の声を聞いてもらうためにさらに大きな声を上げるようになるのである。

　組織の両価性を解消する際，その過程で組織内のすべての部門が安心できるように働きかけることが重要である。安全な環境をつくる方法として，主体性を持とうとするスタッフの努力を是認し，心配りを十分にすることなどが考えられる。また，向かっている変化の実現過程で，組織内の貴重な資源が失われることを許容しない旨を明示してもよいだろう。提案された変化に消極的または批判的な態度を持つグループに対しては，議論や説得を試みる代わりに，懸念を共有してくれたことに感謝するとよい。そして，特別アドバイザーとして彼らを起用することや，今後のプロセスに抜けがないよう，「悪魔の代弁者」（変化が上手く運ばない可能性や実施すべきでない理由をすべて洗い出す）としての役割を担ってもらうことも考えるとよいだろう。さらに，変化による実績をモニターするためのデータ収集をし，決められた時期に評価を行うことを約束してもよい。消極的な態度を持つ組織の一部を招集し，変化の過程で得られたものや失われたものについて，決められた時期にフィードバックを求めることもできる。筆者の経験上，こういった選択肢（保守的な部門に対して懸念を共有するように促したり，その部門のメンバーや代表者をアドバイザーとして迎え入れたりするなどがある。特に，保守的な部門と前向きな部門の双方を巻き込んで，データの収集と変化がもたらした結果の評価を行うようにする）はすべて，抵抗や対立を生み出す代わりに，懸念を解消する実現可能な手段だといえる。繰り返しとなるが，ポイントは，これらのグループの懸念を払うように説得するのではなく，彼らの消極性を認識し，変化による実績を評価する過程に参加させることである。評価を小分けにして（中間評価や簡単なアンケート調査など），彼らの意見に傾聴し，必要なときに適切な調整を行う態度を示すことも検討すべきである。

　両価性を抱える組織と協働するうえでもう一つ重要なことは，変化に対する

不安感に耳を傾けることである。スタッフは失敗への恐れや，未知の領域に踏み込むことへの不安から，変化に対し，消極的になっていることが考えられる。そのため，こういった恐怖が生じていることを認識し，スタッフが変化を安全であると捉えられるように働きかけることも，組織の両価性を解消するのに効果的である。前章で触れた，薬物・アルコール関連機関のリーダー，マリエの例をもう一度見てみよう。彼女は，組織の中に品質保証の部門を作り，組織の声を聞くためのプラットフォームの一つとして，監査チームを設置したことを思い出してほしい。監査チームは，管理側とスタッフグループ（看護師やソーシャルワーカー，医師など）の代表者で構成され，組織が提供するサービスの品質を定期的に見直す権限を与えられた。全員が安心して活発に議論できるよう，その監査チームは「間違いやミスは組織のものであり，個人に帰属するものではない」といったモットーを掲げた。品質の低下やミスが生じたとしても，個人の責任ではないことを明確にしたかったのである。また，チームや個人，あるいはリーダーのミスを共有する際にも，メンバー全員が安心できる環境が必要であると，彼らは考えた。そうすれば，状況を真に理解し，成果を向上させるために改善すべき点にきちんとフォーカスすることができるからである。言い換えれば，チェンジトークを引き出すということは，恐怖や不安を認識し，それを解消するということを意味するのである。つまり，リーダーは，スタッフの不安を理解し，共感を示し，懸念を打開し，変化の方向にチェンジトークを展開するために，彼らの声に傾聴する必要があるといえる。

信頼関係の重要性

従業員が不安を解消できるような環境づくりには，彼らが，新しいことに挑戦してもリスクがない，と信じられることが必要である。リーダーは，組織が失敗や試行錯誤を通して学習することを一貫して肯定すべきである。そういった学習から，企業が重視し，改善すべき事項を知ることができる。また，真のリーダーシップには，組織の従業員に対し，失敗やミス，機能不全のシステムなど，現状上手く運べていないことについて話して良い，と一貫して伝えるこ

とが伴う。チェンジトークの醸成と必要なリソースを引き出すということは，変化に向けた取り組みや努力を促すことだけにとどまらない。新しいことに挑戦するための安全な雰囲気づくりを確保することも重要なのである。

重要性と自信

　従業員が現状に対する変化を安心して起こせると感じている場合でも，彼らが両価性を抱えていないとは言い切れない。すでに話してきたように，両価性の核心には，変化に対する重要性と自信がある。集団の中で重視すべき優先事項が競合している状況では両価性が生じやすいし，変化を起こしたくてもそれを起こす自信が欠けていると，行き詰まったりする。集団の中で両価性が生じている要因が，重要性の欠如か自信の欠如か，あるいはその両方なのかを知ることで，どこにフォーカスしながら問題を探求すべきかがわかる。例えば，ある従業員グループが特定の変化を起こす必要性を感じられていないとしよう。その理由が，組織の他のサービス領域を重視していることであれば，それは具体的に何であるか，また，対象となる変化がその領域においてどのように作用すると思うか，従業員の考えを理解することに時間を費やすと良いだろう。もちろん，スタッフが変化を起こす自信とアイデアをすでに有しているかもしれない。それでも，一旦は対話を通してスタッフが対象となる変化を起こすことをどの程度重要視しているかを探りたいのである。同様に，従業員グループが変化の重要性を強く認識し，それを実施するうえでのサポートを喜んで行いたいと考えているのに，どのように始動し，実現させればよいかわからない場合，組織の重要性の感度は非常に高いが，自信は低いことを意味する。こういった場合には，スタッフの強み，自信，過去の成功体験などを探り，どのように能力開発すればよいかを議論すると良い。

　ここでは，すでに構築してきた対話の基盤の上に立って進むことを忘れないようにしたい。また，組織にはすでにモチベーションがあることや，チェンジトークが対話に混在することが多いことも覚えておきたい。チェンジトークが聞こえたら，その内容を反映させ，さらに詳しく説明するようスタッフに求め

るだけでよいのである。チェンジトークを引き出すことは，そのようにして相手に話を求めるくらい簡単であったりする。気を利かせて完璧な質問を思いつく必要もない。ただ，チームやスタッフに開かれた質問を投げかければよいのである。もし，従業員の願望を中心に引き出したいのであれば，「……したい」や「……であればいいのに」などの語尾を意識しながら（変化に関わる）願望について，次のような質問をしてみるとよい。

- 「私たちが提供するサービスの品質向上のために，何が起きたら良いと思いますか？」
- 「あなたのチームは何を改善したいと思っていますか？」
- 「チームとして何が起きたらいいと思いますか？」
- 「チームとして仕事でどのようなことを変えたいですか？」

　能力を中心に引き出したいのであれば，組織全体として何ができるのか，スタッフは何ができると信じているのか，そして組織がこの変化を決断した場合にスタッフは何が起きると想定しているのかを考える必要がある。次のような質問をしてみよう。

- 「あなたのチームには何ができますか？」
- 「あなたのチームは，どういった分野でよりスキルや能力を活かしたいと感じていますか？」
- 「チームの能力を成長させるためにどのようなことが提案できますか？」
- 「あなたが持つチームとリソースでどのようなことが実現可能だと思いますか？」

　理由を中心に引き出したいのであれば，具体的な「なぜ」に迫る必要がある。以下のような「もし……なら」の形式で質問をしてみるとよいだろう。

- 「組織の総合的な目標に向けてガイドするとしたら，チームはどうすればその目標に近づけるでしょう？」
- 「もし，チームがそのアイデアを試した場合，それによって得られるメ

リットは何でしょう？」

- 「もし，組織がこの変更を決定した場合，どのようなメリットがありますか？　あるいは，この変更をしないと決めた場合のデメリットは何でしょう？」

必要性を中心に引き出したいのであれば，変化を起こすことに対する組織の緊急性について考えてみよう。次のような質問をすると良いだろう。

- 「組織のミッションを達成するために，何を変える必要があると思いますか？」
- 「何が変わるべきですか？」
- 「この変化はどのくらいすぐに起こる必要があると思いますか？」

スタッフに変化した未来を思い描いてもらう（先を見る）ことも，チェンジトークを引き出す方法の一つである。以下のような質問をすることで，スタッフに，変化の後に自らの仕事がどのように変わるかを考え，共有してもらおう。

- 「もし，組織がこの変化を達成したら，サービス品質の観点から何が変わることを期待しますか？」
- 「5年後，私たちのサービスはどうなっているべきでしょうか？」
- 「あなたのチームは，将来的に何を変えたいと考えていますか？」

目標と価値観を探る

組織の掲げる目標や価値観に照らして変化を探るのも一つの手である。会社にとって最も重要な目標や価値観と，その達成のために対象となる変化がどう作用するかについてスタッフの視点を理解することは，モチベーションを高めるための重要な方法である。特に，組織の目標や価値観が現状のサービス品質と相反する場合は，両価性を解消するうえで最も効果的に働く。従業員の中に

は，その仕事や給料が必要であるか，仕事が日常生活に適合するからという理由で組織に入った者もいるだろう。しかし，大半の従業員が会社に留まる理由は，業務時間をそこで過ごすことに意義を見出しているからに違いない。言い換えれば，組織のミッションや価値観を信じているからこそ，仕事に誇りを持ち，自分よりも大きなものの一部であると感じられるのである。Daniel Pink（2009）は，従業員のモチベーションを高めるためには，従業員が大義の目的に近づくために努力することができる職場文化を創ることが重要であると説いている。すなわち，従業員の卓越性の追求が軌跡となり，より大きな目的に結びつくと感じられる必要がある。

組織構造や業務におけるタスクや手続きの変更を決定する際には，変更が組織のミッションと大義によって導かれ，組織がもつ価値観に従って実行されることが重要である。リーダーとしての目標は，スタッフと管理側の双方が組織のミッションという見地から変化を捉えられるように対話を導くことである。そのために，次のように尋ねるとよいだろう。

- 「組織にとって最も重要なことは何ですか？　その問題は，私たちが検討している変化とどのような関連性がありますか？」
- 「この職場における目標は何ですか？　これらの目標に照らしたとき，この問題をどのように捉えていますか？」
- 「私たちの組織において最も重要な価値観は何だと思いますか？　それらの価値観に照らし，この問題をどのように捉えていますか？」
- 「この変化を念頭に置いたうえで，どうすれば組織の価値観をより体現できると思いますか？」

チェンジトークへの反応

組織でチェンジトークを耳にしたとき，どのように返答すればよいか？　繰り返しになるが，個人に対するMIの場合と同様，傾聴した内容を組織に示すのである。共有されたことを聞き返し，認める。相手が示した努力と熱意を肯

定し，変化の方向性を探り続ける。言い換えれば，これまでずっと使ってきた
ものと同じスキルを用いるのである。選択的にフォーカスできた後は，開かれ
た質問や是認，聞き返し，そしてサマライズを投げ続け，個人に対して行う場
合と同様，EARS のスキルを使うのである。チェンジトークを探求し，広げる
よう選択的に求め（E），相手の強みや前向きな姿勢または変化の試みを是認し
（A），重要性の尺度と自信，組織のミッションと価値観に関連するチェンジトー
クを聞き返し（R），個々のスタッフ，チーム，マネジメントグループ，顧客な
ど，組織のあらゆる領域からの反応に現れたチェンジトークの要素をサマライ
ズし，つなぎ合わせる（S）。前述した戦略の多くは，チェンジトークを求める
開かれた質問であり，スタッフを説得したり，一緒になって奮闘したりする必
要はない。そのため，変化のプロセスを辿るのが楽しく感じられるだろう。変
化を強制したと感じるのではなく，組織と協働して実行できたと言えるのは素
晴らしい気分である。

実行チェンジトーク

　変化に向けたプロセスを丘を登るように表した Miller と Rollnick（2013）によ
るたとえを覚えているだろうか（第9章の図9.1参照）。ピークを迎えた後，コ
ミットメント言語，つまり実行チェンジトークを聞き始めてからは下り坂にな
る。それまでのプロセスよりずっと楽になり，行動の計画と開始に注力できる
ようになるのである。なぜなら，上り坂のプロセス――変化について話し，両
価性を理解し，最も重要性の高い領域やスタート地点へと優しく導くことで組
織の準備を促す必要がある――のほうが，労力を伴うからである。その過程の
中では，変化の話を引き出すと同時に継続的に維持トークにも注意を払い，相
手を圧倒したり，プロセスを止めたりせずにそこから学びを得るようにしただ
ろう。変化へのコミットメントを聞き取り始めると，坂道を下りていくように
なる。上り坂で行ったことの大半は，組織の変化に対する願望やそれを達成す
る能力への自信に関する両価性を解消する手助けをすることであった。一方で，
コミットメント言語が聞こえ始めたら，組織内の両価性は解消されつつあると

いえる。コミットメント言語は実行の可能性が差し迫っていることや，計画に移るための準備状況を評価する時期であることを示すのである。

　組織からのコミットメント言語はどのように聞こえてくるか？　個人の場合と同様に，コミットメント言語は，変化へのコミットメントや計画を立てる意思だけでなく，新しいアイデアの試行につながる小さいステップまでをも表す。変化について個人と話すときと同じように，組織においても，準備トーク（DARN）と実行トーク（CAT）の両方が聞こえてくる。組織におけるCATとは，導入プロセスを開始するための議論について報告してくれるチームなどである。それは，変化をもたらす考え方が，クライエントや顧客にどのように受け止められているかを議論するスタッフかもしれないし，あるいは，変化のためにどのような準備を始めたかを説明するスタッフかもしれない。いずれにせよ，重要なのは，組織（またはその一部）が変化を検討しているだけのときと，組織（またはその一部）が行動を起こそうと準備しているときとの違いに気づくことである。後者に進展している場合は，次の章で説明する計画プロセスに移行できるという合図を示す。

要約

　組織の中でチェンジトークを発展させるのはなかなか難しい。ただ，一つの変化に対してグループや人々がいかに異なる反応を示すかを理解することは，引き出すプロセスを進める上での道標となる。組織内でチェンジトークを引き出し，発展させるには複数の戦略が必要である。コミュニケーションのためのインフラとして，集合的あるいは全社的な対話ができるプラットフォームを整備することは欠かせない。また，変化の方向性を示す発言が出れば，組織全体に聞き返しをする戦略も重要である。一方で，組織の一部から発信される維持トークとその背景にある恐怖や不安にも常に注意を払い，抵抗を生み出さずにそれを優しく収める必要がある。

❖組織の事例

　マリエがリーダーを務めるアルコール問題を扱う大規模な保健管理センターでは，治療サービスの品質向上に力を入れていた。マリエはクライエントへの総合的パフォーマンスの向上に努めるよう，周囲のスタッフを巻き込んだ。チームがフォーカスを明確にし，共通の理解を得たところで，彼女がどのように引き出すプロセスを導いたかを見てみよう。

　監査チームは治療のコンプライアンスを高め，クライエントの早期離脱を防ぎ，治療成果（治療開始から3カ月後に飲酒していないクライエントの数）を向上させるために，一連の改善項目を「急性治療（解毒と離脱症状の治療）」「クライエントにとって重要な人を治療に巻き込む」「クライエントに提供する情報資料」「エビデンスに基づいた治療方法のスタッフトレーニング」に絞り込んだ。

> マリエ：（監査チームに）教えてください。急性治療の提供を改善すべき理由のうち最も重要なものは何ですか？
> 看護師：デトックス（解毒）をうまく管理できないと，離脱を制御できず，クライエントが再び飲酒を始める可能性が高まります。
> ソーシャルワーカー：クライエントとその家族が，急性期に起こる症状を把握していなければ，治療から離脱しやすくなるでしょう。本人にも家族にも，しっかりと情報を伝えるべきです。

　監査チームのメンバーは，急性治療の内容を改善する理由を多数提示し，マリエはそれらをすべて議事録に記した。その場で大画面に内容を映し出し，メンバー全員に読んでもらい，誤解や書き間違いがあれば訂正してもらった。

> マリエ：さて，それでは，急性治療の内容を改善することになったら，私たちにそれができると思いますか（**自信を引き出す**）？

　監査チームのメンバーは可能である，と主張した。この組織には医師や看護師のほか，必要なリソースが十分に揃っていた。マリエはこのことを議事録に

記した。

> マリエ：では，急性治療の改善に注力するとして，変化が起きた場合の他の分野やサービスへの影響から，特に配慮すべき部分はありますか（**チェンジトークを求める開かれた質問**）？
>
> 看護師：はい，あります。そのことに言及してもらって何よりです。急性治療の完了が早すぎると，クライエントの準備が整っていないうちに，計画的な治療の段階に入ってしまう可能性があります。急性治療から計画的治療への移行計画をしっかりと行うことが必要です。

　マリエは意見を述べた看護師に感謝し，彼女のコメントを議事録に残した。その後，彼女は改善のための議論（**チェンジトークの聞き返し**）をすべて声に出して読み上げ，急性治療における各フェーズの実施方法を変更する際には，急性治療のフェーズと計画的な治療のフェーズをどのように組み合わせるかについて，併せて検討すべきである，と述べた。

自己振り返り演習

組織と引き出す

　あなたはすでに，組織の抱える両価性とフォーカスについて理解できただろう。前回の演習で複数の焦点を特定化した場合は，今回の演習プロセス（および関連する第12章の「計画する」演習）では，とりあえずその中の一つだけを選ぼう。複数の焦点を持つ引き出すプロセス，計画のプロセスは，後ほど，練習できる。まずは，理解した内容の聞き返しを行う関わるプロセスを継続しながら，対話を選択した焦点へと優しく導いていこう。

　チームが集結し，明確に定義された焦点がホワイトボードに書かれた状態で，チームのメンバーに対し，なぜこの変化が重要なのか，また組織全体でそれを実現する能力があるかについて，各員の持つ自信や考えを話してもらう。会話は自由に行うことができるが，その際には以下のような引き出す質問を参考にすると良いだろう。また，聞いたテーマをチームで共

有したり，ホワイトボードに書き込んだりして理解したことを聞き返し，それによって関わるプロセスを継続することも忘れないようにしよう。

このプロセスのゴールは，先ほど全体で合意した焦点において変化を起こすために必要な重要性と自信を構築することである。決して，問題解決やアドバイスの提供ではないことに留意しよう。チームがアイデアや解決策を共有し始めるかもしれないが，それでも，理解した内容を聞き返すことに留め，準備が整うまでは行動計画に移行しないようにしたい。

覚えておいてほしい点は，ここでチームメンバーが共有するチェンジトークは，彼らが変化を検討しているだけなのか（願望，能力，理由，変化の必要性），それとも変化にコミットしているのか（コミットメント，活性化，段階を踏む）を知る手がかりとなることである。しばらく引き出すプロセスを続けた後に，コミットメントの言語を聞いたら，内容を確認し，問題なければ次の演習に移り，計画を始めることができる。

まず，組織のミッションと価値観を提唱しよう。引き出すための質問に移る前に，グループに，組織のミッションと価値観を声に出して言ってもらう。メンバーから得たコメントをホワイトボード上に記載した焦点の横に掲示しておくと，引き出し続けながらそれに立ち返ることができる。

引き出すプロセスを導くために以下の質問を用いると良いだろう。チームメンバーがこの変化の重要性をどのように評価しているか，あるいはそれを実現する自信の尺度によって，他の質問よりも頻繁に聞く質問が出てきたとしても構わない。ただ，引き出すプロセスの目標は，チームが変化を起こす準備が整ったと感じられるよう，重要性と自信を構築することであることを覚えておいてもらいたい。いずれもの要素も必要不可欠である。

◉引き出すプロセスを導く質問
質問を重ねる前に，理解した内容の聞き返しを行うことを忘れないようにしよう。

重要性（重要性［理由／必要性／願望］を探求，または向上させるための質問）
- 「あなたや私たちの組織にとって，なぜこの変化は重要なのです

か？」

◇理解した内容を聞き返す。「そのことについてもっと聞かせてください。……他には？」

● 「この変化を起こす理由は何でしょう？　現状のままではいけない理由はありますか？」

◇理解した内容を聞き返す。「そのことについてもっと聞かせてください。……他には？」

● 「あなたやあなたのチームは，この変化がいつ起こる必要があると思いますか？　どのくらい緊急性があると感じますか？」

◇理解した内容を聞き返す。

● 「この変化が，どのような形で私たちのミッション達成や価値観の体現に繋がると思いますか？」

◇理解した内容を聞き返す。「そのことについてもっと聞かせてください。……他には？」

自信（自信［能力］を探求・向上させるための質問）

● 「もし，私たちがこの変化（焦点）を行うことを決定した場合，組織やあなたのチーム，そしてあなた自身がそれを成し遂げる能力について，どのくらい自信がありますか？」

◇理解した内容を聞き返す。「そのことについてもっと聞かせてください。……他には？」

● 「この変化を起こすと決めた場合，それを実行する方法について，すでにアイデアなどありますか？　どのようのものか，もっと教えてください」

◇理解したことを聞き返す。「そのことについてもっと聞かせてください。……他には？」

● 「この変化の実現をどのようにして思い描いていますか？」

◇理解したことを聞き返す。「そのことについてもっと聞かせてください。……他には？」

● 「この変化を実現するために，あなたやあなたのチームができることとして，どのような提案ができますか？」

- 「この変化の実現のためには，どのようなものが必要ですか？」
- 「どのようなことが，この変化を起こしやすくするでしょう？」
- 「現時点で，他にどんなリソースがあればチームや組織にとって役立つでしょうか？」

対話をしたら，後日，そのプロセスを振り返ってみよう。

- どのようなことに気づいただろうか？
- 変化の重要性と変化を起こす自信に関するチームメンバーの発言で気付いたことは何か？
- アドバイスや解決策を与えないようにするのが難しいと感じた瞬間はあったか？　あれば，なぜそのときに難しいと感じたのか？
- 傾聴し，導くことが簡単な場面もあったか？　そのときに気付いたことは何か？

第 V 部

計画する
PLANNING

第11章 Planning with Your Employee

従業員と計画する

$\mathbf{MI}$ の対話における最後のプロセスは，計画を立てることである。通常，リーダーは，測定可能で効果的な計画を立てる方法や目標を実行する方法，従業員に責任を持たせる方法などについて，トレーニングを受けるものである。これまでの経験の中で学んだスキルを，MIの対話における計画の部分で役立てることは大いにあるだろう。

　MIの計画するプロセスで覚えておくべき重要なことは，計画が従業員によって行われることである。計画するプロセスの中での従業員への支援は，対象となる変化を起こすと決めたところで彼らが自ら進んで従おうとする計画を考え出せるようにすることを意味する。つまり，リーダーは，従業員がこの変化を起こすための段階を踏む際に，何を考慮し，行動に移し，修正する必要があるかを考えられるように助けるのである。計画の策定は，彼らに「責任を取らせる」手段として意図されたものではない。むしろ，計画は従業員が成功するためのツールなのである。従業員自らが計画を立てたいと思っており，リーダーに計画を手伝ってもらう必要はないかもしれない。変化の実行を決意した後，計画するプロセスを経ずにそのまま前進できることも珍しくない。また，時には，従業員の両価性を解消するだけで，変化を起こすのに十分な準備ができることもある。

219

従業員は計画を立てる準備ができているか？

　従業員が自ら，またはリーダーと計画を立てたいと思っているかどうか問う前に，まずは従業員がこれまでに話した内容を評価することが重要である。一般的に，リーダーは問題を解決するのが好きで，先にも述べたように，それを自身の役割において最も基本的な責任だと捉えていることが多い。そのため，スタッフの準備が整う前に，すぐに計画を立てようとしがちである。そして，実際に何かしらの変化が起きるのを見るために，物事を加速させたいと思う傾向がある。しかし，従業員が両価性を抱えたままの状態で無理に物事を進めようとすると，抵抗を受けることが多い。新しいことに着手する際，誰しもが根底では，それが自身にとって可能であり，望んでいることであると確信する必要がある。確信が持てなければ，その個人は立ち止まってしまう。また，押し付けられていると感じれば，抵抗する。対話のこの段階において，リーダーは，従業員へ強要や説得をして変化を起こそうとすることは避けるべきである。それよりも，従業員の言葉に着目するほうがはるかに協力的である。従業員は何を伝えてきているのか？　どんな内容が聞こえてくるか？　もし実行チェンジトーク（コミットメント──「私は……**するつもりだ**」，活性化──「私は……**を予定している**」，段階を踏む──「私はすでに……**をした**」）が聞こえてきたら，従業員が変化について検討している段階から，前進する準備と意思，能力を備えた段階へと移行したことを探ることができる。従業員の考えが変わったかどうかを評価する方法は多々あるが，ただ直感を確かめるのと同じようなやり方でよい。「あなたはこれを実行する準備が本当にできていますね」「あなたはこの変化を起こすと決断しましたね」などと，聞き返してみよう。従業員が肯定的な回答をしたら，その変化を起こす方法についてより具体的に話したいか尋ねる。繰り返しになるが，協働的な進め方をするうえで，計画するプロセスに移行する準備ができているかどうかを決めるべきなのは従業員自身である。リーダーは，本人が望む地点より先まで後押しすべきではない。「決断したこの変化を成功させるために，どのように準備できるかを一緒に考えてみることは，役に立ちますか」，あるいは「今から数分かけて，この変化を実現するための計画を考えてみますか」などと尋ねてみるのはよいだろう。

220　第Ⅴ部　計画する

なお，ここで，従業員が少しでも両価性を抱えたままでいると，通常は変化のための準備が整った状態と抵抗感の間を行ったり来たりしてしまうことがあるので，注意が必要である。MIの対話の中では，変化する準備ができていても，実際に変化を実行する段階になると，再び両価性が生じることもある。これは，リーダーが少しペースを落とし，プロセスを一つか二つ前に戻すべきサインである。四つのプロセスは，直線的かつ再帰的であり，前のプロセスを基にして次の段階に移行していく。しかし，時として従業員から聞いたことに応じ，前のプロセスに戻ることもある。筆者はこのプロセスを，2人のダンサーが階段を上り下りするような光景にたとえている。Ginger RogersとFred Astaireのようなコンビが思い浮かぶ。コミットメント言語や準備ができているサインがあれば，計画するプロセスに移ることができる。一方で，両価性を感じたら，関わるや引き出すプロセスに戻ったほうがいいかもしれない。確信が持てない場合は，従業員の準備性を測るために要となる質問をするとよいだろう。例えば，次のような質問があげられる。

- 「ここからどう進めていきますか？」
- 「この時点でどのように考えていますか？」
- 「それで，あなたはどのように決断するでしょう？」

従業員がすでにコミットしている場合は？

　従業員が計画を立てるためだけにリーダーのところに来ることも，もちろんあるだろう。すでに対象となる変化を起こす方法を見出し，コミットしており，ただ計画の部分で助けを必要としているのかもしれない。必ずしも，引き出すことやフォーカスすることに多くの時間を費やす必要があるわけではない。その従業員がなぜその変化を起こそうと決断したのか，なぜそれが自身にとって重要なのか，なぜ実現可能であると信じているのかをただ理解する程度でよい場合もある。計画するプロセスでは，こういった従業員の考えを根幹に据えることが重要である。変化を起こす理由と，それをいかにして実現できるかにつ

いて，従業員自身の考えを持ち続けてもらうことが，計画するプロセスを進める上での燃料となる。特に，はじめに上手くいかなかったり，途中で壁にぶつかったりしたときなどに，この燃料は必要となるだろう。以前，ある研修でこのプロセスについて説明をしたとき，参加者の一人が「理解しました」と言ってくれた。当時，妊娠中だったその参加者は，このプロセスが「運動しているときと同じ」であると考察した。彼女は，「私は運動が嫌いです。でも，運動をしていて止めたくなったり，始めるのすら嫌になったりしたとき，『赤ちゃんのためだ，赤ちゃんのためだ』と唱えます。すると，続けられるのです」と言ったが，全くその通りである。リーダーは，従業員にとっての「赤ちゃんのために」が何であるかを提唱するよう，手助けしたい。それは，リーダーが把握するためではなく，従業員自身が変化について持つ信念を思考の根幹に置くようにするためである。

　同じような状況を想像してみてもらいたい。もし，自身にとって新しく，重要性のあること初めて行うと決断したとしたら，どのような気持ちになるだろうか？　ワクワクしたり，怖くなったり，緊張したり，不安になったり，さまざまな感情を抱えるかもしれない。上手くいくと願うものの，確信は持てない。Brené Brown（2012）は，こういった感情を「脆弱性のサイン」と表現している。新しいことに挑戦するときは，成功を確信できなくても，全力を尽くすものである（Brown, 2017）。そのため，従業員には，なぜこのようなことをしたいのかを声に出して言ってもらおう。なぜ，自らを脆弱性，リスク，感情の露呈，不確実性などを強いられる立場に身を置くのか？　なぜこの変化は本人にとってそれほど重要なのか？　なぜそれをやり遂げることができると信じているのか？　このようなチェンジトークは，本人が不安に感じ始めたときでも，集中力を保ち続けられるようにしてくれる。

　例を見てみよう。ある病棟に勤務していたカールは，多くの対立が生じているチームのリーダーだった。チームのメンバーは，非常に優秀かつ情熱的で，各員がチームの成功を強く望んでいた。一方で，その情熱が，日々の仕事において対立を生み出していた。カールは，チームの人間関係に対処しなければならないと感じていた。そして，チームが目標を達成するうえで障害となっている対立や葛藤を解消するために，業務外で日程を設ける必要があると考え，実行に移すことを決意した。彼はまた，チームが厳しい議論をしなければならない

と予想していた。議論を通して，自分自身を含むチームメンバーが，それぞれチームの問題にどのように関わっているかを見つめ，弁明し，責任を取り，全体のためにより良い関係を築く関わり方にコミットする必要があると感じたのである。そのためには，リーダーであるカールがまず，自分をさらけ出し，他者の意見を受け入れることが問題ないと率先して示さなければならないこともわかっていた。彼は，どういったところでチームを支えられていないのか，あるいは，どのように変わる必要があるのかを進んで聞く必要があり，このような対話を行うことを約束した。チームを成功へと導くために必要なことは何でもするつもりだった。一方で，同時に恐れも抱いていた。対話をすることで事態が悪化することを懸念し，また，表面化したチームの強い感情に対処できるかも不安であった。しかし，オフサイト会議を開催して解決を試みることが，前進するうえでの唯一の方法であったと理解していた。当日の朝，会場に足を踏み入れた彼は，「なぜ，こんなことをしているのだろうか」と考え，しばらく立ち止まった。「自分のチームをこれ以上苦しめたくないし，自分自身も苦しみたくない。このチームの関係性がもたらすストレスのせいで，毎日不幸な気持ちで仕事に臨むことに疲れ果てている。だから私は，そんな彼らのことを気にかけているということを伝えたいのだ。彼らの存在も彼らがする仕事も重要であることを知ってもらいたい。それに，周囲に対してオープンになり，自分をさらし，責任を持って変化を起こそうとすることは，難しくも実現可能であることを伝えたい」。これらの「なぜ」と，それをやり遂げる自信があったからこそ，彼は部屋に入り会議を始めることができた。また，会議が感情的で困難なものになり，諦めたくなったときにも，彼はこの言葉を思い返していた。

　この「なぜ」と前進する自信を兼ね備えることで，難解で楽しいとは限らないような変化でも実現できるようになる。ダイエットや禁煙，運動などに挑戦したことがあれば，このプロセスを理解できるのではないだろうか。これを理解した上で，計画に移ることが重要になる。

従業員と計画する ｜ 第11章 ｜ 223

「失敗」への対処法

　計画するプロセスの内容や手順を説明する前に，一度「失敗」の捉え方について考えてみよう。「失敗」が変化のプロセスの一環であることは，よく認識されている。ほとんどのエンジニアリングプログラムにおいて，学生たちは失敗する方法だけでなく，早く失敗し，再度失敗し，より良い失敗をする方法を教えられる。これは，新しいことをするには，失敗しても前進し続けるしかない，ということを伝えるアプローチとして教えられている。はじめから完全な成功を収めることはまずないと言ってよいだろう。目標に向かい，一歩一歩前進する形で成長しているように見えるかもしれないが，実際には変化の中核的な問題が残ったままかもしれない。従業員とともに計画を行う際には，この障害に直接対処し，目標に向けた進捗をどのように評価し，成功をどのように測定するかを話し合うとよいだろう。しかし，その前にリーダーは，自身と組織が失敗についてどのような認識を持っているかを整理しておくことが重要である。

　ドナの従業員の一人にキャシーがいた。彼女は仕事熱心ではあるが，自分の感情に任せて行動したり，意思決定したりすることがよくあった。彼女の強い感情のために，周囲は彼女と話し合うことを困難に感じていた。なぜなら，周りは彼女について，他の人の考えに関心がないようであり，また，熱心過ぎるあまりアイデアを提案しても聞き入れないと感じていたからである。キャシーとドナは，彼女の感情とそれが他のチームメンバーと協働的な仕事をするという目標を阻む要因となっていることについて話し合った。キャシー自身は積極的に改善に努めていた。なぜなら，他のメンバーと協力し合って互いにアイデアを共有し，協働的な目標を設定したいと強く望んでいたからである。キャシーは自分の感情に頻繁に影響を受けてしまうことを認めていたが，それを改善したいと思い，積極的に努力していたという。上司であるドナは，チームミーティングでのキャシーの様子を見て，前よりも大きく改善していると感じた。ドナは，キャシーが自身の考え方を手放し，話している際の呼吸を意識し，周囲に関心を持ち，意見を求めて理解を深めている場面を何度か発見することができた。決して，キャシーにとっては楽ではない状況であることを認識した上で，彼

224　　第Ⅴ部　　計画する

女がこの変化のためにどれほどの努力をしているか，また，チーム全体の関わり方がいかに良い方向に変化したかを，ドナは見て取ることができた。しかし，残念だったのは，キャシーが以前の習慣から会話を途中で打ち切ったり，相手を威圧したりするような瞬間があったときに，チームや他のスタッフが，彼女が今まで成し遂げた進歩を帳消しにしてしまうことであった。まるで，チームにはキャシーの進歩が見えていないかのようであった。キャシーにとって，改善のために努力を続けることは，易しいことではなかったのに，である。ドナとキャシーはよく，努力を続ける厳しさについて話し合い，キャシーが改善を続けられるよう，計画を度々修正した。ところが，一向に改善が認められず，チームからの反応も思わしくなかったことから，キャシーは最終的に組織を去ることになった。ドナはキャシーの退社を，チームや組織のメンバーだけに留まらず，残された職員にとっても大きな損失だと考えた。なぜなら，今回の件で，「初回で改善できなかったり，失敗したりしても，チームからのサポートや協力は受けられず，一人で戦わなければならない」ということが明らかになったからである。次に変化や改善を起こそうとする人は，これを受けてどのように感じるだろうか。このような環境下で，ドナの抱える他のスタッフは，果たして必要な改善を実行し得るだろうか？

　筆者の考えでは，チームの雰囲気を決定づけ，変化が真に実現可能な環境を構築する責任は，リーダーにある。そのために重要なのは，変化の過程にいる個人や変化自体に対し，組織がどのように反応すべきかについて期待値を設定することである。成長のための環境を構築する際，リーダーは，従業員が途中で失敗しても安全な環境を作る必要がある。従業員は，チームや組織がサポートしてくれることを知ってこそ，安心して弱い部分を見せられるのである。また，リーダーが率先して自身のキャリアにおける成長や弱点をさらけ出すモデルになる必要がある。職場の文化はリーダーに始まり，リーダーに終わる。スタッフが変わることを期待するなら，リーダー自身もまた，自分自身を変えることに前向きでなければならない。

弱点をさらすことが安全であることを示す

　読者の組織は，「失敗」に対してどのように反応するだろうか？　読者自身はどう反応するだろうか？　そして，試行錯誤を受け入れる環境をどのように構築し，失敗は変化の一環であるという事実を，どのように説明し，自らがモデルとなって示すだろうか？　古い習慣につい逆戻りしてしまうことも，プロセスの一環である。ダイエットをしていても，我慢をしない「チートデイ」があったり，食事管理のメニューを100％守らなかったりした経験があると思う。それでも，減量をしながら前進し，ダイエットを続けていく。長期的な変化を成功させるためには，完璧である必要はない。これは，職場での成長においても同様である。新しいことに挑戦している従業員は，たまにミスをしたり，古い習慣に戻ったりするものである。だからといって，改善や変化が見られないわけではなく，やがてこの問題を解決し，次の変化に移ることはできるのである。

　従業員が挫折したときにそれを認め，軌道修正できるようサポートすることは，変化のプロセスにおいて重要な部分を占める。従業員や組織が新しい習慣を採り入れる際にこういった挫折経験が伴うことについて，伝え方はいくつかある。例えば，「昔の習慣に戻ってしまう」ことについて，リーダーによる個人的な経験を例に挙げ，スタッフと率直に話し合うことが有効だろう。自らが逆戻りした話を打ち明けたり，新しい習慣に完全に馴染むまでにどれだけ時間がかかるかを笑い話にしたりするのもよいだろう。もし，仕事上で改めている習慣があれば，それに逆戻りしてしまった際にはスタッフに指摘してもらうようお願いするのも一案である。

失敗が許されない場合は？

　この重要な質問は，通常，パフォーマンス関連の障害の発生や，長期にわたり問題が続いたことから期限が迫っており，変化を直ちに実行する必要がある

ケースなどに浮上する。そのような状況下では，おそらくコミュニケーションスタイルとしてMIは使用すべきでないだろう。代わりに，パフォーマンス上の期待値と段階的な懲罰規定について対話する機会を設定し，なぜ，いつまでに変化が起こる必要があり，起こらなかった場合はどうなるのかを説明しなければならないだろう。また，その従業員が成功するためにどう力になれるかを尋ねることもできる。しかし，忘れてはならないのは，それでも，従業員には変化を起こすことについて自律的に選択する権利があるということである。変化を決断しても，変化をしなかった場合の結果を受け入れることを決断してもよい。いずれにせよ，本人が決定する立場にあり，リーダーが代わりに決定することはできない。リーダーとしての役割は，従業員に共感し，思いやりや理解を示し，そして状況を明確化することである。現実に置かれている状況を無視し，問題があたかも存在しないように振る舞ってしまっては，従業員の助けにはなれない。

良い計画とは？

　計画するプロセスは，従業員が変化過程で起こりうることを事前に検討し，準備しておくのに役立つ。計画なしにいきなり行動することで，望み通りの変化を達成できることはほとんどなく，初めて失敗したときに，「やはり，私にはできない」と諦めてしまうことが多い。そこで，リーダーが，変化の過程に伴う障害についてあらかじめ検討しておくよう従業員をサポートすれば，いざ問題が発生したときにそれを克服できる可能性が高まる。計画の立て方はさまざまであるが，従業員が戦略を立案し，その実行過程で起こりうる不測の事態について考える上で，指針となるものがいくつか挙げられる。

⦿具体的，かつ観察・測定可能

　役立つ計画とは，具体的で，やりがいがあり，修正の余地があるものを指す。なお，ここでいう**具体的**であるとは，観察と測定が可能であることを意味する。

従業員と計画する｜第11章　227

実際に目標を達成したかどうかを，従業員はどのようにして判断するか。目標に具体性がなく一般的なものであれば，従業員はそれに向かって進歩している感覚を得られない。例えば，ある従業員が「マネジメント方法を改善したい」と言った場合，それは何を意味するか。改善しているのか，あるいは後退しているのかを，どのように判別できるのだろうか。具体的な計画を立てる際には，例えば，「この目標に到達したら，どうやってわかるのですか？　何が変わりますか？」と聞くと良いだろう。

　これに対し，従業員は，「他のスタッフの意見に感情的に反応せず，理解を示して一緒に問題を解決できるようになったら，私のマネジメントの仕方が改善したことがわかるでしょう」「チームによるアンケートの結果で，私から気配りやサポートを受けていると答えるスタッフの割合が増え，協働して成果物のほとんどを期限内に達成できるようになったら，改善があったと言ってよいでしょう」などと，回答するかもしれない。リーダーの目的は，従業員が何に向かって努力しているのか，進歩は見られるか，それとも計画を見直して修正する必要があるのか，いずれも本人自身が明確に把握できるように助けることである。

　成功の可能性を高めるもう一つの要素は，計画に**やりがい**を感じられることである。これは，進歩や改善をすること自体にやりがいを感じられるほか，小さなマイルストーンの達成を祝うなど，過程の中で努力に対する特定の報酬を得られるような設計があることを意味する。例えば，先ほどのキャシーの事例では，同僚に威圧的になってしまった際，話すのを止めて相手の話を聞くようにしたが，その度に得られるチームの反応にやりがいを感じていた。それでも，頑張り続けるうえで精神的に消耗することもあった。その際には，1日のうちに変化する意思を貫いた回数を記録し，毎日1回以上貫くことができたら，職場に大好きなドーナツを持って行った。

　やりがいの感じ方は人それぞれであるため，何がその人に合っているかを考えることが大切である。改善すること自体にやりがいを感じる場合もあれば，節目節目で評価してもらう方法を見つけることで，粘り強く課題に取り組むことができる場合もある。そのため，従業員には，「あなたの計画では，途中過程でどのようにして報酬を組み込むことができるでしょう？　あなたにとって，やりがいや報酬と感じられるものは何ですか？　なお，その報酬は提供可能か

つ支持できるものですか？」などと，尋ねてみよう。報酬が何であるかは重要ではなく，従業員がそのような体感をすることが大事なのである。

　また，うまく機能している計画は，大抵修正余地がある。リーダーはこのことをよく知っているはずである。なぜなら，通常業務においても，はじめに綿密な事業計画を立てた後，実行段階で状況の変化が生じていたり，課題が不要になったりするので，計画を修正して新しいものを立て直すからである。最初の計画で，起こりうるすべての課題をカバーできていることは稀であるように，従業員の変化の計画もはじめから完全なものであることは，ほぼない。それどころか，従業員がはじめに計画したステップは，後に全く役立たないことすらある。そこで，計画の修正や手直しが必要なタイミングをどのようにして判断するか，従業員と話し合ってみてはどうだろうか。また，従業員は修正した事実を全体の進捗評価の際にどのように組み込むだろうか？　進歩しているかどうかだけでなく，計画そのものをどのようにして評価するかも，検討すべきである。

　計画に修正余地を与えるためにはどうしたらよいか，従業員が検討する際に下記のように尋ねて，支援するのもよいだろう。

- 「目標の達成度ではなく，計画の機能性をどのように評価しますか？」
- 「もし，計画を修正する必要があると感じたら，どのようにそれを行おうとしていますか？」

　計画を書き起こしている場合は，そこに，これらの質問への答えも付け加えておくとよいだろう。

⊙明確で具体的，かつ達成可能な目標

　優れた計画には，明確で具体的，かつ達成可能な具体的目標が必要である。計画が具体的でなければならないのと同様に，目標も具体的でなければならない。では，仮に従業員がチームメンバーとの関係を改善したいと言った場合，どうすればその目標を明確かつ具体的にできるだろうか。例えば，「チームとの関係が改善されたことを，どうやって確認できますか」と尋ねてみてはどう

従業員と計画する｜第11章

だろう。従業員は,「自分の意見を主張するよりも,相手の意見に耳を傾ける時間が増えることで,関係が改善されたといえます」などと答えるかもしれない。これに対しては,続けて「そのような会話ができていると,どのようにしたら判断できますか」と尋ねるとよい。すると,従業員はこう答えるかもしれない。「同僚が何か提案について共有してくれたとき,私が内容を理解したと彼らが同意するまで,聞き返しをするようにします。そして,理解できたことを確かめて初めて,自分の考えを伝えるようにします。今後2カ月間,常にこれを心がけ,継続して行うようにします」。このようにすることで,人間関係を改善するという考えが,明確で具体的な目標へと変わる。従業員は変化を測定し,実際に起きたかどうかを判断することができる。

　また,計画は**達成可能**でなければならない。計画が明確で具体的であれば,それが達成可能かどうか,本人が判断できるようになる。従業員は,対象となる変化の実現を,どの程度確信しているだろうか。例えば,前述の例においては,同僚が提案について話す際に,その内容を**毎回聞き返すことができる自信**はどの程度あるか,などと問う必要がある。従業員は,目標を完全に達成できると感じているかもしれないし,あるいは,4回のうち3回聞き返すことができれば,関係が改善されると判断するかもしれない。ここで覚えておいてほしいのは,計画はいつでも見直し,修正することができるということである。そのため,50％の改善を目指すことが達成可能だと思えば,まずはそこから始め,思ったより簡単だとわかった際に基準を上げればよいのである。

　計画を立てる際,リーダーは従業員本人にその目標が達成可能かどうかを振り返る機会を与えることが重要である。例えば,ダイエットを決意した人が,「30日で30ポンド痩せたい」と宣言したとしよう。この目標は実現可能性が低く,毎回努力が継続せず古い習慣に逆戻りしてしまう要因であった。一方で,自身の計画が現実的かどうかを考慮し,1週間に1〜2ポンドずつの減量を目指した場合はどうだろうか。目標がより現実的であると感じるだろう。本来望む体重には及ばないが,目標が達成可能であるため,最終的に30ポンド減量するというゴールには着実に近づく。希望よりも少し遅いペースで進むだけである。また,設定した目標があまりに挑戦的な場合は,計画を見直すことを検討すればよい。目標達成までの期限を修正するために計画を振り返る必要があるかどうかについて,従業員はどうしたら判断できるかを尋ねるとよい。目標全体を

見直す必要はなくても，設定された期限が従業員のモチベーションを阻害し，計画を見直す必要性を感じさせているかもしれない。

◉従業員が変化する理由

　ここまで紹介してきた計画するプロセスはおそらく，読者が他に実践したり，見たりしたことがある計画や戦略と似ているだろう。違いが一つあるとすれば，MIにおける計画するプロセスは従業員自身によって策定したものでなければならない点である。このプロセスでは，従業員自身が計画を策定したことを確認することに加え，**変化する理由**を具体的に尋ね，明確化することを勧める。従業員に，目標に取り組む理由，すなわち従業員個人が抱く変化に対する動機を明確化するために，それを宣言したり書き留めたりするよう提案するのもよいだろう。さらに，その理由を本人の人生の目標や価値観と関連付けるのもよい。従業員の変化の理由は，困難な状況やすぐに成功が確認できない状況に陥っても前進し続けるための燃料となることを覚えておいてほしい。

◉ステップ・戦略

　上記に加え，計画の中にステップや戦略を盛り込むことも効果的である。目標の複雑さによっては，詳細に計画する必要がない場合もある。明確な目標とそれを達成したい理由や自信さえあれば，あとはそれを実行に移すだけでよい。しかし，一般的に目標は複雑であり，直ちに達成するのは困難なものが多い。そこで，実現可能な時間枠と具体的なステップを含んだ計画を設計すれば，たとえ大きな目標であっても，従業員が着実に前進していることを実感することができる。

　例えば，従業員のピーターが，より戦略的かつ綿密にプロジェクトを管理できるよう，自身の総合的な能力の向上を図っているとしよう。このような変化の決断だけでは，目標は達成できそうにない。プロジェクト管理の講義を受講したり，複雑で綿密なプロジェクト管理を経験したことのある同僚から，コーチングやトレーニングを受ける必要があるかもしれない。あるいは，新しく得たスキルや知識を既存のプロジェクトの中で実践し，実績や試行したアプロー

従業員と計画する｜第11章｜ 231

チに対するフィードバックを受けるのもよいかもしれない。

- **目標**。目標は，彼のプロジェクト管理能力を向上させることである。
- **明確で，具体的，かつ達成可能であること**。プロジェクトが90％の確率で納期通りに進み，細部の問題にまで戦略が行き届いていれば，ピーターはこの目標を達成したといえる。
- **理由**。ピーターがこの変化を実現させたいのは，次のことを望んでいるからである。まず，ディレクターへの昇進条件として，この能力が不可欠であることがわかっている。次に，自身の抱えるプロジェクトに悪い評価を得たくないため，今より良い仕事をしたいと思っている。最後に，プロジェクトが失敗し，それがチームに悪影響を与えるのを見たくない。
- **ステップ・戦略**。ピーターが設定した最初のステップは，周囲が勧める講義を探し，受講することである。彼は，14日以内に，どのような講義があるか調査し，リスト化する。リスト化をしたら，直ちに同僚のもとへ行き，30日以内に意見を集約する。そして，60日以内に申し込みをし，講義を受講する。

このような具体的なステップと戦略を設けることで，ピーターは実際にプロジェクト管理スキルを習得するに至っていなくても，自身の進捗を評価することができる。また，具体的な計画を策定することができたので，いつでもこの計画を振り返り，必要に応じて修正することができる。もし，60日以内に受講できる講義が一つもなかったら？　あるいは，最適であると判断した講義が60日以降に開催されるとしたら？　そういった場合は再度計画を修正し，また前進すればよい。

◉サポート

計画を成功させるためにもう一つ重要なことは，**サポート**を見つけ，確保することである。従業員とともに計画を策定する際は，その時間を活用し，本人が周囲からどのような支援を受けることができ，またどのような支援が役に立つと捉えているかを確認するとよい。例えば，「あなたが目標に取り組む上で，

誰からの協力を得られたら真に助かりますか？」「この目標を達成するために，協力者となってくれる人は誰ですか？」などと尋ねるとよいだろう。

　従業員が協力者や協力的な対象を特定できたら，具体的にどのような助けが欲しいのか，どのようにしてサポートを求めるのか，また，そのサポートが実際に有益かどうかをどのように判断するかについて，本人が明確化する作業をリーダーとして補助するとよい。あるマネージャーが共有してくれた話をしよう。彼女がダイエットを始めたとき，協力者となろうとしたパートナーは彼女の食事についてしばしば意見を述べた。そのパートナーは，彼女にダイエット中であることを思い出させることで，より健康的な食べ物を選択すると考えたのである。そして彼は，「本当にナチョスを食べたいの？　君が痩せたいことを知っているし，僕のサポートを必要としているのもわかっているから聞いているんだよ」などとコメントする。ところが，彼女にとって，この言葉は全く役に立たなかった。それどころか，もっとナチョスが食べたい，それに加えてマルガリータも飲みたい，という気にさせるだけであった。彼女のパートナーは，彼女の要求通りのサポートをしているつもりであった。しかし，本当に彼女が必要としていた支援は，そもそもナチョスを家に置かないことであった。つまり，そのパートナーは買い物をするとき，彼女にとって誘惑となるナチョスをカゴに入れなければよかったのである。ダイエットを妨げるスナック菓子を買って帰らないことが，彼女を真にサポートできる方法だったのである。何が役に立ち，何が支えになるかは，人それぞれであり，何が効果的であるかは，他者にはわからないものである。だからこそ，従業員自身が何が役に立つかを見極め，それを協力者に伝えられるようにしたい。

● 障壁を取り除く

　計画には，障害や障壁がつきものである。従業員に前進するための意欲があり，準備ができていることを確認できたところで，これらの障害と障壁，それらに対処するための戦略について本人とともに考えるとよい。仮に，これより早い段階でこの問題を持ち出していたとしたら，本人の変化に対する不安や抵抗が増幅していただろう。また，それにより従業員が変化への準備ができていないと感じ，維持を語る言葉により意識が向いた可能性がある。だが，本人がすでに望む変化に進むことに自身で納得している段階においては，障害やその

他予期せぬ障壁に直面した際にどのように対処するかについて，予測しながら話し合うことができる。何が障害となりうるのか，また，問題が起きたときにどう対処するのか，従業員とともに考えてみよう。その際，次のような会話をするとよいだろう。

- どのような事項が障害になると思いますか？　もしその問題が発生した場合，どのように対処しますか？
- すでに想定している障害などはありますか？　もしそれに直面したら，どのように対処するつもりですか？
- この変化に反発しそうな人物はいますか？　その反発にどう対処するつもりですか？

　前述したピーターの目標である「プロジェクト管理能力の向上」について，もう一度見てみよう。ピーターは，この目標に取り組む時間を確保するのが難しいと感じている。なぜなら，彼は他に注力すべき日常業務を多数抱えているからである。彼は，日々の業務に追われ，設定した期限に間に合わないことを恐れている。また，担当するプロジェクトをより綿密に遂行するとなると，その変化により，自身のチームが今以上に細かく計画を管理することとなり，不満を持たれることが想像できるという。彼のチームは，直ちにプロジェクトに取りかかりたがる傾向があるので，計画の初期段階に集中するよう求めるのは難しいと考えている。そこで，この二つの障壁を認識しているピーターに，いざ想定している問題が生じた際にどう対処したら良いかを尋ねてみよう。彼は次のように答えるかもしれない。

　「週に1時間，この案件に充てる時間を予定として入れることができます。普段，予定に入れた事項は実現します。カレンダーに書き込んでおいて，その予定が他の予定と同じくらい重要であると，自分に言い聞かせるだけでよいのです。チームに対しては，私自身の目標とチームの目標について話をし，プロジェクト管理方法を改善すべき理由と，改善するための計画について説明すれば，効果的だと思います。その後，新しい運用を採用することが明らかになったところで，この問題に対してどのような計画を立

234　　第Ⅴ部　計画する

て，どのように進めていくかについて彼らの意見を聞こうと思います。研修に参加する前に一度話し合いを行い，研修からやるべき事項を持ち帰った上で，再度議論しても良いと思います」

●協力者としての役割
　従業員が計画の手助けを望んでいるかどうかを明確にすることもまた，重要である。リーダーは，計画の進行状況についてフォローアップしたり，質問したりすることが，常に従業員にとって役立つと考えるべきではない。従業員から協力者として指名され，どのように貢献してもらいたいかについて相談された際には，リーダーとしてその役割を引き受け，依頼されたことを約束できるか検討するだろう。他の誰でもなく，自分にしかできないと思うようなことを頼まれるかもしれない。そのような場合には，次のように伝えるとよいだろう。「私があなたの協力者となることは，あなたにとって重要なことで，具体的にどのような支援が必要かについても考えられているのですね。私が手助けできると思うことについて，今話すのがよいでしょうか。それとも，残りの計画するプロセスを終えてから話しましょうか」。対して，従業員が計画の中でリーダーに言及しない場合は，単純に「私にどのようにサポートしてほしいですか？　今の状態ですと，私は自分の役割を認識できていないことを知っておいてください」，あるいは「あなたは，私からどのようにしてサポートを受けたいと感じているでしょうか？　今後，毎週会ってこの目標に関連する事項に特化した話し合いをすることになると思いますので，私がどのようなサポートをしたらあなたの役に立つか，教えておいてほしいのです」などと，伝えるとよいだろう。
　いずれにせよ，従業員との間でリーダーがどのような役割を求められており，どのようにすれば本人の進捗を妨げずに支援できるのかを確認しておきたい。ブレンダは，ある従業員に同様の内容を質問した。すると，その従業員は，定期的に進捗状況を尋ねられることをストレスに感じるため，代わりに特定のスケジュール（30日ごと）を定め，進捗確認する方法を希望した。従業員はこのスケジュールであれば，ブレンダと顔を合わせるたびに自身の目標について追跡や評価をされている，と不安に思うことなく仕事を進捗させる時間を十分に確保できると考えたのであった。また，スケジュールを定めることで，進捗に対する自身の評価を準備した状態でミーティングに臨むことができる。さらに，

従業員自身で成功の兆候やマイルストーンの達成を測る良い機会となった。もし，事前にブレンダとの間でこのような対話が行われていなかったら，ブレンダは，毎週，従業員の進捗について聞くことが，サポートどころか逆効果であることを知りえず，進捗について尋ねることをサポートと誤解したままだっただろう。加えて，この対話を通じてブレンダは，この従業員を含む全体の進捗をどのように見て評価しているかについて説明することができた。彼女は，従業員とのやり取りのたびに改善の有無を測っているわけではなく，より俯瞰して総合的な実績の変化を見ていることを説明した。

　従業員は業績評価がリーダーの役割の一部であると捉えている。当然，リーダーがどのような評価基準を設けて思考しているのか，知りたがるだろう。従業員の昇進や昇給，雇用や解雇を決定するのは，ほとんどの場合リーダーだからである。だからこそ，この点についてオープンに話し合うことは，双方の関係において重要である。リーダーとしてどのように業績を評価し，どのような要素を求め，何をもって成功とするのか，従業員に伝えよう。また，定期的にフィードバックを行うプロセスを確立することも重要である。筆者は，フィードバックが年に一度，年次評価のときにしか行われない組織を多く知っているが，このようにフィードバックが定期的に行われない状況は，従業員にとっては支援的でない。従業員は成長したいと思っており，どの分野に注力すべきかを把握するために，リーダーからのフィードバックを求めている。リーダーの役割は従業員の成長を手助けし，思いやりと誠実さ，そして明確なリーダーシップを発揮することである。このことを関係構築のはじめから説明しておけば，従業員が実際に成長できる環境を与えられる。リーダーがどのような方法で従業員の業績評価を行い，どのようにしてフィードバックを与え，また，現状をどのように見ているかについて従業員と話し合うことで，従業員は自身の成長のためにどこに注力すべきかを知ることができる。筆者（C. M.）は以前，ある従業員から素晴らしい褒め言葉をもらったことがある。「あなたといるとき，自分がどこにいれば良いのかわからないことがありませんでした。あなたが私を大切にしてくれているとわかっていたし，私にできることを期待してくれていることがわかっていいたからです。私の実績をどう見ているが常にわかっていたので，あれこれ変に勘ぐる必要がありませんでした。私が何に強いか，何が足りないかについて，どう考えているかもわかっていました。また，私を助ける

ためにはできる限りのことをしてくれると，いつも感じていました。だからこそ，これまで一緒に仕事をしてきた誰よりも，あなたの下で私は成長することができたのです」。買いかぶりではあるが，このレベルの評価と関係性をすべての従業員から得られるようにすることが，リーダーとしての筆者が目指すところである。

⊙E－P－E（引き出し－与え－引き出す）

ステップや戦略を検討する際，従業員が前進するために何をしたらよいかわからず，壁にぶつかってしまうことがあるかもしれない。また，プロセスの中で従業員の役に立ちそうな創造的アイデアをリーダーが思いつくこともあるだろう。前述の説明では，リーダーが自身のアイデアを抑え，従業員の問題を解決しようとしないことの重要性を語った。つまり，解決策や提案を先に提示するのではなく，従業員本人がアイデアを持っていることを信頼したうえで引き出すのである。とはいえ，リーダーが決して自身のアイデアを伝えてはいけないということではない。実は，計画するプロセスは，従業員のアイデアを封じ込めさえしなければ，リーダーがアイデアを共有するのには最適なタイミングである。アイデアを共有する方法の一つとして，提案内容と質問を組み合わせる，E－P－E──引き出し（elicit）－与え（provide）－引き出す（elicit）と呼ばれる手法がある。この手法では，まず従業員自身のアイデアや経験を引き出すことから始める。次に，それに加える情報や提案，アドバイスなどを提供する許可を得る。最後に，その情報やアドバイスに対する従業員の返答を再び引き出すことで終わる。ピーターと彼が掲げるプロジェクト管理に関する目標を例にとると，会話は次のようになるだろう。

ステップ1──引き出す
- 「プロジェクト管理スキルの学習について，あなたはすでに何を知っていますか？　プロジェクト管理の向上をはかるためにどのようなことをするのが良いと思いますか？」
- 「これらのスキル向上を目指し，前進するために，どのようなことが提案できますか？　その提案内容は，どの程度上手くいく可能性があるで

しょう？」

- 「過去に何か試みたことはありますか？ それを試した結果はどうでしたか？」
- 「周囲の人から手助けしてもらえるような提案はありましたか？ その提案についてはどう思いましたか？」

ステップ2――情報やアドバイスを提供する

- 「参考になるかわかりませんが，私のアイデアを共有してもいいですか？」
  - 許可を得るまで待つ。
- 許可を得たら，そのアイデアを提供する。
  - 「私の知るプロジェクト管理に長けた人たちは，トレーニングに参加するのがいいと言っていましたが……」

または，次の通り。
  - 「チームの中ですでにプロジェクト管理を得意としている人に協力してもらい，その人にコーチングを頼むのも一つの選択肢です」
- 可能であれば，一つに限らず，複数の選択肢を提示するようにしよう。例えば，次のように聞くとよい。
  - 「資格取得につながるオンラインワークショップに参加した人の話を聞いたことがあります。そこでは，コーチと一緒にプロジェクト管理に関する図書を読むことができるようです」

ステップ3――従業員の返答を引き出す

- 「それについてどう思いますか？」「これはどうでしょう？」
- 「これらの提案のうち，もしあれば，どれに納得できますか？」

　リーダーが提供するアドバイスや情報は参考にならないかもしれないし，従業員がそれに同意するとは限らないが，それでもでよい。ただし，リーダーの提案が本人のものより優れている，と強引に説得することは避けたい。それより，アイデアを一要素として提案し，それが役に立つかについては本人に判断させればよいのである。役に立たない場合は，代わりに何が役に立つかを一緒に考え続けるだけである。役に立つ場合は，何が参考になったのか，また，そ

238 ┃ 第Ⅴ部 ┃ 計画する

れをどのように計画や戦略に組み込むつもりか，従業員に聞いてみよう。なお，リーダーが提案したとしても，これはあくまで従業員の人生における従業員による変化であり，本人が計画し，決定することであることを，忘れてはならない。リーダーはそのプロセスを手助けしているにすぎない。

◉成功のサイン

　従業員が途中で**成功のサインを確認できるように**支援することもできる。一夜にして目標を達成することはなかなかないが，大きな目標に向かう過程で計画の一部分を達成することはあるだろう。そこで従業員がマイルストーンを設定することで，計画遂行の意志を保つことができる。ピーターが掲げたプロジェクト管理の向上という目標でいえば，トレーニングの修了やプロジェクト管理の新しい手法をチーム内で導入したことがマイルストーンになるかもしれない。これらのマイルストーンの達成はピーターにとって上達を示唆する二つの成功のサインといえるだろう。これらを達成することにより，大きな目標に向かって進んでいることを彼は確認できるのである。最終的な目標に向かう過程で自身が前進し，成功していることを示す指標として，具体的なマイルストーンを計画に組み込むことが望ましい。

◉計画へのコミットメント

　最後に，計画に対する**コミットメントを引き出す**ことも効果的である。計画プロセスにおけるこの部分は，よく見落とされがちである。なぜなら，相手が変化にコミットしたことで自動的に計画にもコミットしていると考えてしまうリーダーが多いからである。しかし，二つのコミットメントは，まったく種を異にするともいえる。効果的なやり方として対話の終わりに従業員に計画の内容を説明してもらい，コミットメントを求めるのがよいだろう。これは従業員に責任を負わせるためではなく，相手の決断をサポートし，変化へのコミットメントを高めるために行う。具体的には次のように尋ねることができる。

- 「これをあなたは実行しますか？」

従業員と計画する｜第11章｜239

- 「この計画を実行できる自信はありますか？」
- 「次に進むステップは何ですか？」
- 「次は何をしますか？」

　もし，期待していたような計画へのコミットメントが聞こえてこない場合は，まだ取り組むべきことが残っているのかもしれない。その際は，従業員が躊躇している理由が何であるかを話し合ってみよう。計画の一部を修正する必要があるかもしれない。引き出すプロセスに戻るか，計画を見直しながら従業員を躊躇させている要因について話し合ってみてほしい。

　対象となる変化の詳細や複雑さに応じ，優れた計画立案の要素をすべて備える必要がある場合もあれば，そうでない場合も生じる。対象となる変化が単純なものであれば，従業員が「やる」と言うだけで十分かもしれない。例えば，マネージャーが今まで避けてきた込み入った内容の会話を従業員とする場合を考えてみよう。マネージャーがその気になれば，難しい話をするのは得意だから，その点に問題があるわけではない。マネージャーと事前に話し合ったとき，マネージャー自身の中の両価性はすでに解消されていて，言えばすぐにでも従業員と会話を始めるかもしれない。このマネージャーにリーダーとして追求すべき唯一のことは，その従業員といつ会話するつもりでいるのか，そして予定していたタイミングを逃したらどうするのか，ということである。一方で，目標がより複雑で困難なものであれば，前に述べた要素を考慮する必要があるだろう。すなわち，次の要素である。

- 具体的でやりがいがあり，修正の余地がある計画
- 明確かつ具体的で，達成可能な目標
- 従業員が変化を行う理由
- 変化を行うためのステップ・戦略
- 他者からのサポート
- 成功のサイン／マイルストーン
- 計画へのコミットメント

別の計画が必要な場合は？

　従業員が自ら目標や計画を立てることを支援していたとしても，ふいに，相手の計画が組織の目標やリーダー自身の目標と相反することに気づいたらどうするべきだろうか。それまで，相手の指定した分野で変化を起こすことが，本人にとっても組織にとっても最善の益をもたらすと考えていたことから，このような葛藤に気づいていなかった場合もある。そして，具体的な計画プロセスに入り，相手の計画内容，時間枠，戦略などが，チームや自身の利益と合致しないことが途端に明らかになるのである。例えば，従業員が個人的に負担できないトレーニングに参加したいと思っているが，自部署に余裕資金がないかもしれない。もしくは，本人が1年で改善する計画を立てている一方で，上司としては直ちに改善しなければ，業績や仕事への適性について話し始める必要があると考えている状況などが考えられる。何らかの理由で，本人の計画が組織の期待に応えられないと感じた場合は，E−P−E形式で話し合うことを勧める。

引き出す

　例えば，「この目標は非常に理にかなっています。しかし，計画を進める前に，この目標に関連する組織の期待について理解されていることを，話し合ってみませんか」というように，問いかける。従業員が同意する。次に，「この目標と達成に必要な期間に関して，組織（または上司である自分）が期待することについて，どのように理解していますか？」と尋ねる。従業員は，既知の事実を話すかもしれないし，何も把握していない旨を明かすかもしれない。

提供する

　その後，「この期待値について，私が理解していることを共有してもよろしいでしょうか」と続け，知っている情報を共有する。

従業員と計画する　第11章　241

引き出す

　そして，「あなたの目標や計画に照らし，この事実をどう思いますか？」と尋ね，Ｅ－Ｐ－Ｅプロセスを終える。

　従業員が情報に基づいた計画や意思決定を行うためには，必要な事実をすべて持ち合わせておく必要があり，したがって，この戦略を通して従業員と関わることは重要となる。なお，従業員が追加の情報を必要としていたり，誤った情報を提示したりしている場合にも，このＥ－Ｐ－Ｅプロセスを使用することができる。このアプローチの優れている点は，「Ｘについてすでに知っていることは何ですか？」と尋ねるだけで，従業員がその情報を必要としているかどうかまで聞くことができる点にある。そして，このような質問をすると，従業員は大抵リーダーが伝えようとしていたことをすべて理解しているものである。つまり，本人はすでに情報を持っており，リーダーからの情報提供は不要であることが多いのである。

　もし，リーダー自身や組織が具体的な計画を必要としていて，従業員が自由に計画を立てる余地がないのであれば，その点を明確にしておくべきである。そのような状況においては，MIが適切なツールとならず，他のリーダーシップ戦略を役立てたほうがよいこともある。

要約

　従業員と計画するプロセスは，MIの対話における最後のプロセスである。従業員自らが計画を立案すべきであり，リーダーは必ずしも積極的に参加する必要はない。それでも，このプロセスを導くうえで，従業員を補助することはできる。計画がガイドされていく過程で，どのように手助けができるかを，従業員に直接尋ねてもよいだろう。計画するプロセスは，変化の複雑性に応じて多種多様であるが，一般的には，（1）具体的で，やりがいがあり，修正の余地がある計画，（2）明確かつ具体的で，達成可能な目標，（3）従業員がこの変化を起こす理由，（4）この変化を起こすためのステップ・戦略，（5）周囲からのサ

ポート，（6）成功のサイン・マイルストーン，（7）計画へのコミットメント，を要素として採り入れるべきである。

❖従業員の事例──スーザンとの対話

　解雇されることを恐れていたスーザンは，新規顧客と会話をする際にこの感情が彼女のパフォーマンスの邪魔をしていることを問題視していた。彼女は，来る30日間，プログラムに対するクライエントの関心の有無にこだわらず，クライエントにとって何が役立つかを理解するために，率直かつ冷静に話を聞くことを決めた。

　　アシュリー：私の理解が合っているか，確認させてください。あなたは，これから30日間，トレーニングで学んだスキルをクライエントと接する際に実践すると決めたのですね。それを決めたのは，あなたにとって，この仕事を続けることが本当に重要だからであり，あなたはこのチームが好きで，自分のやっていることに意義を感じています。それともう一つ，クライエントとの電話中，自分が上達しているかどうかを気にしないようにすると決めましたね。クライエントがプログラムへの加入を希望しているかを心配せず，シンプルに，トレーニングのときと同じように行動するだけです（**サマライズ**）。これで合っていますか？　何か見逃していないでしょうか（**開かれた質問**）？

　　スーザン：合っています。

　　アシュリー：では今から，どうやってそれを実現するのか，そして問題が起きたときにどうするのかを，話し合ってもいいですか（**許可を得る**）？

　　スーザン：ええ，できたら助かります。

　　アシュリー：明日，クライエントに向けてプログラムの説明をしている自分の姿を想像してみてください。どんなふうに振る舞う姿が想像できますか（**開かれた質問，チェンジトークを求める**）？

　　スーザン：そうですね，クライエントがなぜ訪ねてきたのかを理解しようとするでしょう。その方が何を探しにきているのか。そして，私たちがどのようにして他のクライエントを手助けしているかを説明して，相手

がどう思うかを見てみます。

アシュリー：もし，クライエントがプログラムへ加入しないかもしれない，と心配し始めてしまったら，あなたはどうすると思いますか（**開かれた質問**）？

スーザン：そうですね……。クライエントの話に集中して，聞いた内容を聞き返すことをすると思います。トレーニングのときのように。聞き返しを実践することに意識を向けます。

アシュリー：他には何かありますか（**開かれた質問**）？

スーザン：そうですね。関心を持って，クライエントが何を望んでいるのかを理解しようとし，それを指針に会話を進めようと思います。たとえその望みが，別のクリニックの紹介だったとしても。

アシュリー：では，心配だと感じたら，聞き返しを実践し，関心を持って，クライエントが探しているものが見つけられるよう，手助けできるよう考えるのですね。それが，私たちの提供するプログラムであるかどうかにかかわらず（**聞き返し**）。

スーザン：ええ，それが良さそうです。それなら私にできます。

アシュリー：それを行えたかどうかについては，どう評価しますか？　前提として，一般的に人は一夜にして変わるものではないので，新しいアプローチに挑戦している途中，少し心配になることはあるかもしれません。その中で，進捗をどのように評価したら良いと思いますか（**開かれた質問**）？

スーザン：そうですね，プログラムに加入してもらうことができれば，成功ですよね。

アシュリー：それはそうですが，私の理解が正しければ，プログラムに加入することを成功の指標として重視すると，それが妨げになることをあなたは心配していませんでしたか（**聞き返し**）？

スーザン：確かにそうですね。代わりに，各セッションの後に振り返りをし，クライエントに関心を向けながら聞き返しを実践したか，あるいはプログラムへの入会を意識していたか，評価してもいいかもしれません。

アシュリー：それは，どのようにしてできるでしょうか（**開かれた質問，チェンジトークを求める**）？

スーザン：セッションを毎回記録して，会話中の80％は聞き返しを実践した，20％は心配してしまった，などといったように，自己評価の点数をつけることができると思います。

アシュリー：では，各セッションの後に，新しいスキルやアプローチを用いたかどうかを意識することが，進歩を測るのに役立つのですね（**コミットメント言語の聞き返し**）。

スーザン：ええ，それが役立つと思います。

アシュリー：他にはありますか（**開かれた質問**）？

スーザン：週次で行われる上司との報告会で，自分がどの程度実践できていて，それが全体的な期待値にどのように影響しているかを確認することができると思います。つまり，日々の一人ひとりの加入者にフォーカスするのではなく，全体としての成果にフォーカスするのです。

アシュリー：つまり，クライエントとの間では聞き返しができているかどうかを指標に進捗を測り，それとは別に週に一度，上司と一緒に総合的な進歩を測るのですね（**コミットメント言語の聞き返し**）。

スーザン：そうですね。それなら上手くいきそうです。

アシュリー：これを実行する過程で，あなたを助けてくれる人はいますか？また，どのような助けを受けることになるでしょう（**開かれた質問**）？

スーザン：上司のジムは，助けになってくれます。私が上手く実践できているときは，いつも指摘してくれて，行き詰まったときには練習相手になってくれます。それがとても助けになっています。それと，同期の一人にも助けられています。彼女は，はじめ同じように苦労して，それを乗り越えた経験があるので，過去に試したアプローチを教えてくれます。仲間の中には，足をひっぱる人もいます。プログラムの登録者数をしきりに聞いてきて，不安を煽ってくるのです。

アシュリー：助けになってくれない人と，具体的に得られる助けについて，わかっているようですね。他の仲間から助けを得ることについては，どのように相手と話ができると思いますか（**開かれた質問**）？

スーザン：他の人も，私に成功してほしいと思っているはずなので，登録者数のことを聞いたり，自分が獲得した新規顧客の数を伝えてきたりしないでほしい，とお願いすれば，応じてくれると思います。また，すで

に助けてくれている上司も同期も，快く協力を続けてくれると思います。

アシュリー：では，あなたは一部の仲間に「新規顧客」に関する会話を避けたいことを伝え，上司と同期には，彼らがどんなにあなたの手助けをしてくれているか，伝えるのでしょうか（**コミットメント言語の聞き返し**）。

スーザン：そうですね。

アシュリー：計画を立てる際に，なぜこれをやっているのかを振り返ることが役立つこともたまにあります（**情報**）。これについて，あなたはどう考えますか？　この困難な状況を乗り越えて，仕事ができるようになることは，あなたにとってなぜ重要なのでしょうか（**開かれた質問，価値観に基づくチェンジトークを求める**）？

スーザン：それは，クライエントのためになるからです。プログラムに加入さえしてもらえれば，彼らを助けられると思っています。彼らは助けを求めているけど，ただ怖がっているだけなのだと思います。私はそんなクライエントを助けたいので，自分自身の変化を実現させたいです。

アシュリー：素晴らしい。では，私がすべてを理解したか，確認させてください。まず，新しいクライエントに対しては，心を開き，落ち着いた状態で，かつ関心を持って接することを意識するのですね。特に，クライエントが何を求めているかに関心を持ち，初めてのセッションではそれを指針とすることにフォーカスしてます。自分がこの方法で改善しているかどうかを測るには，各セッションでそれができている時間の割合を点数化することで確認し，同時に全体的な目標を毎週上司と確認するのですよね。また，仲間や上司と面談し，どのようにして協力してもらえるか，伝えます。あなたがこれらを行動に起こすのは，クライエントを助けることがあなたにとって非常に重要であり，かつ，あなたにはそれを実現する能力があり，かつ，クライエントがその助けを求めていることを知っているからですね（**これまでにあげられたすべてのコミットメントトーク，チェンジトークを含むサマライズ**）。何か見落としている点はありませんか（**開かれた質問**）？

スーザン：いいえ，ありません。その通りです。

アシュリー：素晴らしい。この件で私が手伝えることがあれば，どういっ

たことをしてほしいですか（開かれた質問）？

スーザン：もしよろしければ，2週間後に私とジムに経過を確認しに来てもらえますか。

アシュリー：それは良い案ですね。そうしましょう。

自己振り返り演習

従業員と計画する

　あなたは現時点で，従業員の両価性への理解とフォーカスを経て，相手にとってこの変化が重要であり，かつ実行可能である理由を理解しているはずである。これらのことを念頭に置き，プロセスを継続していこう。理解を聞き返すことで関わるプロセスを続け，会話を緩やかに焦点へとガイドし，引き出しながら計画するプロセスに移行する。

　計画するプロセスに移ることを検討する場合は，従業員から準備性（コミットメント，段階を踏む，活性化）を聞き取れている必要がある。プロセスの中のこの時点では，変化に近づき，不安を抱き始めている可能性があるため，以前のプロセスに戻ることも珍しくない。その際は，構わず，以前のプロセスに戻って続行すればよいだけである。一方で，その従業員の準備ができていると感じたら，本人の準備性を確認することから始めたい。

　相手と，変化についての対話を続けよう。対話は自由に行うことができ，計画的な質問はガイドとして使用することができる。相手が共有した考えに理解を示すことで，関わるプロセスを継続することも常に忘れないようにする。

　準備性を確認しよう。従業員が準備できているかどうか確認するには，次のように尋ねるとよい。

- 「では，何をするつもりですか？」
- 「次のステップは何でしょう？」
- 「本当にやる気があるように見えます。それでは，これを実現す

従業員と計画する｜第11章｜247

るためにどのような計画を立てるか，話し合うことは役立ちますか？」

　計画を導こう。準備が整っていることを確認したら，以下の方法で計画における要素をガイドする。変化が非常に単純なものであれば，これらの要素は必要ないかもしれない。他方，変化が複雑であればあるほど，計画するプロセスの各部分についてともに考える必要があるかもしれないことを覚えておいてほしい。
　目標は，具体的で，やりがいがあり，修正の余地がある計画を立てることであることを忘れてはいけない。

- 変化を起こすと決めたところで，具体的には何を変えたいと思っているか。それを達成したかどうかは，どのようにして判断するか。また，達成したかどうかを，周囲はどのようにして判断できるか。
- その目標は本人にとって達成可能なものか，それとも少々無理をしなければならないように感じているか（無理をしていると感じるのであれば，どのように目標を調整し，達成可能なものにするか）。
- 従業員がこの変化を望んでいる理由について，本人から聞いたことをサマライズする。そして，その理由を忘れずに計画を進めていくことが大切であることを伝える。目標に向かって進む中で，この「なぜ」にフォーカスし続けるために，できることを本人に尋ねてみてもよいだろう。
- 具体的に，いつまでに，誰と，何をするか。
- 変化を起こす際，周囲からは誰がサポートしてくれるか。
- 変化をサポートしてくれるのはどのようなものか。本人はサポートしてほしいこと，してほしくないことを周囲にどのように伝えたらよいか。
- 変化には時間がかかることもある，と従業員に伝え，計画を続けていく中で，どのようにして進捗を測ることができるのかを尋ね

る。成功のサインやマイルストーンは何か。
- 計画の修正や調整が必要かどうかを確認するために，どのタイミングでその計画を見直す予定か。計画を修正する必要があるかどうかは，どのように判断するか。

計画にコミットする
- 従業員のために計画をサマライズし，見落としていることがないかを尋ねる。
- そして，それが本人の実行することであるかを尋ねる。

後日，対話をした後に，そのプロセスを振り返ってみよう。

- どのようなことに気づいたか？
- 従業員の準備性について，どのようなことに気づいたか？　準備ができていることをどうやって知ったか？　何を聞いたり，見たりしたか？
- 計画に移った際，従業員の両価性について気づいたことは何か？　再燃した場合，どのように対応したか？　そうでない場合，何か他に気づいたことはあったか。
- 傾聴したり導いたりすることが簡単に感じた瞬間はあったか？　そのときに気付いたことは？
- 従業員がこの計画を実行し，変化を起こす能力を備えていることについて，今，リーダーとしてどれだけ自信があるか？

第 **12** 章 | Planning with Your Organization

組織と計画する

MI における組織との計画は，個人との場合とは違って，リーダーが会社を正しく方向づけられることを目的とし，また，**組織全体にある程度責任を持たせる**ために策定されるものである。すなわち，個人の従業員のためというより，組織全体のために策定される計画なのである。通常，計画は組織内の全員に周知され，適切な順序で実現可能な期限内に実施できるよう策定される。また，組織変革における計画策定プロセスは，リーダーと従業員が互いにタスクを抱え，協働的意思決定により進められる。ここで，説明を先に進める前に，一旦立ち止まり，いくつかの問いについて考えてみよう。

組織は計画を立てられる段階にいるか？

まずは，個人の従業員と計画する場合と同様に三つの質問をする。組織は計画を立てる準備ができているか。スタッフはリーダーとともに計画を立てることを望んでいるか。そして，リーダーは計画にどのように関わるべきか。これらの質問に対する回答の中で，実行チェンジトーク（コミットメント，活性化，段階を踏む）が聞き取れるかどうか確認し，スタッフが計画を始める準備，意思，そして可能性を持ち合わせているか判断することができる。組織において，チェンジトークを評価する方法は複数存在する。例えば，組織に向かって「変化を実行する準備が本当に整いました」「私たちには，前進するために必要な知見が十分備わっていると感じています」など，振り返りを促すのも良い。ス

251

タッフが同意すれば，次に，変化をどう起こすかについて，より具体的な話に移ることができる。次のステップに必要なことは何か，スタッフに尋ねてもよいだろう。例えば，「計画するプロセスを続ける上で，どういったことが役に立ちますか？」あるいは，「計画方法について，一度ブレーンストーミングをするのは有効ですか？」などである。

　具体的な変化に関しては，多くの場合，対象となる変化が行われる環境で実際に働くスタッフが，導入計画を立てる適任者であることを認識すべきである。実際に，日々の業務フローにその変化を導入するうえで必要なステップは彼らに決めてもらう。リーダーとしての仕事は，スタッフが業務フローや実績において変更すべき事項，成功するために必要な修正について考えるのを助けることである。計画をどのように実行するか決めるのは，必ずしもリーダーである必要はない。実務をこなすスタッフのほうが立場として適している。

　具体的な業務に関する運用整理や計画，特に遂行の段取りなどを決める際には，議論の場にマネージャーが参加すると，スタッフの議論を刺激するどころか制限する傾向がある。会議の中で，マネージャーが自身の考えを話したり，特定の考えにフォーカスしたりすると，望ましくない方向へ舵が切られることがある。これは，スタッフがいくらアイデアを練っても，最終的にはマネージャーの出した提案が優先される，といったスタッフの考えからくる。反対に，提案の段階からマネージャーやリーダーがスタッフに自主的に取り組んでアイデアを提案するよう求めると，はるかに豊かで，思慮深く，実行しやすいものが出てくる。筆者にとって，これは大きな学びとなり，計画段階でのリーダーとスタッフの役割分担をよく考慮する必要性について気づくことができた。

　プロセスにおけるリーダーの役割の重要性を理解することもまた，大切である。変化の方法について計画するのに長けているのはスタッフだと先に述べたが，他方，リーダーの存在は最終目標とミッションの継続的伝達，サポート提供，リソース確保，期限遵守に欠かせない。リーダーは，常にプロセスが進んでいることを確認し，既存の成果を認識して肯定し，新たなプロセスについて組織と話し合う必要がある。

　加えてリーダーが留意すべきなのは，組織も（個人の場合と同様に），決断と計画を終えたあとでもなお，ためらいが生じる場合がある，ということである。プロセスを進めるにつれ，スタッフは自信と決意の間を行ったり来たりす

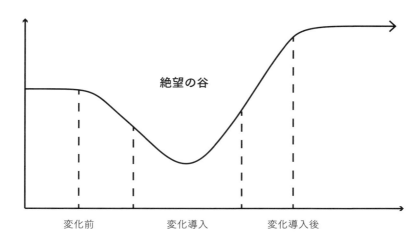

図12.1　「絶望の谷」

る。変化を実行する段階で，再び両価性が生じることもあるだろう。その際はシンプルに，再度傾聴し，聞き返しとチェンジトークの醸成に注力する必要があるかもしれない。特に，改善を目指す一般的な変化の過程で人は通常よりもパフォーマンスが低下する段階を経ることを，リーダーからスタッフに伝える必要がある。このフェーズは，しばしば，図12.1に表す「絶望の谷」と呼ばれる。

　絶望の谷とは，古く慣れ親しんだ習慣がすでに放棄されている一方で，改善をもたらしてくれそうな新しい習慣が未だ完全に実現されていない状態のことを指す。変化のプロセスにおいて，スタッフはこの谷を乗り越えることで，改善された成果が約束される谷の反対側へ向かう。しかし，このフェーズはスタッフにとっては非常にもどかしく，絶望しやすい。それは，改善できると確信し，期待している姿と現状とのギャップから生じる感情である。したがって，谷底にいるときは，変化の実現への信頼と自信を容易に失ってしまう。そこで，リーダーはこの知見をスタッフとぜひ共有してもらいたい。そうすると，行き詰まりやすいフェーズの存在を把握したうえでサポート体制があることを，スタッフに感じ取ってもらえる。この谷の存在をリーダーと組織が理解し，受容していることを従業員に明確に伝えるために，このプロセスをどのように予測

組織と計画する　第12章　253

し，織り込んでいくか考えてみよう。

　例えば，アルコール保健管理センターのトップ，マリエは，新しい治療法を導入する直前の幹部会議と全体会議の中で，「絶望の谷」の図を発表した。彼女は，導入期間中に想定していることと，導入後しばらくの間は治療全体の質が低下すると予期していることを述べた。そして，業務の実績が低下した際には，リーダーである自身とマネジメントチームがすべての責任を負うことをスタッフに告げた。「新しいアプローチの習得にあたっては，マニュアルの確認や暗記に集中する必要があり，通常通りにクライエントに寄り添うことができないかもしれないことは承知しています。新しいアプローチを習得し，それに慣れるには時間がかかります。しかし，ひとたび習得し，クライエントへの新しいアプローチ方法として定着すれば，治療の成果は今より向上すると期待できます。一方で，定着までには数カ月かかるかもしれません。その間，おそらくもどかしく，従来の治療法のほうがよかったと感じられることでしょう。そして，その状況下ではその通りだと思います。それでも，プロセスを継続してもらいたいのです。私たちはその間，ずっと皆さんをサポートします」

　リーダーの役割は，スタッフの業績が従来よりも落ち込んだ際，その期間中に彼らをサポートすることである。それが改善までの過程の一部であると理解し，彼らを支援し，鼓舞し続け，業績低下に伴う責任を代わりに負う必要がある。筆者は，このようにして絶望の谷のフェーズを明確にすることで，度々生じる両価性を最小限に抑えることができると考えている。

失敗への開示性

　改善への過程で予想されるのは，絶望の谷のモデルで説明したような，組織の業績上の落ち込みだけではない。間違いや失敗が起こることも想定される。失敗や間違いを経験する利点もあり，組織がサービスの品質向上を目指し，変化のプロセスを進める上で必要な学習を得ることができる。ただし，失敗から学ぶためには，スタッフやリーダーが失敗を開示し，それを共有し，議論することを怠ってはならない。スタッフに失敗を共有してもらい，そこから学習し

254　第Ⅴ部　計画する

てもらうには，信頼関係が不可欠である。Stephen Covey は，信頼こそがチームや組織をまとめる接着剤であるとし，それが数多くの調査により裏付けられていることを主張している。『Fortune』誌の調査では，信頼度の高い企業は「S＆P 500 の年率平均リターンを3倍も上回っていると示されており……信頼があれば，あらゆることが可能になる。最も重要なのは，市場における継続的な改善と，持続可能で測定可能な，目に見える結果である」(Covey & Conant, 2016)。

　信頼の重要性については，本書でも何度も触れてきたが，信頼を強固にする唯一の持続的方法は，信頼できるような振る舞いを日々継続することである。だが，この信頼できる誠実な振る舞いに加え，失敗やフィードバックがさらなる学習と改善のためのステップであることを示すために特定のツールを使用するのもよい。例えば，360 度評価システムを用いて，リーダー自身の改善への取り組みを伝えるとよいだろう。このツールは，自身が改善したい点や総合的な実績評価について求めている意見，または，成長や失敗の過程でどのようにフィードバックを得たいかについてスタッフに共有することができ，有用である。例を紹介すると，福祉施設の施設長であるドナは，自身のリーダーシップについてのフィードバックをスタッフに求め，その結果をマネジメントチームと組織全体で共有することにした。アンケートを行った結果，ドナは自身について，不在にすることが多いことに加え，時間があっても相談事を聞いてくれそうにない，とスタッフから感じられていることがわかった。そこで，彼女は自身に対する評価点とコメントを従業員と共有しながら，アンケートをすべて受け取り，確認したことを示した。そして，フィードバックから学んだこと，来年度の目標などをまとめた回答書を作成した。また，チームのために時間を確保したい思いつつも，多忙なスケジュールのなか急いでいることが多く，会話に集中できていないことがあると伝えた。そこで彼女は，毎週，自身のスケジュールに空き時間を設け（オフィスのドアに時間を掲示），開放制でミーティングができるようにしたことをスタッフに知らせた。また，今後，すべての会話にもっと集中するよう努力するつもりだが，何か差し迫った事情に気を取られたりする日もあるかもしれない，と懸念を表した。そのような日には，スタッフから「何か別のことを考えているようですね」と声をかけてもらえると，再び集中できるようになる，と提案した。さらに，この二つの目標について，四半期ごとに改善状況を確認するよう求め，そのためのアンケートを送るとした。

組織と計画する｜第12章 255

ドナのようにフィードバックを共有する際，リーダーとしてチームに心がけ
てほしい点を伝えると良い。それは，誰もが完璧でなく改善すべき点を持って
いることをお互い認識し，改善に気づくだけでなく古い慣習に戻ってしまいそ
うなときには助け舟を出し合う，ということである。

合理的とは呼べない変化をスタッフが希望した場合は？

　時には，スタッフが自分たちだけで一から変化を構想し，すぐにでも実行で
きる段階まで練った計画を，リーダーに提案することもあるだろう。例えば，
スタッフが，より多くのクライエントがサービスを利用できるように，受け入
れ時間を変更する必要があると感じていたとしよう。彼らはすでにスケジュー
ルを調整する方法や，誰がどのシフトで動き，どのように残りの穴をカバー
するかについて，よく把握しているだろう。そこで，詳細な計画が立てられた
ら，リーダーは，「なぜ」この変更が重要なのかを明確にするよう求める必要が
ある。そして，その理由は，組織のミッションや価値観にどのような点で整合
し，支持的であるか？　なぜ，組織はこれを実行すべきなのか？　仮にスタッ
フが，実際のところ組織の目標を助けてくれない変化に従事している場合，無
論，リーダーはスタッフと話し合うべきである。例えば，チームが，全員の勤
務スケジュールを1日あたり10時間労働の週4日制とすることを決めたとしよ
う。この勤務スケジュールで働けるほうがよりチームにとって満足度が高く，
既存の仕事量をカバーするのに足りると考えたからである。しかし，この新し
い勤務スケジュールが，実際のところはクライエントによる治療への受診機会
を減らしているのであれば，リーダーは，チーム各員とともにチームの目標に
立ち返る必要があるだろう。そして，リーダーはその変化に反対し，ノーと告
げなければならないこともある。組織のミッション，目標，価値観にスタッフ
を立ち返らせることは，リーダーの役割なのである。一方で，このような場合
であっても，リーダーは，スタッフの熱意，創造的思考，善意を称賛し，今後
もアイデアを出してもらうよう促すべきである。
　その「なぜ」という理由は，常に組織のミッションと価値観に整合するもの

でなければならず，少なくとも変化を検討する要因の一つであるべきである。組織のミッション，価値観，そして「なぜ」という理由が存在することで，困難な局面に差しあたっても変化を最終的に実現できる。計画するプロセスに移る前に，このことを理解しておくことは非常に重要である。

良い組織計画とは？

　計画するプロセスは，個々の従業員と行う場合と同様，組織が変化のステップを把握し，事前に備えるのに役立つ。リーダーの役割は，期限の明確化とサポートの提供のほか，スタッフが準備をする時間を確保し，必要に応じて彼らを支援し，導くことである。また，スタッフが変化のプロセスについて事前に想定すべきことなどを考えられるよう，支援することである。さらに，よくある障壁をどのように乗り越えられるか共有し，その過程で実用的なアドバイスを提供することでもある。例えば，計画と実施のプロセスをスムーズに行うために，必要に応じて他の部門やグループとの連携を図ることもある。計画を立てるにはさまざまな方法があるが，個人の計画の場合と同様に具体的なガイドラインが存在するので，それを役立てるとよいだろう。

　従業員個人のための計画と同様に，組織のための計画も，具体的で，やりがいがあり，修正可能なものであるべきである。ここでいう具体的とは，計画が観察可能で測定可能であることを意味する。これは，組織の中のあらゆる階層の理解を促進するために重要である。計画が具体的でない場合，従業員とチーム，そしてリーダーまでも混乱した状態に陥ってしまう可能性がある。反対に具体的であれば，進捗状況や，期待される成果が最終的に達成されたかどうかを，全員が確認することができる。

◉具体的，観察可能，測定可能

　では，組織計画は，どのようにすれば具体的で観察可能，かつ測定可能なものになるだろう。目標が具体的でないと，進捗状況がみえない。例えば，リー

ダーがスタッフとともに「お客様がより充実した生活を送れるよう支援したい」と宣言したとしよう。それは，具体的にどういったことを指すだろうか。また，その目標を達成できているかどうか，どのようにしてわかるだろうか。

　リーダーが組織変革のために具体的な目標を設定したいのであれば，スタッフとともにブレーンストーミングを行い，「目標達成したことをどのようにして知ることができるか？　何が変わるのか？」と聞くとよい。その答えになる例として，「治療からの早期離脱率が10％減少したときに目標を達成したといえる」「治療開始から1カ月後の時点で80％以上のクライエントが過度な飲酒をやめていたら，目標を達成したといえる」「クライエントの60％が受診後1週間以内に再診に来たら，目標を達成したといえる」などが挙げられる。計画にあたっては，目標はできるだけ具体的である必要がある。それは，組織の各員が，どのような目標のために動いているのか，また目標に向かって進捗が見られるか，あるいは計画を見直す必要があるのか，明確に把握できるようにするためである。目標を具体的にすることは，変化への道のりの最初の重要なステップである。

◉やりがい

　次に，計画そのものが，組織にとって，そしてできればスタッフにとっても，**やりがいのあるもの**でなければならない。ここでいうやりがいとは，例えば，クライエントや患者の満足度を高めることなどである。一方で，例えば，対象となる成果がクライエントや患者へのサービス品質に変化をもたらさらず，スタッフの業務上の柔軟性と満足感が向上した場合，それは，組織ではなくスタッフにとってのみ，やりがいのある計画といえる。

　やりがいのある計画には，マイルストーンを祝うことも重要である。多くの場合，すでに達成された仕事と成功を認めるだけで十分やりがいに繋がる。やりがいを感じるかどうかは，個人，チームそしてユニットそれぞれによって異なる。しかし，多くの人にとって，良い仕事をしたという感覚は，それ自体がやりがいとなりうるのである。通常，やりがいは大きく，値打ちがあるものでなくても，本人やチームがそれを感じることさえできればよい。したがって，リーダーとしては，計画をやりがいのあるものにするために自身やチームがで

きることは何かを探るだけでよいのである。

　仕事におけるやりがいや動機づけについてはすでに多くの関連書籍が存在するので，興味があればこのトピックについてさらに読んでみることをお勧めする。報酬制度がどのように業績を下げたり，上げたりするのかを理解することは重要であるが，これについては本書の範囲外である。

◉修正可能

　個人の計画の場合と同様，組織の計画も**修正可能**である必要がある。最初の計画段階で，その後発生しうるすべての問題を予測できることは滅多にない。代わりに，計画の進捗評価を行う具体的な時期を定め，あらかじめ宣言しておくとよいだろう。リーダーは，計画の進捗評価を行うために，組織の品質部門などでよく用いられる**PDSAサイクル**——**計画**（plan），**実行**（do），**研究**（study），**改善**（act）を活用するのもよいだろう。

　PDSAモデルでは，リーダーやスタッフが以下の三つの質問をする。

1. 「私たちは具体的に何［どのような**目的**］を達成しようとしているのか？」。その目的が，組織が変化によってもたらそうとする具体的成果を決定づける。
2. 「ある変化により状況が改善されたことを，組織はどのようにして判断［**測定**］できるか？」。リーダーやスタッフは，成果を追跡するための適切な手段を特定する。
3. 「既存のサービス内容や慣習にどのような変化［**変更**］を加えれば，改善へとつながるか？」

　PDSAモデルでは，まず要となる変化を特定および具体化し（計画），次に循環的に実行する（実行）。図12.2に示すように，変化は実施されるだけにとどまらず，テストと評価がなされる（研究）。テストが必要な理由は，変更も計画も期待通りに機能しないことが結果として判明した場合において，組織が計画を修正することができるからである（改善）。

　綿密な計画の後，スタッフはマネージャーとともに業務手順の変更を実行し，

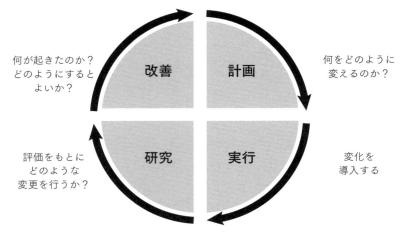

図12.2 PDSA（計画，実行，研究，改善）モデル

新しい業務フローの成果を入念に分析し，より良い業績を達成するための要素や情報を探る。最後に，スタッフとマネージャーは，達成した変化を恒久的なものとするか，あるいはまだ改善が求められる部分について修正を行う。このプロセスは長期間にわたって継続し，各サイクルを経るたびに改良を加えることができる。マリアと彼女が所属する品質保証チームの事例で紹介したように，組織の構造上，自然とこのような評価プロセスのサイクルが行われている場合もある。

　基準とする値は組織によって異なるかもしれないが，医療や依存症，社会福祉などに従事する支援組織においては，クライエントの成果に関するデータ（例：治療開始から1カ月経過後に過度の飲酒をやめたクライエントの人数，早期に治療を離脱した人数，治療期間中に定職に就いた人数）が，組織による目標達成可否を測るのに必要な情報となることが多い。時には，計画を段階的に評価するために，過程におけるデータ（例：セラピストに会う回数，治療中に起こった再発の頻度，クライエントにとって重要な人が治療セッションに加わった回数）など，他の分野のデータを収集することもある。主観的な推測や仮定に頼らずデータを追跡することで，組織が実際に望ましい変化を実施できているかどうかについて疑念や論争が生じるのを防ぐことができる。

⊙達成可能であること

　組織の目標は常に妥当な地点に設定すべきだが，個人に向けた計画とは異なり，完全に達成可能である必要はない。ただスタッフが影響力の大きい重要な目的に向かっていると感じられるような，説得力のあるものであればよい。リーダーもスタッフも，たとえそれが実現不可能であったとしても，完璧なサービスを提供しようと努力するものである。例えば，アルコール依存症の治療においては，最終的にすべてのクライエントが二度と問題のある飲酒をしないような治療の提供を目指す。しかし，サービスの成果をモニタリングしているうちに，リーダーもスタッフも，最終的な目標には到達できないことを知ることになる。すべてのクライエントに対して常に支援を提供できる方法を模索し続けるものの，それには完全には及ばないことをどこかで理解しているだろう。リーダーは組織を最終的な目標に導く際，あと少しで到達可能であると信じられる目標を設定したくなるだろう。例えば，治療を受診するクライエントの75％が受診開始から1年経過後にも過度な飲酒をせず，80％がクライエントと治療チーム双方の合意による退院まで治療に専念する，といった目標を設定したとしよう。一方で，現状のデータによると，その目標に到達しているのはクライエント全体の50％に過ぎないことがわかっている。このように，具体的な目標を持っていると，組織が掲げるミッションを果たすことができているか，また，その目標が妥当で達成可能であるかを判断することができる。この例でいえば，組織の現状における業績とその状況から分析できる変化の可能性を把握したことで，リーダーやスタッフは治療開始から1年経過後にクライエント全体の60％が過度な飲酒をせず，治療を継続することを成果として目指すことができる。つまり，現状の実績より10％の向上を目標として設定できるのである。最終目標である100％を目指しながらも，年間目標が達成可能であると信じられることが重要である。スタッフにとって，たとえ容易でなかったとしても，組織全体で達成可能であると信じられる必要がある。なお，計画はいつでも見直し，修正可能であることも覚えておいてほしい。

⦿組織が変化すべき理由

個人の場合と同様，組織と計画するプロセスの中で最も重要な部分となるのが変化すべき**理由**である。この理由は，常に組織のミッションと目標に結びつくべきであり，リーダーによって繰り返し強調される必要がある。理由というのは，すなわち総合的に捉えたときの「なぜ」のことを指し，変化を導くうえでの指標となる。そのため，リーダーは組織の全員を常にその理由に立ち返らせる役割があることを覚えておくべきである。なお，多くの場合，その「なぜ」はマネジメントチームの間で話し合われ，リーダーにとっては非常に明確である。しかし，必要な変化についてスタッフに伝達する際，その「なぜ」が省略されて説明されていることがあまりにも多い。代わりにスタッフが受け取るのは上からの期待である。この場合，スタッフは組織の変化について，組織のミッションや価値観のためではなく，その変化自体が目的であると誤認する恐れがある（Sinek, 2009）。したがって，「なぜ」が確実に伝達されるようにすることは，変化を話し合い，開始し，実装するうえで極めて重要である。

⦿ステップ／戦略

組織の変化をどのように実行すべきかを語るのは，スタッフ自身が最も得意とするところであるが，リーダーの立場から，計画に**ステップ**を組み込む手助けをするのもよいだろう。個人の変化の場合と同様，組織が変化する際に設定する目標は通常，複雑ですぐに達成するのは困難である。そこでリーダーは，タスクごとの責任者の任命，実施事項の具体化，目標達成度を確認する方法，完了予定時期などを含む具体的なステップを計画に組み込むよう，チームを導くことができる。その際，リーダーはチームが計画をどのように遂行するのかについて，より詳しい説明を求めることで，彼らを手助けできる。ステップが明確な場合は，計画を明確かつ一貫した方法で書き出すよう手助けすればよいし，進捗状況の追跡や共有ができるプロジェクト管理ソフトウェア（Basecamp, Microsoft Project など）などの活用を提案してもよいだろう。

⊙サポートと継続的な関与

　リーダーとして認識しておくべきことは，目標の定義と設定，そして組織が持つサービスの改善をサポートし，監督する責任は，委任できないということである。リーダーが測定し，着目する対象は，組織も同様に着目する対象となる。リーダーは常にスタッフをサポートし，組織が実施すると決めた変化に注力する必要がある。リーダーが積極的に関与することで，スタッフ，ひいては組織全体の意識も同じ目的に向くようになる。仮に，リーダーが変化の実現に無関心になれば，スタッフ，ひいては組織全体も関心を持たなくなる。

　では，変化を導入するにあたってリーダーはどのようにサポートを提供し，どのようなことに注力すればよいだろうか。その方法は簡単でもあり，難しくもある。簡単なのは，対象となる変化を自身の優先事項として常に掲げることである。例えば，変化の計画と実行に関わるチームの会議などに，常に参加するようにすればよい。社内報やスタッフとの会議中，または経営会議の議事録の中で，変化のプロセスについて意見を述べるのもよいだろう。あるいは，特定のマイルストーンに到達したときに，スタッフに褒賞や称賛を与えることもできる。ここまでは簡単である。一方で，そう容易でないのは，長期にわたり注力し，持続的に行えるサポートの提供である。

　筆者は変化の導入におけるリーダーの役割を，長い棒の先で皿回しをするサーカス団員の役割にたとえることがよくある。曲芸師と同様，リーダーも回転が鈍って地面に落ちそうな皿に常に意識を向けている。そして，その皿が落ちないように棒を回し続け，何度も回転させるのである。この光景は，リーダーが組織の目標に注力する状態と同じである。そして，曲芸師と同様，同時に回し続けられる皿の枚数には上限がある。第8章の「組織とフォーカスする」において述べた通り，優先事項は二つか三つまでが上限である。なぜなら，Jim Collins（2001）が指摘する通り，「3つ以上の優先順位がある場合，優先順位がないことになる」からである。

要約

　組織にとって計画は重要なプロセスである。変化をどのように実行するかについての具体的な計画は，その方法を最も心得ているスタッフ自らによって策定されるべきである。リーダーの役割として必要なのは，明確な期限の設定，必要なリソース確保，プロセスの支援，そして結果に対する楽天主義の醸成である。また，リーダーは，古い慣習が捨てられ，かつ新しい慣習がまだ完全に浸透していないフェーズが存在することを認識しておく必要がある。そのフェーズに直面した際，リーダーは，以前の状態よりも改善する日が訪れると信じているからこそ，一時的な業績の低下に対する責任を負うことをスタッフに明確に伝える必要がある。そして，スタッフが自由に失敗でき，改善までのプロセスを組織からサポートされていると感じられるような環境を与えるべきである。

❖組織の事例

　マリエが管轄する部門に設置された監査チームは，急性期の治療を改善する方針を決定した。彼らの主張によると，一度は診察に来るが，その後の診察に現れず，治療効果を十分に享受できていないクライエントがあまりにも多い。チームには意欲と能力があり，変化する準備が整っていたため，計画段階へと入った。まずは，目標をどのように達成するかについて，検討する必要があり，第一に，目標を具体的に定義する必要があった。

　　マリエ：何を目標に設定すべきでしょうか？　急性期の治療において改善が
　　　みられたことを，どのようにして確認できるでしょう（**開かれた質問**）？
　　　　［短い議論の後，スタッフとマネージャーの全員が，早期離脱者を25％
　　　削減することを目標にすることに合意した。ここでいう早期離脱とは，
　　　治療開始後4週間以内の離脱のことを指す，と定義づけた］
　　マリエ：（スタッフ──主に急性期治療を担当する看護スタッフの代表者に
　　　尋ねる）これについて，どう思いますか？　25％の削減は妥当な目標で
　　　しょうか（**コミットメントを求める**）？

第Ⅴ部　計画する

看護師：はい。それを目指すことは理にかなっていると思います。簡単なことではありませんが，挑戦したいと思います。

ここで，早期離脱者の25％削減といった具体的目標が新たに設定されたことにより，監査チームは，急性期治療の改善という不明瞭な目標を，**明確で具体的，かつ達成可能**な目標に変更した。目標が明確化したことで，組織の他のメンバーは，その目標が達成されたかどうかを確認できるようになった。

マリエ：どうすれば，変化のプロセスや目標にやりがいを感じられるようになるのでしょうか（**開かれた質問**）？

監査チームのメンバーは，改善のプロセスに携わること自体がやりがいであると答えた。彼らは，自らのアイデアを実行に移し，成果としてクライエントの治療における品質向上がみられることを望んでいた。そして，質の高い治療を提供したいのに，多くのクライエントが治療に一，二度しか現れない現状に対し，もどかしく感じている，と話した。また，早期離脱率が5％台に到達した際には，全スタッフで祝いたい，と付け加えた。

マリエ：この目標をいくつかのステップに分解してみましょう。離脱率25％削減を達成するためには，具体的にどのようなステップを踏む必要があるでしょう（**開かれた質問**）？

監査チームのメンバーはこの問題について議論した。そして，両価性を抱える新規クライエントと向き合うためには組織内のセラピストのコミュニケーションスキル向上が求められることに合意した。そこで，セラピストがMIの訓練を受けることを決定した。早期離脱を防ぐためにチームがスタッフのコミュニケーションスキル，特にMIのスキル向上を求めている旨を，マリエは監査チームの議事録に記載した。加えて，マネジメントチームがスタッフとともに，いつ，どのように研修を行うかを計画し，2カ月以内に計画を完了させることを記した。

チームはクライエントとの初回の診察内容を改善することが次のステップで

ある，と合意した。それはすなわち，待ち時間を無くし，診察中は落ち着いて静かな環境で行うことであった。チームは，これらの変更についての計画書を作成するにあたり，品質管理サークル（スタッフのみで構成されるワーキンググループ）を立ち上げることにした。その中で，マリエが品質管理サークルのミッションを明確にし，初回の診察における目標と関連するタスクについて説明することになった。そして，急性期治療の目標を達成するために，どのような対応が必要かを，品質管理サークルに参加するスタッフが説明する運びとなった。品質管理サークルには60日間の計画実施期間が与えられ，次回の監査会議で報告するよう求められた。

　さらに監査チームは，三つ目のステップとして，目標達成度を測るデータ収集を実施することにした。このデータには，初回診察後のクライエントの満足度，クライエントの解毒プロセスに関する理解度，クライエントの親族の治療プロセスに関する理解度などが含まれる。加えて，データ収集をどのように日常の業務に取り入れるかについて具体的な計画を立てるために，別のサークルが結成された。ここでも，マリエがサークルのミッションを明確にし，データ収集のためのタスクと作業手順を説明することになった。この品質サークルにも60日間の計画実施期間が与えられ，次回の監査チームの会議で報告するよう求められた。

　最後に，四つ目のステップは，スタッフが新しいコミュニケーションスキルを習得できるよう十分なコーチングとサポートを与え，スーパービジョンとフィードバックを継続的に行うことであった。このステップを確実に実施する責任はマネージャーにあった。マネージャーは，スタッフがコーチングとフィードバックを受ける時間とスーパーバイザーやコーチが効果的なコーチングを行うためのトレーニングを受ける時間について双方のスケジュールを確保する必要があった。

　監査チームは，変化のプロセスに可能な限り多くの従業員を参加させられるよう，計画の中で複数の品質管理サークルを始動することにした。スタッフのみで構成されるこの小ワーキンググループは，急性期治療のための持続可能な仕組みを具体的に計画するよう指示され，議事録の残し方について説明された。つまり，スタッフは日常の業務スケジュールの中にどのように変化を導入するか，その計画立案を任されたのである。監査チームは，マリエとともに，サー

クルに与えた具体的なタスクについて明確に指示し，各タスクがより大きな変革にいかに寄与するかを説明した。

　監査チームとマリエはまず，具体的なタスクの説明と，監査チームへ発表する提案の作成期限を明確に指示した。次にマリエは，各サークルに向けた指示書を作成し，監査会議の議事録に記載した。次に，会議が終わる前に議事録を読み上げ，全員が意見を述べられる機会を設けた。最後に，各メンバーに，与えられたタスクの達成に向けて努力できるかを確認した（コミットメントの確保）。各メンバーのコミットメントを確保することで，サークルの取り組みが，マネージャーだけでなく，監査チームの各員によっても支持されていることを皆に示すことができた。

　以下に，プロジェクト計画の全貌と議事録を通して組織の他のメンバーと共有された内容について紹介する。

　　私たちのミッション：クライエントが抱えるアルコール問題を解決し，禁酒，または飲酒量をコントロールできる生活が送れるように支援すること。
　　私たちの目標：現状，クライエントの30％がはじめの３カ月で治療から離脱している。私たちの目標は，離脱率を現状から25％減少させることである。
　　私たちが変化を行う「なぜ」（理由）：急性期治療の成果が改善されれば，その次に計画されている治療コースにより多くのクライエントが参加し，最終的に飲酒量の減少が期待できると考えるからである。
　　ステップ：
　　1．品質管理サークルは，クライエントの初診が待ち時間なく，落ち着いた雰囲気の中で実施されるようプロセスを策定する。
　　2．品質管理サークルは，変化による成果と進捗状況を追跡するためのプロセスを策定する。60日後を報告期限とする。
　　3．品質管理サークルは，急性期治療フェーズの構造化と文書化を行う。60日後を報告期限とする。
　　4．マネジメントチームは，スタッフが新たにMIのスキルを習得し，実践できるよう，スケジュールとプロセスを策定する。なお，スケジュールについては，トレーニングのほかコーチングとスーパービジョンを通じ

たフィードバックを受けられる時間を確保する。60日後を報告期限と
する。

報酬：離脱率が5％減少したら，全スタッフ会議の場で祝賀会を行う。

コミットメント：サークルと監査チーム，マネージャーの各員が，この計
画と目標に同意している。

　監査チームの会議から1週間後，サークルは各取り組みを開始した。彼らが
出した提案は見事なものであるとともに，実行しやすい内容であった。なぜな
ら，業務の細かい状況を最もよく理解し，かつ変化に対して高い水準の主体性
と自信を備えるスタッフによって策定されたものであったからである。

　上記の例は，筆者（A. S. N.）が長年理事長を務めていたアルコール治療セ
ンターで経験した実話に基づくものである。筆者が組織の最高責任者を務めて
いた期間，サークルは常に，考え抜かれた計画と提案を監査チームに提示し，
監査チームはほぼ毎回，提案を採用，直ちに実行に移した。時折，サークルが
暫定的に検討事項のみ提示し，具体的な提案については迷いが生じている旨を
表明することもあった。その場合，ワーキンググループは，マネージャーから
の追加情報やアドバイスの提供，問題の深堀りの手助け，そしてグループが課
題をより明確に把握するための支援を求めることが多かった。ただし，マネー
ジャーが意見するのは，品質管理サークルが特定の会議に招待した場合のみで，
サークルに常任することはなかった。スタッフ全員が提案を共有するよう促す
ことで，スタッフの経験に基づき，実行しやすい改善が定期的に導入され，組
織も恩恵を受けた。それだけでなく，スタッフが組織からの敬意と関与を受け
ていると感じられるようになったのがこのアプローチの利点である。筆者自身
は数年前にこの組織を去ったが，このセンターでは今でも（スタッフとマネー
ジャーの両方で構成される）監査チームと（スタッフのみで構成される）サー
クルを活用している。そして，このプロセスによって，リーダーはサービス提
供や業績における改善を検討し，実施する際に，組織（スタッフ）の声に傾聴
するようにしている。

自己振り返り演習

組織と計画する

　あなたはここまでで，組織の両価性とフォーカスを理解し，また，変化の重要性とチームがそれを遂行する能力を有していることを確認できているはずである。そこで，次の段階としては，これらを念頭に置きながらプロセスを進めていくことになる。すなわち，理解したことを聞き返し，対話を対象となる焦点に緩やかにガイドし，引き出していくことで，関わるプロセスを継続しながら，計画へと移行する。

　計画するプロセスへ進む際には，前提として組織から準備性（コミットメント言語，段階を踏む，活性化）が聞き取れなければならない。なお，組織内で，準備が整っている部門もあれば，そうでない部門もあることを念頭に置いてほしい。組織の総意を得られている場合もあれば，特定の部門がコミットメントを示す対象を決めるための手助けをしなければならない場合もある。

　その後，チームと対話を続けよう。対話は自由に行い，計画の質問をガイドとして使用してもよい。理解したことを聞き返すことで，関わるプロセスを継続することを常に忘れないようにしよう。

　準備ができていることを確認しよう。前進する準備ができている部門とそうでないグループがあると感じられるかもしれない。組織の総意を得られている場合もあれば，特定の部門のために決断を求められる場合もある。チームの準備性における状況を，まずは以下に沿って確認するとよい。

- 私たちはこれを実行する準備ができているだろうか？
- 次のステップはどうすればいいと思うか？
- 準備ができている人とそうでない人がいるようだ。
  - なぜこの変化が重要であるか，組織全体のミッションとはどう関係するか，なぜこの部門のチームは自らが変化を実行できると信じているかについて聞き取ったことをサマライズする。
  - また，一部の従業員が不安を抱いていることを認識し，今後の進め方については慎重に決めるべきであることもサマライズす

るとよいだろう。

- リーダーとして何を決定し，なぜ前進することにしたのか，なぜその決定が全体の目標にとって重要なのかをチームに知らせる。
- チームにコミットメントを求める。チーム各員がこの変化を実行する準備ができており，前進できる状態にあるか？

　計画を通して導こう。組織が特定の方向に進むこと，およびその理由がチームにとって明確になったら，引き出す対話を活用し，計画を導くことができる。なお，変化が非常に単純であれば詳細な情報は必要ないかもしれないが，変化が複雑であればあるほど，リーダーは従業員とともに計画するプロセスの各段階について考えたほうが良い。

　目標は具体的で，やりがいがあり，修正可能な計画を立てることを念頭に置くようにしよう。

- 変化を起こすと決めたところで，具体的に何を変えたいのだろうか？　目標を達成したことを，どのようにして確認できるのか？あるいは，他者はどのように確認できるだろうか？
- その目標は達成できそうか，それとも力量を超えていると感じるか？（達成が困難であると感じた場合は，その目標をどのように修正すれば，力量の範囲内で達成できるか？）
- チームがなぜこの変化を実行したいのかについて，対話の中で上がったすべての理由をサマライズする。次のプロセスに進む中でも，これらの理由を振り返ることが重要である旨をチームに伝える。目標に向かって前進する間，この変化を起こすべき「なぜ」の部分にフォーカスし続けるには，どのようにしたらよいか，その方法について尋ねてみてもよいだろう。
- 具体的に何をいつまでに行い，誰がそのタスクを担当するのか。例えば，詳細な計画立案にはどのスタッフが関わり，担当するべきか？
- 計画を進めていく過程で，進捗があったことをどのように確認することができるか？　成功の兆候やマイルストーンとしてどのよ

うなものを設定するか？　成功や進捗をどのように称賛するか？
- 内容修正や調整の必要性を確認するために，いつ計画を見直すか？修正の必要可否をどのように判断できるか？　スタッフに委任した計画のタスクを，どのようにフォローアップするか？

計画にコミットする
- グループのために計画をサマライズし，見逃している点がないか尋ねる。
- そして，グループに計画にコミットするよう求める。グループの全員が，計画を実行する準備ができているだろうか？　各員，この計画を進める意思はあるだろうか？

後日，対話をした後に，そのプロセスを振り返ってみよう。

- どのようなことに気づいたか？
- チームの準備ができていることをどのようにして知ったか？　何を聞いたり，見たりしたか？
- 計画に移った際，従業員の両価性について気づいたことは何か？再燃した場合，どのように対応したか？　そうでない場合，何か他に気づいたことはあったか。
- 傾聴したり導いたりすることを簡単に感じた瞬間はあったか？　そのときに気付いたことは？
- 従業員，および組織がこの計画を実行し，変化を起こす能力を備えているかどうかについて，今，リーダーとしてどれだけの自信があるか？

組織と計画する　第12章　271

第**13**章 How Can You Become a Better Listener?

傾聴力を高めるには？

　　あるとき，筆者（C. M.）は息子に宿題の進捗を尋ねたことがある。「もうすぐ終わるよ」と返答されたので，「もうすぐ終わるとは，どういう意味？」と聞いた。すると彼は，「やるべきことがはっきりしているから，あとはそれを実際にやるだけだ」と言った。読者の今の気持ちは，息子のこの言葉がよく表しているのではないだろうか。この本で紹介したアイデアのうち一部でも，興味深く役立つものがあれば幸いである。実際にどのようにアイデアを取り入れるかについては，すでに経験されているのではないだろうか。新しい技術を学ぶとき，それがどんなものであっても，プロセスは同じである。例えば，ピアノを弾けるようになりたいと思ったら，コードや音符，指の使い方などを少しずつ学んでいく。あとは練習し，フィードバックを受けるだけである。その際，少なくとも自分よりもピアノが上手な人にフィードバックを求めることが多いだろう。あるいは，マラソンを習おうと思ったら，マラソンを走るために必要なことについて読み，そのレベルに達するための方法を学び，そして実際に走ったり，走っている人にヒントやコツ，練習メニューなどを教えてもらったりするだろう。

　　MIを学ぶプロセスも同様である。筆者は，通常であれば，基本を学ぶために2，3日間，ワークショップに参加するのが理想的な方法であると伝えている。フィードバックつきの練習ができるワークショップを選び，練習やフィードバックの計画を立てると良い。MIを上手く使いこなすためは，通常，2日間のトレーニングだけでなく，フィードバックを伴う練習が必要である。

　　MIを学ぶ方法はさまざまである。関連著書を読み，自身で練習し，従業員の反応を自らへのフィードバックとする人もいれば，実践しているところをビデオに撮ることで，オンラインやビデオ会議からのフィードバックを得る人もい

273

るだろう。時間とリソースの範囲内で，自身に合った学習方法を探してみると良い。幸い，MIを学ぶ手段は一つではない。また，たとえMIのプロセス全体を知る前であっても，始めてみようと決意したり，聞いたり理解しようとするだけでも，組織や従業員に対する理解を深めることにつながる。そして，従業員が解決策を見出すのを助ける，より効果的な方法を学ぶことができる。

　それでは，MIを学び，実践する方法をいくつか見てみよう。次に紹介するアイデアを検討していく中で，読者にとって何が最も効果的なのか悩むかもしれない。その際は，変化を起こすことが読者にとってどれだけ重要か，MIの学習にどの程度の時間を割くことができるか，新しいスキルを学ぶ際に手助けしてもらえるチームやサポートはあるかなどについて，考えてみてほしい。新しい技術を学ぶ際にふまえておくべきなのは，多少のつまずきはつきものであること，そしてはじめはあまり上手にできないかもしれないことである。上手くいかなくても，プロセスの一部であり，気にすることはない。しかし，それは同時に，学習中つまずいても安心できる環境があるかどうか考えておいたほうが良いとも言える。どのような環境であれば，失敗しながらも練習ができるだろうか？　何か新しいことを学ぶ際には，自身の弱さや自信のなさを感じるものである。そのため，自由に練習できる環境を作り，フィードバックを得られるようにすることが重要である。なお，フィードバックは，上手くいっていることや上達していることだけでなく，さらに練習し，改善すべきことにもフォーカスするべきである。練習する場については，筆者が決めることはできないが，このような環境を見つけるために，どういったところに目を向ければよいのか，いくつかアイデアをご紹介したい。

　新しい能力を習得する際には，その要素を**知識，スキル，心構え**に分けて考えるのが有効である。能力を発揮するためには，関連する知識とスキル，そしていくつかの具体的な心構えを身につける必要がある。ここでは，この三つの側面を用い，リーダーシップにおけるMIを学ぶための多数のアイデアについて説明する。

知識

⊙読書する

　MIを学ぶ方法の一つとして，関連書籍を読むことがあげられる。MINTの公式ウェブサイト（www.motivationalinterviewing.org/books）には，関連書籍のリストが掲載されているので参考にするとよいだろう。まずは，MIの創始者であるMillerとRollnick（2013）の最新著書，『*Motivational Interviewing, Third Edition: Helping People Change*』から始めることをお勧めする。他にも，学校におけるMI（Rollnick, Kaplan, & Rutschman, 2016），医療におけるMI（Rollnick, Miller, & Butler, 2007），社会福祉事業におけるMI（Hohman, 2015）など，特定の分野にフォーカスした書籍が多数存在する。読者が特化したい分野におけるMIの適用をより深く学習するために，こういった書籍を手に取ってみてもよいだろう。MIとは何か，研究ではどのようなアプローチが効果的とされているか，MIがなぜ人々の変化に役立つのかについて詳しく知った後は，『*Building Motivational Interviewing Skills, Second Edition: A Practitioner Workbook*』（Rosengren, 2018）を読むとよいだろう。このワークブックでは，Rosengrenが，MIを実践し，そのさまざまな要素の理解を深めるために使える具体的な演習を紹介している。

　また，第4章で述べたように，William Millerは近年，傾聴に関する書籍『*Listening Well: The Art of Empathic Understanding*』（Miller, 2018）を出版した。この本の内容は読みやすく，リーダーシップにおけるMIを学ぶ上で不可欠な共感的傾聴スキルを向上させるための実践的な演習が含まれている。

⊙トレーニングに参加する

　MIとは何か，また，この方法がどのように機能するのかをより深く理解するために，関連するワークショップやトレーニングに参加するのも良いだろう。MIを指導するトレーナーやレッスンは世界中に数多く存在するが，そのうちのいくつかは，MINTのウェブサイト（www.motivationalinterviewing.org/list-events）に掲載されている。また，住んでいる地域のトレーナーに直接連絡をし，

傾聴力を高めるには？　│　第13章　│　275

今後のワークショップについて尋ねてもよいだろう。トレーナーのリストは，MINTのウェブサイト（www.motivationalinterviewing.org/trainer-listing）に掲載されている。近辺でも，トレーニングの開催予定があるかもしれない。

　トレーニングについて知っておくべきことは，MIを学ぶにはワークショップ形式が最も適しているということである。ワークショップではトレーナーが自身をモデルとしてMIを実演し，参加者はトレーナーからフィードバックを受けながら練習することができる。このような形式であれば，改善が必要な部分にフォーカスして練習が行える。スキルの向上に取り組む前に，MIのスピリットや変化の概念に対する全体的な感覚を掴むことから始めてもよいだろう。ワークショップを選択する際には，トレーナーの経歴や経験を調べることをお勧めする。最も望ましいのは，方法を実演し，実践的に指導することができる精通者である。トレーナーの中には，書物から方法について学んだだけで，実践経験がない人もいる。こういったトレーナーは，MIの概念を説明することはできても，それを実演することはできないだろう。概念のみならず，実際に活用する方法を学ぶためには，方法のモデルを示し，実践的に指導できるトレーナーを持つことが重要であると，筆者は考えている。

　一般的には，読者の仕事と同じ専門分野に特化したMIの指導者を選択し，トレーニングを受けることをお勧めしている。例えば，禁煙の分野を専門としているのであれば，喫煙者に対しMIを適用することに精通しているトレーナーから指導を受けることが理想的である。しかし，管理職クラスに向けたMIは比較的新しいものであるため，このような特定の専門性を持ったトレーナーを見つけるのは難しいかもしれない。それでも，トレーニングに参加して方法の基礎を学び，本書で紹介した適用のタイミングなどについても考えてみることはできる。また，筆者がFacebook上に作成したグループへの参加も歓迎したい。このグループでは，MIをリーダーシップに応用するアイデアの共有や，他の参加者が実際に応用した事例を見ることができる（Facebookグループへのリンクは，本書のウェブサイトに掲載されている。目次の末尾を参照）。さらに，FacebookとLinkedIn上に新しくMILO（Motivational Interviewing Leaders and Organizations）というグループも存在する。このページは，同じくMIを研究し，職場で応用するMINTメンバー数名によって運用され始めた。ここでは，組織においてMIを使用することに関心のあるリーダー向けに，ビデオやリソー

スから学習機会までを提供している。

　最近では，オンラインでトレーニングを提供するトレーナーも出てきている。多忙なビジネスリーダーにとって，3日間もトレーニングに参加するのが困難な場合は，オンラインのオプションをチェックしてみるのも良いだろう。典型的な構成としては，MIの各部分について1時間で紹介した後，フィードバックつきで練習する方法が提供される。トレーニングの中には，オンラインモジュールを完了した後，コーチングセッションを通し，練習とフィードバックを体験できるものもある。MIの関連書籍を読むのと同様，オンライントレーニングは前進するための知識を得る手段として捉え，フィードバックつきの練習がトレーニングの一部として提供されていない場合は，何らかの形で実践の機会を探したほうがよいだろう。

スキル

　MIの知識を得る方法が多数存在するように，スキルを習得するのにもさまざまな方法がある。知識を得ることと実践することには違いがあるからこそ，スキルの実践が重要となる。自分の実際の成果を省みなければ，改善の有無どころか，実際にMIを行えているかどうか知ることも難しい。職員の発言を理解していないにもかかわらず，理解できていると確信しているリーダーがしばしば見受けられる。また，実際には偏った視点や自分の都合を無意識に考慮していても，それを巧妙な質問や振り返りによって隠してしまっているリーダーもいる。さらに，変化のための理由やアイデアを引き出そうとしても，どこに向かい，何から試行すればいいのかわからず，行き詰まってしまうリーダーもいる。リーダーの多くは，実践した内容を明確に評価することができないかもしれないが，これについて筆者はよく，新人ダンサーの例を用いて説明をする。例えば，優雅なターンのような新しい技術を習得するとき，頭の中では自身がプリマバレリーナになっている姿を思い描く。しかし，壁一面の鏡を見ながら同じターンを練習していくにつれ，バレエ団への入団を検討するにはほど遠いことが次第にはっきりとしてくる。このように，未熟者の感覚をMIの実践過程で

も経験することになるだろう。しかし，その過程でフィードバックを得ること
は，MIのスキルを向上させ，最終的に従業員や組織を変化に導くのに役立つだ
ろう。

　「そういったことはすでにやっている」というリーダーの声を耳にすることも
少なくない。読者の中には，同様のことを考えている方もいるかもしれない。
そして実際には，MIの一部分をすでに実践しているかもしれない。例えば，
フォーカスする対象を把握しているかもしれないし，開かれた質問，サマライ
ズ，聞き返しなどを対話の中で用いているかもしれない。しかし，最初からMI
のプロセスのすべてを活用しているリーダーはほとんどいない。ここまで読ん
できた内容の少なくとも一部に見覚えがあると感じられたなら，もう順調に進
んでいるといえよう。すでに知っていることをベースに，新しく学習した部分
を追加していけばよい。

　まずは，上手くいっていると思うところから始めて，その部分についてフィー
ドバックを得るための計画を立てるとよいだろう。自身が強みに感じている分
野を実際に上手くできているか，確認したいところである。自身では上手くで
きていると思っていても，実践している姿を客観的に見ることができていない
可能性もある。そのため，第三者の意見を聞くことで，より自信を持って上達
していると言えるようになるだろう。

◉練習形式

●学習コミュニティを設ける

　このアプローチを同じく学びたいと思っているリーダーたちとグループを作
る方法がある。この本を読んでからそれぞれの部ごとに一緒に練習をし，互い
にフィードバックを与える。月に2回，朝食や昼食をとりながら直接会うか，
ビデオ会議を通して集まってもよいだろう。筆者のFacebookグループも，学習
のサポートとして役立ててもらいたい。このグループで他のリーダーとつなが
り，学習コミュニティを立ち上げることもできるかもしれない。毎月1章ずつ
受講し，その章について議論し，スキルを実践してみるのもよいだろう。

●コーチを見つける

　MIを実践する姿を見て，具体的なフィードバックをくれるコーチを探すのも
よい。コーチを探す際には，MIに精通していて，MIを用いる他者の改善を手
助けした経験がある人を見つけたい。同じ言語を話し，同じ分野でMIを実践
しているコーチを見つけるのが理想的である。例えば，リーダーシップの一環
でMIを活用したいと思っているリーダーであれば，同じように，リーダーシッ
プにおいてMIを活用しているコーチを求めることになる。ただし，リーダー
シップはMIにおいて比較的新しい分野であるため，はじめからMIとリーダー
シップの双方に精通したコーチを見つけることは難しいかもしれない。その場
合は，MIに精通している人と共に仕事をして，これまで説明してきたように，
MIを読者自身のリーダーシップの役割に当てはめてもよいだろう。また，筆者
のFacebookのグループを利用して，筆者や他のコミュニティメンバーと不安な
分野を確認してもよいだろう。

　コーチ候補を選定する際には，コーチ自らが実践するMIの評価を確認して
みたいかもしれない。MIの世界では，多くの実践者が自身のセッションをコー
ディングしており，それに対するフィードバックが個人の熟練度をある程度証
明している。これらのコーディングツールは，主に研究用に開発されたもので
あるが，現在では学習内容の実践にも用いられている。学習者が自分のスキル
に対してフィードバックを得て，総合的な習熟度を把握できるように設計され
ている。習熟度を測る方法は，個人の経験や他者からのアドバイスとフィード
バックなど他にもある。どんな職業でもいえることだが，熟練度はコーチによっ
てさまざまある。コーチを選ぶ目安として，学習する本人より多少なりとも
長けている必要があるが，理想的には数年間MIを使用し，他者の学習を手伝っ
た経験があるのが好ましい。

　また，コーチングには相性が大事であり，すべてのコーチが合うとは限らな
いことも知っておくべきである。コーチングのアプローチの中には，共感でき
ないものもあるかもしれない。コーチと良い関係を築くことは学習における鍵
となる。そのため，はじめにセッションを行い，コーチとの関係や相性を確認
するのもよいだろう。コーチと良い関係を構築できそうか，具体的で有益な
フィードバックをもらえるか，コーチ自身がMIを理解し，熟練しているかなど
は選定する際に考慮しておきたい。

傾聴力を高めるには？　第13章　279

●チームで練習する

　実践のフィードバックをチームに求めることもできる。新しいことを学習している旨をグループに説明し，グループや個人ミーティングでフィードバックを得る時間を確保する。学習コミュニティを作り，練習と学習のために隔月のミーティングを設定して，ともにアプローチを習得することもできる。

　さらに，チームの中で，安心してスキルを試せる相手をパートナーとして選んでもよいだろう。パートナーとの練習時間を設け，相手に問題を提起してもらったうえで学習した内容を実践し，会話の最後にフィードバックを求める。練習の様子を録画しておけば，自分が実践するさまを振り返ることもできるので理想的である。概して，練習はMIのスピリットをもって始めたい。すなわち，パートナーシップや協働的な関係の構築を意識して実践する。また，共感を示すことや，相手の絶対的価値観を受け入れること，偏見を持たないこと，解決策やアイデアを自ら提供せずに相手から引き出すこと，問題を解決しようとする間違い指摘反射をおさえることなどを意識して実践する。MIのスピリットをある程度包含できていると感じたら，今度は四つのプロセスに進むと良いだろう。また，MIのスピリットから離れずにOARSの四つのスキルを練習するのもよい。以下のやりとりは，自身と練習相手に問いかける質問の一例である。

- 「あなたが言っていたことだけでなく，意図していたことまで，私はどれだけ理解できていましたか？」
- 「どのような点で私が理解していると感じましたか？　どのような点で傾聴していないと感じましたか？」
- 「もっと理解できるように傾聴するために，どんなフィードバックをもらえますか？」
- 「対話の中で，私がアドバイスをしたり，自分の視点で話をガイドしていると思うことはありましたか？　もしそうなら，どういった点でしょう？」
- 「どのような点で，あなたの意見や考えを理解しようとする態度を示していましたか？」

　関わるプロセスを上手くできていると感じたら，今度は，次のような質問に移り，フォーカスをどれだけできているか聞くことができる。

- 「あなたが議論したいと思っていた主な焦点，もしくはターゲットを，私はどのくらい理解できていたと思いますか？」
- 「私は，あなたに対話を誘導してもらいながらも，そのターゲットにフォーカスし続けることができていましたか？」
- 「どうすれば，焦点をより明確にできたでしょうか？」
- 「どうすれば，あなたとの間で決めた焦点をより明確にし，または対話の焦点を保ち続けることができたか，フィードバックをもらえますか？」

その後，引き出す練習に移る。

パートナーに向けて
- 「この変化があなたにとって重要であることを，私はどの程度理解できていましたか？　それをもっと理解するために，他に私ができたことはありますか？」
- 「この変化を起こす能力に対するあなたの考えを，私はどの程度理解できていましたか？　それをもっと理解するために，他に私ができたことはありますか？」
- 「この変化のためのアイデアや解決策は，誰が提案しましたか？　あなたですか，それとも私ですか？　もし私であれば，どのような点からそう感じますか？」

あなた自身に向けて
- 「パートナーがその変化を起こす理由は何ですか？　この変化をその相手が重要だと感じる点は何ですか？　その相手には，変化を実現できる自信がどの程度ありますか？」
- 「あなたはどのような方法で，変化に対する相手の重要性や自信を引き出し，深堀りしましたか？　どうすれば，それをもっと行うことができましたか？」
- 「維持トークや，前進したり変わったりしない理由についての相手の言及を拡大せず理解することは，どの程度上手くできていましたか？」
- 「もし，変化に向けて前進するためのアイデアや解決策が対話の中で提案

されたとしたら，そのアイデアは［あなたや練習相手のうち］どちらから提案されたものですか？　それが提案されるためには，どのようなスキルを用いましたか？」

　もしあなたの練習相手が計画するプロセスへ進もうとしていたら，そのことについて振り返ってもよい。ただし，MIは計画を含まなくても十分に役立つことを覚えておいてほしい。初心者に多くみられるが，成功するためには計画段階に進まなければならないと感じ，従業員の準備が整わないうちに対話を進めてしまう傾向がある。しかし，従業員に意欲があり，準備が整っており，実行チェンジトーク（コミットメント，活性化，段階を踏む）を聞き取ることができれば，計画に進む段階にあるといってよいだろう。

パートナーの振り返り用に
- 「計画する段階に移ったとき，計画について話す準備ができていると感じていましたか？　もしそうでなければ，どうすればもっと準備ができたと思いますか？」
- 「あなたが計画を立てる準備ができているかどうかについて，私はどの程度理解できていましたか？　どうすれば，もっと理解できたと思いますか？」
- 「あなたの成功のための計画を立てられるように，私は上手くガイドしていましたか？　どうしたらもっと計画の手助けができたでしょうか？」
- 「あなたは自分の立てた計画にどの程度自信がありますか？　もし自信がないのであれば，もっと自信を持てるように，どう手助けすればよかったでしょうか？」

あなた自身の振り返り用に
- 「パートナーは，計画に移る準備ができていましたか？　どういった点から準備性（実行チェンジトーク）を確認できましたか？」
- 「パートナーが計画を立て，それを成功させるための要素について考えられるよう，どのような方法でサポートしましたか？」

282　第Ⅴ部　計画する

- 「パートナー本人は，変化に向けた最初の一歩を踏み出す準備ができていると感じていますか？」
- 「どのような方法で，行動の準備や段階を踏むことをもっと手助けできたでしょう？」

　これらは，パートナーと交換できる質問のほんの一例である。練習をしていると，特定の成長分野に対するフィードバックを求める質問も出てくるかもしれない。また，MIの学習ツールを使って，すでに上達した分野や次に取り組みたい分野について考えたりするのもよいだろう。ワークシート13.1（本章末尾に掲載）には，自己スキルに対するフィードバックを求めたり与えたりする練習方法のガイドを記載している。付録C（本書末尾に掲載）では，学習計画を作成するためのフォーマットを用意している。さらに，本書全体を通して二通りの自己振り返り演習（個人と組織，それぞれにフォーカスしたもの）も掲載しているので，併せて活用してもらいたい。

◉フィードバックに関する注意

　MIのトレーニングを行う際，ロールプレイや練習に移る前に一度立ち止まり，どんなフィードバックを受けることが役立つのかについて，よく話をすることがある。フィードバックは，さまざまな方法で行われるが，役に立たないことが多いことが筆者の長年の経験からわかっている。例えば，新しいスキルを習得したばかりの人に対し，フィードバックの相手が良かった点ばかりに注目している場合がある。相手が改善すべき点を指摘しなければ，本人は前に進むための努力をしなくなってしまう。同様に，練習相手が失敗ばかりを取りあげたフィードバックをし，上手くできた点にはまったく触れないこともある。もしくは，相手が改善点ばかり長々と挙げるあまり，本人が気後れしてしまうこともある。通常，役立つのは，学習者にまず自己評価をしてもらうことである。すると，大体はこちらがフィードバックしたかったことを本人の口から聞けることに驚くだろう。また，学習者の自己評価が厳しすぎる箇所や，改善余地を十分に評価していない箇所も見えてくる。そのため，筆者は通常，トレーニングでフィードバックをする相手が本人による自己評価のプロセスを導きな

がらコメントできるような手助けをする。自己評価をするにあたっては，ワークシート13.1の形式が役立つ。ワークシート13.1の「質問する」という欄に示されている事項を，学習者に尋ね，「聞き返す」という欄に聞き返した内容を書き留めることができる。

　フィードバックをする相手が学習者と同じ見解を持っていて，それ以上のコメントを加える必要がなければ，その時点でフィードバックが終わることもある。他方，学習者と異なる意見を持つ場合は，自己評価の後にフィードバック者が自身の考えを付け加えるだろう。学習者が必要な部分を改善するためには，自己振り返りと，コーチングによる直接のフィードバックの双方が重要である。筆者（C. M.）が以前，歌を習っていたとき，コーチからよく「どう感じたか」「どうだったか」と聞かれた。筆者は「最悪だった」というコメントから「かなり良く感じた」というものまで幅広く答えた。さらに，音程や響きに注意するなどといった意味で「……を改善できるようにもっと意識したい」と続けて言うことが多かった。すると，コーチは必ずと言っていいほど，筆者を基礎に立ち返らせた。「いや，それでは君の望む通りの音は出ないと思う。顎と舌をリラックスさせた状態で，呼吸と口の開け方を改善するべきだ」などと，コメントしてくれた。彼は専門家として，筆者が望むような音を出すために次に何に意識を向けるべきか，ガイドしてくれたのである。MIのコーチングやフィードバックにおいても同様のことがいえるだろう。フィードバックをくれる相手に対して望むことは，学習者である自身にとって次に最も役立つステップを導いてもらうことである。学習者は何が最善か見極められず，間違った方向に進んでしまうことがある。過去のトレーニングでは「もっと良い質問を考えてみます」などと言う参加者がいたが，彼らがさらに深く振り返りをすれば，より良い関わりの方法を見出すことができ，前に進むことができるだろう。単に質問を改善する時間を与えても意味がなく，振り返りが大事なのである。

　加えて，フィードバックの相手には，バランスのとれたフィードバックをするよう指導している。つまり，学習者が上手くできている点と，改善できる点の双方を指摘する必要がある。たとえ，学習者本人が単に上手くやりたいと意図しているということであっても，それを指摘することは重要である。例えば，「あなたが本当に理解しようとしていることが伝わってきました」などのコメントをするとよい。何か新しいことを学習しているとき，間違っているという

フィードバックしか得られないと，フラストレーションが溜まり，意気消沈してしまうだろう。本人が改善しようと意識している点や，すでに上手くできている点を強調することで，本人は自信を持って練習を続けることができる。同様に重要なのは，成長の余地がある部分を率直かつ明確に示すことである。改善点をフィードバックする際には，最大二つまでの分野に絞ることをお勧めする。フィードバックは具体的でなければならない。例えば，「……と言ったときのように，自分のアイデアを提供する代わりに，相手から引き出すことにもっと意識を向けられたら良いと思います」などのように，広範囲な指摘でもいいし，より狭めて「聞き返しよりも質問をしていることが多いので，もっと聞き返しをしたほうがいいと思います」などと指摘しても良い。また，フィードバックの内容が明確であることも重要である。「もっと傾聴したほうが良いと思う」は十分に明確でない。「従業員よりも多く話しているように見受けられました。沈黙を許したり，従業員の話が終わってから聞き返しをするなど，試してみてはいかがでしょうか」と言えば，より明確になる。フィードバックを行った後は，必ず学習者にフィードバックの内容を振り返ってもらい，また，それに対して感じたことを話してもらう。学習者は，与えたフィードバックに同意するかもしれないし，内容を誤解するかもしれないし，提案したことをすでにできるか，そもそも必要ないと思うかもしれない。提供したフィードバックについて学習者が考えていることを共有する場を設けることで，次回どのようなことを意識するかを明確にすることができる。まとめると，以下のようなフィードバックの形式をお勧めする。

- 「＿＿＿＿＿＿も上手くできていたことに気づきました」
- 「＿＿＿＿＿＿をしたことで上達していました」
- 「次回は，＿＿＿＿＿＿を意識してみてもいいかもしれません」
- 「私のフィードバックについて，どう思いましたか？」

　フィードバックを与える際は，まず特定の分野にフォーカスし，そこから追加していくことが重要であるが，その際，MIのスピリットから始めると良いだろう。まずは，学習者が総体的にこのスピリットに同調できているかにのみフィードバックを絞ることを提案したい。重要なのは，学習者のスキルや行動

ではなく，意思にフォーカスすることである。学習者が上手く対応できていた点や，自身の間違い指摘反射により反応していた点で，気づいたことをコメントするとよいだろう。

学習者がスキルを向上させていくにつれ，新しい要素を一つずつ盛り込みフィードバックを拡大していくとよい。例えば，次のステップではOARSを意識し，続いてフォーカス，引き出すスキル，引き出されたチェンジトークへの反応などといった具合である。フィードバック者が意見を述べやすくする方法の一つとして，書面によるフォーマットを使用してもらうことが挙げられる。例えば，OARSの練習をしている場合，フィードバック者には，開かれた質問，聞き返し，是認，サマライズのいずれかを聞くたびにチェックをつけてもらい，素晴らしい聞き返しがあった際など，特に良いと感じたものをそれぞれ具体例として書き出してもらうとよい。繰り返しになるが，学習者はフィードバック者に，良かった点と改善すべき点をフィードバックするよう頼むとよい。前述したものは，効果的なフィードバックを導くために使用できる質問のほんの一例に過ぎない。MIを自身の実践内容に合わせていくと，自身の成長分野に向けた特定の質問が出てきて，それに対するフィードバックが必要になるかもしれない。また，付録で紹介したフィードバックフォームも併せて使用してもらいたい。

先述したRosengren（2018）の『*Building Motivational Interviewing Skills*』もまた，有用な資料である。Rosengrenがまとめたさまざまな練習方法を参考にして，読者の練習も改善できるだろう。

心構え

能力に対する心構えを理解するには，特定の能力を学習・習得する際のその人の総合的な開放性と意欲がポイントとなる。例えば，顧客への総合的なサービス向上を目指していたとしよう。関連する図書を読んだり，トレーニングコースに参加したりした経験から，良い顧客サービスを提供するために必要な知識はすでに理解しているかもしれない。それに加え，親切な接し方，前向きな解

決の提案，人間関係の構築など，適切なスキルも持ちあわせているとしよう。さらには，自身のスキルを手本に，他の従業員にもこの分野における能力の向上を指導できるとしよう。それでも，顧客サービスに対する総合的な心構えがふさわしくないことで，目標が達成できないことはあり得る。良い顧客サービスを提供するためには，顧客に対して敬意と細心の気遣いを持ち，臨機応変な対応と創造性を発揮する義務があると考え，それを自身の振る舞いに反映させる必要がある。反対に，顧客が気難しく要求が多いと感じたり，必要とされていないと感じていたりしたら，良い担当者にはなれないだろう。いくら必要な知識やスキルを持っていても，心構えが邪魔をして，優れたサービスを提供することができないのである。

　これはどのような能力に対しても言える。MIを組織に導入する際に直面する最も多い障害の一つは，学習内容を理解し，スキルのロールプレイもできるが，MIが自身の役に立つと信じきれていないリーダーやマネージャーの心構えにある。彼らは，従業員や組織の変化がマネージャーの指示によってのみもたらされ，スタッフとの協働からは生まれないと考えている。このような心構えを持つリーダーは，MIが自身にとって役立つとは思えない。もし，リーダー自身やチームのメンバーがそのような心構えを持っているとすれば，それを払拭することが重要な第一歩となる。皮肉なことに，MIが実際この心構えを助長している可能性もある。なぜなら，MIを学び，活用するかどうかを判断するのにまさに，MIが役立つからである。

　個人の心構えは間接的に明らかになることもある。特に，気づかないところでマネージャーの信念体系に現れていることが多い。筆者にとって，MIを学ぶ上で最も難解であったのは，自分自身で解決策を考えるクライアントや従業員を信頼することであった。筆者は，生まれながら教師の性質があり，アイデアや解決策を教えたり共有したりするのが好きなのである。そのため，頻繁にアドバイスをしたくなった。MIの学習をとりいれるために，筆者は三つの感情を払拭する必要があった。それは，従業員自身が解決策を編みだすプロセスを信頼できないこと，自分の賢さを証明したくなる欲求，そして先生のようになりたいと願う気持ちである。幸いにも，この傾向に気づき，筆者の考えを分析してくれる優秀なコーチがいた。以下は，筆者（C. M.）とそのコーチとの間にあったコーチングの会話の一例である。

傾聴力を高めるには？　第13章

コーチ：教えてください。このタイミングで（録音を聴いているとき）あの情報を提供しましたが，どうでしたか？

筆者：期待したほど有効ではありませんでした。相手は，それが役に立たない理由について説明し始めてしまいました。

コーチ：では，どのようなことを期待していたのですか？

筆者：私が自分のアイデアを共有すれば，彼らは他のアイデアを出すか，私のアイデアを採用すると思いました。

コーチ：そうですか。つまり，あなたは相手のアイデアを聞くのが狙いで，自分のアイデアを共有することでそれを聞き出そうとしたのですね。もし，あなたが自分のアイデアを一旦手放して，相手のアイデアだけに関心を向けたら，どのように聞こえるでしょうか？

　この種のフィードバックはそのコーチが筆者にくれるものを象徴していた。コーチは「あなたが自分のアイデアを提供したり，何かを教えたりする必要性があると感じたのは，今回が初めてではない」と指摘してくれた。当初，手助けをしているつもりであったが，やっていることが逆効果であったことに全く気づいていなかった筆者にとって，この指摘は大いに役立った。筆者自身の中にあったプロセスの邪魔をしているものを見抜き，従業員自身がアイデアを提案できると信じるようになったら，彼らの自信が増強され，今までになかったような改善がみられるようになったのである。

　MIに精通したコーチからのフィードバックが役立つ理由の一つは，彼ら自身がこのプロセスを経験している点にある。コーチは，自分自身を振り返り，意図していたことと実際に起きたことの分析過程を経験している。そして，おそらく変化のプロセスを信頼して従業員を導けるよう，自分のスキルやアプローチを変えなければならなかっただろう。また，優れたコーチは通常，学習者が陥りやすいミスをよく把握している。例えば，学習者が間違い指摘反射を示しているときや，変化ではなく問題の側面にフォーカスしてしまっているときなどを，見極めることができる。

　もしコミュニティでMIの学習に取り組んでいるのであれば，自身の意図を話しながら何が狙いであったかをチームとともに振り返り，その上でチームやパートナーに反応や返答を求めるとよい。従業員やパートナーの反応を見る利

288　　第Ⅴ部　　計画する

点は，MIにかかわらず，自身のやっていることが相手にとって役立ち，効果的であるかを判断するための素晴らしいフィードバックがもらえることである。

　もしコーチとともに学習できるならば，プロセスの邪魔をする自身の心構えや考え方を特定するのに非常に助けになるだろう。筆者が感じるところによると，ほとんどのリーダーが最善を意図しているものの，その具体的なアプローチが効果的でない場合がある。例を挙げるならば，間違い指摘反射などは，良い意図を持っていても効果的に働かないアプローチの一つである。

　コーチとともに実践練習ができない場合は，練習場面を録音し，三つの欄を設けた紙に，自分自身のパフォーマンスについてコメントしてもよい。録音を一度すべて聞き通しながら，後から振り返りたい箇所の時間を書き留める。振り返りたいポイントは，上手くいったことをさらに強化するために具体的に分析したいと思う箇所かもしれない。あるいは，行き詰まった点や上手くいかなかった点で，何を意図していたのか，次回はどのようにアプローチを変えるかを考えるべき箇所かもしれない。三つの項目の見出しは，ワークシート13.2（本章の末尾）を参考にするとよいだろう。

　傾聴の仕方とMIの学習には，継続的な実践を伴う。筆者は20年以上もMIを使用しているが，常に新しいことを学んでいることに未だに気づかされる。MIをリーダーシップ・アプローチに取り入れることに関心がある方は，最初は面倒に感じるかもしれないが，時間をかけて実践を重ねることで，より使いやすく感じられるようになり，どんどん上達していくだろう。

　MIの学習は通常，人生のあらゆる局面に波及する。家庭の中でも，地域社会の中でも，さらにはいつもの買い出し先のスーパーでも，今までとは異なる傾聴の仕方ができるようになる。また，自身が話を聞いていないときや，会話が生産的でないときに気づくようになり，そういった場面でMIのスキルを用いるようになるかもしれない。MIの習得は練習を伴うが，最終的にはそれだけの対価を得られる。従業員が重要であることを示す方法として，本人への理解を深め，成長を支援すること以上に，効果的な方法はないだろう。

要約

　「ローマに通じる道は一つでない」。MIを学ぶ方法も多数存在する。ただ，学習するうえで重要なことは，自身の行動に耳を傾け，他者にも実際の行動を確認してもらい，フィードバックをもらうことである。実践している自身の姿を観察したり，フィードバックを受けたりすることで，正しく実践できていないことに常に気づけるだろう。また，他者とともに学習するのは，フィードバックを受けるためにも，多忙なワークライフの中で学習と実践を継続するためにも，非常に有効である。

ワークシート13.1 動機づけ面接練習用フィードバック用紙

以下のガイドでは，動機づけ面接の実践を観察し，フィードバックを与える際に役立つ対話の流れを記載している。

質問する	聞き返す
1．どういった点を上手く実践できたと思いますか？ 他に何か気づいたことはありますか？	聞き返しをし，相手が上手くいっている事項を共有してくれたことに同意する。加えて，リーダーとして気づいたことや上手くいったと感じたことを付け加える。リーダーとして上手くいっていないと思ったことには，相手がそう感じているからといって，同意してはいけない。
2．どういった部分で改善または成長が見られましたか？ その他の面で，気づいた改善はありますか？	聞き返しをし，改善が見られたと同意できる点を伝える。相手が言及したことだけでなく，リーダー自身の気づきでも良い。
3．プロセスを振り返ってみて，どこをどう変えればよかったと思いますか？　何か違うようにしていた，あるいは何か違うことをしたかったでしょうか？	聞き返しをする。
4．改善のためにフォーカスしたいと思う分野を一つまたは二つ挙げるとしたら，何ですか？	聞き返しをし，さらなるフォーカスにより改善できそうだと同意できる点を伝える。

出展：『Motivational Interviewing for Leaders in the Helping Professions』（Colleen Marshall and Anette Søgaard Nielsen）。Copyright © 2020 The Guilford Press. 本書の購入者には，個人使用目的に限り，本資料の複写を許可する（詳細は著作権に関する頁を参照）。購入者は，本資料の拡大版をダウンロードすることができる（目次末尾を参照）。

傾聴力を高めるには？　第13章　291

ワークシート13.2 動機づけ面接自己振り返り用フィードバック用紙

以下のガイドでは，動機づけ面接の練習後の自己振り返りに用いるフォーマットを用意している。

従業員は 何を意図していたか？	どのように 私は反応したか？	私が意図していたことは 何だったか？

出展：『Motivational Interviewing for Leaders in the Helping Professions』（Colleen Marshall and Anette Søgaard Nielsen）。Copyright © 2020 The Guilford Press. 本書の購入者には，個人使用目的に限り，本資料の複写を許可する（詳細は著作権に関する頁を参照）。購入者は，本資料の拡大版をダウンロードすることができる（目次末尾を参照）。

付録
APPENDICES

付録 Matrix: Who Is to Benefit? — Leader versus Employee

変化は誰に利益をもたらすか?
リーダーと従業員の対比

	リーダーは変化により利益を得る	リーダーは変化による影響を受けない	リーダーは現状維持により利益を得る
従業員は変化により利益を得る	MIは十分な注意を払ったうえで用いれば、適切なものとなる可能性がある（偏った視点と要望を持っているため、従業員の利益のみにフォーカスする必要がある）。	MIは適切である。	MIは十分な注意を払ったうえで用いれば、適切なものとなる可能性がある（偏った視点を持っているため、従業員の利益のみにフォーカスする必要がある）。
従業員は変化による影響を受けない	MIは適切ではない（リーダーのみが利益を得る、かなり偏った視点に立っている状況）。	MIは適切である。	MIは十分な注意を払ったうえで用いれば、適切なものとなる可能性がある（偏った視点を持っているため、従業員の利益のみにフォーカスする必要がある）。
従業員は変化により不利益を被る	MIは適切ではない。	MIは適切ではない。	MIは十分な注意を払ったうえで用いれば、適切なものとなる可能性がある（偏った視点を持っており、リーダー自身の要望を追求してしまう可能性があるため、注意すること）。

（続く）

具体例

	リーダーは変化により利益を得る	リーダーは変化による影響を受けない	リーダーは現状維持により利益を得る
従業員は変化により利益を得る	アンナはクライアントサービススキルの向上のために研修に参加すべきかを検討している。アンナがこの分野で向上することを決断すれば，リーダーも利益を受ける。なぜなら，リーダーの業績評価において，クライアントの満足度が重要な指標となるからである。**MIは十分な注意を払ったうえで用いれば適切なものとなる可能性がある**（偏った視点と要望を持っているため，従業員の利益のみにフォーカスする必要がある）。	フレッドは時間管理や組織運営のスキル習得のために研修に参加することを検討している。この分野において彼のスキルが向上しても，リーダーに直接影響はない。フレッド個人が仕事効率を上げることに対して利害を持たないためである。**MIは適切である。**	ティナは昇進を検討しているが，新しい仕事への応募に対する希望や自信があるかどうかは定かでない。新しい仕事は手当と給与の増額を伴う機会である。一方，リーダーは，ティナを評価しているため既存のチームから去ってもらいたくないと考えている。仮にティナが新しい役職に就いた場合，リーダーは後任を探さなければならない上，その後任がティナほど優秀でないことへの懸念も抱える。**MIは十分な注意を払ったうえで用いれば，適切なものとなる可能性がある**（偏った視点を持っているため，従業員の利益のみにフォーカスする必要がある）。

(続く)

296　付録

	リーダーは変化により利益を得る	リーダーは変化による影響を受けない	リーダーは現状維持により利益を得る
従業員は変化による影響を受けない	リーダーのジョンは既存のクライエントのために新しいサービスを設ければボーナスを受給できる。看護師のリンジーは，同サービスの導入方法を学び，実行することついて，検討するよう求められている。この変化によって，リンジーの労力や就業時間が増加することはなく，また，給与が上がることもない。**MIは適切ではない**（リーダーのみが利益を得る，かなり偏った視点に立っている状況）。	メアリーは，チームの効率化とクライエントへのサービス向上効果に役立つ新しい報告システムとチーム編成の導入を検討している。現在のチームの業績は良好であるため，彼女はこの変化が最善であるか，あるいは現状を維持すべきかについて，迷っている。また，メアリーの上司はこの件に関して無頓着である。**MIは適切である。**	ジョッシュは，組織内の異動を検討している。新しい役職は，同等の給料と責任を伴う。彼は他のリーダーから検討するように言われたが，現在所属している部署に留まることと部署異動をすること，いずれの選択をしても構わないと感じている。ジョッシュの現在の上司であるシェルビーは，ジョッシュを評価しており，自身の管轄のチームから去ってほしくないと考えている。仮にジョッシュが新しい役職に就いた場合，シェルビーは後任を探さなければならない上，その後任がジョッシュほど優秀でないことへの懸念も抱える。**MIは十分な注意を払ったうえで用いれば，適切なものとなる可能性がある**（偏った視点を持っているため，従業員の利益のみにフォーカスする必要がある）。

(続く)

	リーダーは変化により利益を得る	リーダーは変化による影響を受けない	リーダーは現状維持により利益を得る
従業員は変化により不利益を被る	部門長のアンドリューは，業績評価の基準として生産性を目標としていた。彼は，セラピストのトリッシュに対し，業務量を増やし，より多くの案件管理の実現を検討するよう，求めている。業務量の増加は，トリッシュにとって何の役にも立たず，ただ仕事が増えることを意味する。**MIは適切ではない。**	アミーは他の部署から新しいプロジェクトの主導を依頼されているが，彼女の上司であるジェイソンはそれに関心を示していない。ジェイソンは，そのプロジェクトを優先すべきことに必ずしも同意していないが，アミーが他の部門を助けたいと思っているのであれば，反対しないつもりである。しかし，アミーは，プロジェクトを請け負ってしまうと，ただでさえ多い業務量に加え負担を抱えることになると考え，実行することにメリットを感じていない。**MIは適切ではない。**	アルは責任も給料も少ない新しい役職に異動するよう告げられている。彼はチームの中で上手く協働できる人材になりたいと思っているものの，今回のことに価値を見出せていない。上司のマットは，アルを評価しており，彼がチームから去ることを望んでいない。仮に，アルが新しい役職に就いた場合，マットは後任を探さなければならない上，その後任がアルほど優秀でないことへの懸念も抱える。**MIは十分な注意を払ったうえで用いれば，適切なものとなる可能性がある**（偏った視点を持っており，リーダー自身の要望を追求してしまう可能性があるため，注意すること）。

『Motivational Interviewing for Leaders in the Helping Professions』(Colleen Marshall and Anette Søgaard Nielsen). Copyright © 2020 The Guilford Press.

付録 B | APPENDIX B Matrix: Who Is to Benefit? — Leader versus Organization

変化は誰に利益をもたらすか?
リーダーと組織の対比

	組織は変化に より利益を得る	組織は変化に よる影響を受けない	組織は現状維持に より利益を得る
従業員は 変化により 利益を得る	MIは,適切なものとなる可能性がある(リーダーとしての主たる目的は,組織のために従事することであるため,注意を払って使うこと。MIの対話をする際には,いかなる場合であっても従業員の利益のみにフォーカスすること)。	MIは適切である。	MIは,適切なものとなる可能性がある(リーダーとしての主たる目的は,組織のために従事することであるため,注意を払って使うこと。MIの対話をする際には,いかなる場合であっても従業員の利益のみにフォーカスすること)。
従業員は 変化による 影響を 受けない	MIは適切である。	MIは適切である可能性が高い。	MIは,適切なものとなる可能性がある。
従業員は 変化により 不利益を被る	MIは,おそらく適切ではない。	MIは,おそらく適切ではない。	MIは,適切なものとなる可能性がある。

(続く)

299

具体例

	組織は変化により利益を得る	組織は変化による影響を受けない	組織は現状維持により利益を得る
従業員は変化により利益を得る	ティナは入院部門に新しいスクリーニングシステムに関する研修を導入することを検討している。この研修が実施されれば、組織がより質の高いサービスを提供できることを意味する。**MIは適切なものとなる可能性がある**（リーダーとしてのあなたの主目的は、組織に役立つことであるため、注意を払って使うこと。MIの対話をする際には、いかなる場合であっても従業員の利益のみにフォーカスすること）。	ジェームズは責任と給料の増加が見込まれるクリニックマネージャーの職務への応募を考えている。なお、組織には、同役職にふさわしい候補者は多数存在する。**MIは適切である。**	ミシェルは、ワークライフバランスを保つために、勤務スケジュールの変更を検討している。この変更は、彼女が業務に費やす時間を削減するだけでなく、週40時間の勤務時間内に対応しきれないプロジェクトを新規で引き受ける意欲をそぐことを意味する。組織は、ミシェルが現在残業している時間と、追加で依頼されたプロジェクトも引き受けようとする彼女の意欲から、利益を得ている。**MIは、適切なものとなる可能性がある**（リーダーとしての主たる目的は、組織のために従事することであるため、注意を払って使うこと。MIの対話をする際には、いかなる場合であっても従業員の利益のみにフォーカスすること）。

（続く）

	組織は変化により利益を得る	組織は変化による影響を受けない	組織は現状維持により利益を得る
従業員は変化による影響を受けない	臨床スーパーバイザーのエリンは，新しい臨床スーパーバイズ・モデルを学ぶよう依頼された。彼女は新しいアプローチから特に得るものはなく，現行の方式が十分効果的であると感じている。しかし，アプローチを学ぶことは構わない。組織としては，一貫性のある標準化されたスーパーバイズ・モデルを設けることは，有益である。**MI は適切である。**	臨床スーパーバイザーのアンドリューは，自身が管轄するグループに，新しいチームを加えることを検討している。彼はチームで協働することが好きであるため，これを追加の業務として捉えてはいないが，責任が増えることで特に利益を得ることはない。組織としては，彼のリーダーシップとスーパービジョンによって，追加費用をかけ別のリーダーを探さずに済むため，利益を得る。**MI は適切である可能性が高い。**	児童セラピストのジュディは競合する事業者から声をかけられ，その事業者への転職を考えている。彼女は，現在の職場に留まるべきか，あるいは離職すべきかの判断を迷っている。なお，双方の役割と給与，仕事内容は類似している。ジュディが在籍している事業者は，大量の事例を担当しながら，クライエントに質の高いセラピーを提供できるジュディのことを評価している。彼女が退職してしまうと，組織のリーダーは空いた穴を埋める必要があり，少なくとも3カ月の間はジュディが担当していた事例が停滞することになる。**MI は，適切なものとなる可能性がある。**

(続く)

変化は誰に利益をもたらすか？――リーダーと組織の対比　付録B

	組織は変化に より利益を得る	組織は変化に よる影響を受けない	組織は現状維持に より利益を得る
従業員は 変化により 不利益を被る	請求担当者のルーシーは，組織から新しい電子文書システムへの切り替えを検討するよう，求められている。新システムが部署間におけるニーズの管理やコミュニケーションをサポートするのに役立つためである。ルーシーは現行のシステムを使い慣れており，新システムの導入に対しては自身の仕事の範囲においてはメリットを感じていない。恩恵を受けるのは他の部署であって，請求書作成の業務を担当する彼女にはメリットがない。**MIは，おそらく適切ではない。**	組織は研修を主導する従業員を必要としているが，誰を選定するかについては無頓着である。ケイシーは当研修プロジェクトの担当を検討するよう依頼された人物の一人であった。ケイシーはプロジェクトを率先して担当すれば，自身にとっても所属する部署にとっても負担がかかると考えている。**MIは，おそらく適切ではない。**	パメラは他社に転職した元上司から，引き抜きの誘いを受けた。元上司はパメラと以前に仕事を共にした経験や，彼女の現在の部署が問題を抱えており，資金不足になりかねないことを理由にパメラに転職を持ちかけた。パメラは転職をすることで一時的に降格となるが，元上司の役に立ち，また重要なコミュニティサービスを守ることになる。パメラが現在，在籍する組織にとっては彼女の残留が利益となる。なぜなら，彼女は大切な従業員であり，会社にとって重要かつ緊急なプロジェクトの管理を現在担当しているからである。**MIは，適切なものとなる可能性がある。**

『Motivational Interviewing for Leaders in the Helping Professions』(Colleen Marshall and Anette Søgaard Nielsen). Copyright © 2020 The Guilford Press.

付録 C Motivational Interviewing Learning Plan

動機づけ面接の学習計画

以下のガイドは，MIの学習計画を作成するためのものである。

私はどのような状況に置かれていて，どこに向かいたいのだろうか？

MIの最終的な目標

- MIのスピリットを体得する。
- 基本的なMIのスキルと戦略についての知識，使える場面を増やす。
- 幅広い対象者に合わせて使うさまざまなMIの戦略を意識する。
- MIを使うときの自身の強みを認識して活用する。
- MIの使用に関する専門性の成長を継続的に追求する。

MIを導入することの長期的な目標は何か？

（続く）

出展：『Motivational Interviewing for Leaders in the Helping Professions』（Colleen Marshall and Anette Søgaard Nielsen）. Copyright © 2020 The Guilford Press. 本書の購入者には，個人使用目的に限り，本資料の複写を許可する（詳細は著作権に関する頁を参照）。購入者は，本資料の拡大版をダウンロードすることができる（目次末尾を参照）。

303

なぜ，私にとって，このMIのトレーニングが重要であるか？

MIを使用する上での私の強みは何か？　スキル構築のために，これらの強みをどのように活かせるか？

MIの導入を達成するために必要なことは何か？

スキルを磨き続けるための準備や意欲，実施する可能性があるものは，どのようなものが挙げられるか？　何から着手したいか？　短期的な学習目標は何か？

練習をするには，どのような選択肢があるか？　どのようにして，より多くの実践機会を生み出すことができるか？

練習に対するフィードバックはどのようにして得られるか？

どのような支援を必要としているか？　どのようにして，それを得ることができるか？

文　献

Aarons, G. A. (2006). Transformational and transactional leadership: Association with attitudes toward evidence-based practice. *Psychiatric Services*, 57 (8), 1162-1169.

Aarons, G. A., Ehrhart, M. G., & Farahnak, L. R. (2014). The Implementation Leadership Scale (ILS): Development of a brief measure of unit level implementation leadership. *Implementation Science*, 9, 45.

Bandura, A. (1997). *Self-efficacy: The exercise of control*. New York: Freeman.（バンデューラ, A. = 編著［本明寛，野口京子＝監訳］(1997)．激動社会の中の自己効力．金子書房）

Bass, B. M., Avolio, B. J., Jung, D. I., & Berson, Y. (2003). Predicting unit performance by assessing transformational and transactional leadership. *Journal of Applied Psychology*, 88 (2), 207-218.

Blanchard, K., & Miller, M. (2004). *The secret: What great leaders know and do*. San Francisco: Berrett-Koehler.

Boyatzis, R. E. (2006). Using tipping points of emotional intelligence and cognitive competencies to predict financial performance of leaders. *Psicothema*, 18 (Suppl.), 124-131.

Brimhall, K. C., Fenwick, K., Farahnak, L. R., Hurlburt, M. S., Roesch, S. C., & Aarons, G. A. (2016). Leadership, organizational climate, and perceived burden of evidence-based practice in mental health services. *Administration and Policy in Mental Health and Mental Health Services Research*, 43 (5), 629-639.

Brown, B. (2012). *Daring greatly: How the courage to be vulnerable transforms the way we live, love, parent, and lead*. New York: Gotham.（ブラウン, B.［門脇陽子＝訳］(2013)．本当の勇気は「弱さ」を認めること．サンマーク出版）

Brown, B. (2017). *Braving the wilderness: The quest for true belonging and the courage to stand alone*. New York: Random House.

Brown, B. (2018). *Dare to lead: Brave work. Tough conversations. Whole hearts*. New York: Random House.

Burke, B. L., Arkowitz, H., & Menchola, M. (2003). The efficacy of motivational interviewing: A meta-analysis of controlled clinical trials. *Journal of Consulting and Clinical Psychology*, 71 (5), 843-861.

Collins, J. (2001). *Good to great*. New York: HarperCollins.（コリンズ, J. C.［山岡洋一＝訳］(2001)．ビジョナリー・カンパニー 2 ──飛躍の法則．日経BP社）

Colonello, V., Petrocchi, N., & Heinrichs, M. (2017). The psychobiological foundation of prosocial relationships: The role of oxytocin in daily social exchanges. In P. Gilbert (Ed.), *Compassion: Concepts, research and applications* (pp. 105-119). London: Routledge.

Covey, S. R. (1989). *The 7 habits of highly effective people: Restoring the characterethic*. New York: Free Press.（コヴィー, S. R.［フランクリン・コヴィー・ジャパン株式会社＝訳］(2020)．完訳 7つの習慣［30周年記念版］．キングベアー出版）

Covey, S. R., & Conant, D. (2016). The connection between employee trust and financial performance. *Harvard Business Review*. Retrieved from https://hbr.org/2016/07/the-connectionbetween-employee-trust-and-financial-performance.

D'Onfro, J. (2015). LinkedIn's CEO on the most important leadership lesson he's learned. Retrieved from www.inc.com/business-insider/linkedin-s-jeff-weiner-on-the-most-valuable-lesson-hes-learned-as-ceo.html.

DiClemente, C. C., & Velasquez, M. M. (2002). Motivational interviewing and the stages of change. In W. R. Miller & S. Rollnick, *Motivational interviewing: Preparing people for change* (2nd ed., pp. 201-216). New York: Guilford Press.

Drucker, P. (1967). *The effective executive*. New York: Harper & Row. (ドラッカー，P. F.［上田惇生＝訳］（2006）ドラッカー名著集 1　経営者の条件．ダイヤモンド社）

Ewest, T. (2017). *Prosocial leadership: Understanding the development of prosocial behavior within leaders and their organizational settings*. New York: Palgrave Ltd.

Gifford, W., Graham, I. D., Ehrhart, M. G., Davies, B. L., & Aarons, G. A. (2017) Ottawa model of implementation leadership and implementation leadership scale: Mapping concepts for developing and evaluating theory-based leadership interventions. *Journal of Healthcare Leadership*, 9, 15-23.

Gilbert, P., & Basran, J. (2019). The evolution of prosocial and antisocial competitive behavior and the emergence of prosocial and antisocial leadership styles. *Frontiers in Psychology*, 10, 610.

Gordon, T. (1970). *Parent effectiveness training*. New York: Wyden. (ゴードン，T.［近藤千恵＝訳］（1977）．親業――新しい親子関係の創造．サイマル出版会）

Green, A. E., Albanese, B. J., Cafri, G., & Aarons, G. A. (2014). Leadership, organizational climate, and working alliance in a children's mental health service system. *Community Mental Health Journal*, 50 (7), 771-777.

Green, A. E., Albanese, B. J., Shapiro, N. M., & Aarons, G. A. (2014). The roles of individual and organizational factors in burnout among community-based mental health service providers. *Psychological Services*, 11 (1), 41-49.

Greenhalgh, T., Robert, G., Macfarlane, F., Bate, P., & Kyriakidou, O. (2004). Diffusion of innovations in service organizations: Systematic review and recommendations. *The Milbank Quarterly*, 82 (4), 581-629.

Guerrero, E. G., Padwa, H., Fenwick, K., Harris, L. M., & Aarons, G. A. (2016). Identifying and ranking implicit leadership strategies to promote evidence-based practice implementation in addiction health services. *Implementation Science*, 11, 69.

Harvard Extension School. (2019). Collaborative leadership: Building the organization of the future. Retrieved from www.extension.harvard.edu/professional-development/programs/collaborative-leadership-building-organization-future.

Hettema, J., Steele, J., & Miller, W. R. (2005). Motivational interviewing. *Annual Review of Clinical Psychology*, 1, 91-111.

Hickey, K. (2018). Why inner work is the ultimate retention strategy. Retrieved from www.betterup.co/inner-work-ultimate-retention-strategy.

Hohman, M. (2015). *Motivational interviewing in social work practice*. New York: Guilford Press.

Ibarra, H., & Hansen, M. T. (2011). Are you a collaborative leader? Retrieved from https://hbr.org/2011/07/are-you-a-collaborative-leader.

Judge T. A., Piccolo R. F. (2004). Transformational and transactional leadership: A meta-analytic test of their relative validity. *Journal of Applied Psychology*, 89, 755-768.

Leake, G. J., & King, A. S. (1997). Effect of counsellor expectations on alcoholic recovery. *Alcohol*

Health and Research World, 1 (3), 16-22.

Lencioni, P. (2002). *The five dysfunctions of a team: A leadership fable.* San Francisco: Jossey-Bass. (レンシオーニ，P.［伊豆原弓＝訳］(2003)．あなたのチームは，機能してますか？．翔泳社)

Lencioni, P. (2012). *The advantage: Why organizational health trumps everything else in business.* San Francisco: Jossey-Bass. (レンシオーニ，P.［矢沢聖子＝訳］(2012)．ザ・アドバンテージ――なぜあの会社はブレないのか？．翔泳社)

Levy Merrick, E., Garnick, D. W., Horgan, C. M., & Hodgkin, D. (2002). Quality measurement and accountability for substance abuse and mental health services in managed care organizations. *Medical Care*, 40 (12), 1238-1248.

Lorenzi, P. (2004). Managing for the common good: Prosocial leadership. *Organizational Dynamics*, 33 (3), 282-291.

Lundahl, B. W., Kunz, C., Brownell, C., Tollefson, D., & Burke, B. L. (2010). A meta-analysis of motivational interviewing: Twenty-five years of empirical studies. *Research on Social Work Practice*, 20 (2), 137-160.

Kirkeby, O. F. (2004). *Det nye lederskab [The New Leadership].* Copenhagen: Børsens Forlag.

Madathil, R., Heck, N. C., & Schuldberg, D. (2014). Burnout in psychiatric nursing: Examining the interplay of autonomy, leadership style, and depressive symptoms. *Archives of Psychiatric Nursing*, 28 (3), 160-166.

McLellan, A. T., Carise, D., & Kleber, H. D. (2003). Can the national addiction treatment infrastructure support the public's demand for quality care? *Journal of Substance Abuse Treatment*, 25 (2), 117-121.

McLellan, A. T., McKay, J. R., Forman, R., Cacciola, J., & Kemp, J. (2005). Reconsidering the evaluation of addiction treatment: From retrospective follow-up to concurrent recovery monitoring. *Addiction*, 100, 447-458.

Mikulincer, M., & Shaver, P. (2007). *Attachment in adulthood: Structure, dynamics, and change.* New York: Guilford Press.

Miller, W. R. (1983). Motivational interviewing with problem drinkers. *Behavioral Psychotherapy*, 11, 147-172.

Miller, W. R. (2018). *Listening well: The art of empathic understanding.* Eugene, OR: Wipf & Stock.

Miller, W. R., Benefield, R. G., & Tonigan, J. S. (1993). Enhancing motivation for change in problem drinking: Controlled comparison of two therapist styles. *Journal of Consulting and Clinical Psychology*, 61, 455-461.

Miller, W. R., & Rollnick, S. (2013). *Motivational interviewing: Helping people change* (3rd ed.). New York: Guilford Press. (ミラー，W. R.，ロルニック，S.［原井宏明＝監訳／原井宏明，岡嶋美代，山田英治，黒澤麻実＝訳］(2019)．動機づけ面接〈第3版〉(上・下)．星和書店)

Moyers, T. B., & Miller, W. R. (2013). Is low therapist empathy toxic? *Psychology of Addictive Behaviors*, 27 (3), 878-884.

Naar-King, S., & Suarez, M. (2010). *Motivational interviewing with adolescents and young adults.* New York: Guilford Press.

Nielsen, A. S., Nielsen, B. (2015). Implementation of a clinical pathway may improve alcohol treatment outcome. *Addiction Science & Clinical Practice*, 10 (1), 7.

Øvretveit, J. (2009). *Leading improvement effectively: Review of research* [Pamphlet]. London: The Health Foundation. Retrieved from www.health.org.uk/publications/leading-improvement-effectively.

Pink, D. H. (2009). *Drive: The surprising truth about what motivates us*. New York: Riverhead Books. (ピンク, D. [大前研一＝訳] (2010). モチベーション3.0——持続する「やる気！」をいかに引き出すか. 講談社)

Piotrowska, P. J., Stride, C. B., Croft, S. E., & Rowe, R. (2015). Socioeconomic status and antisocial behaviour among children and adolescents: A systematic review and meta-analysis. *Clinical Psychology Review*, 35, 47-55.

Pishgooie, A. H., Atashzadeh-Shoorideh, F., Falco-Pegueroles, A., & Lotfi, Z. (2018). Correlation between nursing managers' leadership styles and nurses' job stress and anticipated turnover. *Journal of Nursing Management*, 27, 527-534.

Powell, D. J., & Brodsky, A. (2004). *Clinical supervision in alcohol and drug abuse counseling: Principles, models, methods* (rev. ed.). San Francisco: Jossey-Bass.

Quinn, R. E. (2004). *Building the bridge as you walk on it: A guide to leading change*. San Francisco: Jossey-Bass.

Reinke, W. M., Herman, K. C., & Sprick, R. (2011). *Motivational interviewing for effective classroom management*. New York: Guilford Press.

Rogers, E. M. (1995). *Diffusion of innovations* (4th ed.). New York: Free Press. (三藤利雄訳 (2007) イノベーションの普及. 翔泳社.)

Rollnick, S., Kaplan, S. G., & Rutschman, R. (2016). *Motivational interviewing in schools: Conversations to improve behavior and learning*. New York: Guilford Press.

Rollnick, S., Miller, W. R., & Butler, C. C. (2007). *Motivational interviewing in health care: Helping patients change behavior*. New York: Guilford Press.

Rosengren, D. B. (2018). *Building motivational interviewing skills: A practitioner workbook* (2nd ed.). New York: Guilford Press. (ローゼングレン, D. B. [原井宏明＝訳] (2023). 動機づけ面接を身につける〈改訂第2版〉——一人でもできるエクササイズ集（上・下). 星和書店)

Rosenthal, R., & Jacobson, L. (1992). *Pygmalion in the classroom: Teacher expectation and pupils' intellectual development* (newly expanded ed.). Bancyfelin, Carmarthen, Wales: Crown House.

Rubak, S., Sandbæk, A., Lauritzen, T., & Christensen, B. (2005). Motivational interviewing: A systematic review and meta-analysis. *British Journal of General Practice*, 55 (513), 305-312.

Sfantou, D. F., Laliotis, A., Patelarou, A. E., Sifaki-Pistolla, D., Matalliotakis, M., & Patelarou, E. (2017). Importance of leadership style towards quality of care measures in healthcare settings: A systematic review. *Healthcare*, 5 (4), 73.

Sinek, S. (2009). *Start with why: How great leaders inspire everyone to take action*. New York: Penguin Group. (シネック, S. [栗木さつき＝訳] (2012). WHYから始めよ！——インスパイア型リーダーはここが違う. 日本経済新聞出版社)

Stinson, J. D., & Clark, M. D. (2017). *Motivational interviewing with offenders: Engagement, rehabilitation, and reentry*. New York: Guilford Press.

Swensen, S., Pugh, M., McMullan, C., & Kabcenell, A. (2013). *High-impact leadership: Improve care, improve the health of populations, and reduce costs* (IHI White Paper). Cambridge, MA: Institute for Healthcare Improvement. Retrieved from ihi.org.

Wagner, C. C., & Ingersoll, K. S. (2012). *Motivational interviewing in groups*. New York: Guilford Press.

Witkiewitz, K., Hartzler, B., & Donovan, D. (2010). Matching motivation enhancement treatment to client motivation: Re-examining the project MATCH motivation matching hypothesis. *Addiction*, 105, 1403-1413.

監訳者解説

二人の著者について

　二人についての個人的な思い出から始めさせてほしい。コリーン・マーシャルとアネット・S・ニールセンとは私が2013年から3年間，MINT——この本を読んだ人なら何の略か分かっているだろう——の理事を務めたときに同じ立場だった。7人の理事は2週間おきに2時間のオンラインミーティングと，年に1回の3日間の集中的なオフライン会議，年に1回のMINTの大会（フォーラム）に参加しなければならない。

　2015年の1年間，コリーンが代表理事になり，私は事務局長（Secretary）になった。役割を決める会議で，迷う私に対してコリーンが，"What do you want to do?"（何をしたいか？）と私に質問したことをよく思い出す。私はそれまで，"What should I do?"（何をすべきか？）ばかり考え，迷っていた。彼女のこの一言で私は腹を決めることができた。タイミングを見計らった簡単な一言で，迷う人に方向を決めさせる。これができることがリーダーの資質の一つなのだろう。

　アネットとの関わりは長い。MINTの小委員会であるEndorsed TNT委員会で現在も一緒に活動している。最近，委員長が急に辞めてしまったが，その代わりのまとめ役を彼女が買って出てくれた。責任感の強さには感心する。オデンセの自宅に泊めてもらい，デンマーク人の生活を身近に知ることができたのも良い思い出である。デンマークが高負担（消費税25％）・高福祉の国であることは多くの人が知ることだが，婚外子の割合が54.2％，一人当たりのGDPが日本の2倍以上というのは知る人が少ないだろう。少子化対策・経済対策が足踏みしている日本に住む一人としてつくづくうらやましい。

309

思い出はさておき，二人が一緒にリーダーシップの本を書いているという話を聞いたとき，最初は「なぜアメリカ人とデンマーク人の組み合わせ？」と思った。二つの国は福祉の点で対照的である。しかし，二人の仕事ぶりを思い出して，なるほどと思った。二人は目立つような個人技的MIを披露することはないが，グループをまとめる立場にいるとき，グループのメンバーが力を出せるように引き出していってくれる。この本を読んだ人はわかると思うが，二人は一対一でクライエントと向き合うだけの通常の臨床家ではない。コリーンはマリッジ・カウンセラーから始めて，末期がんの患者や家族が医療や人生上の決断を下すことを援助する会社の社長になった。アネットは大学教授であるが，アルコール使用障害に対する治療施設の所長になった。人をまとめ，組織を作り上げるだけでなく，収益も考えることができる。この本は組織運営における二人の経験も背景としている。

組織について

　この本はもちろんリーダーシップの本であるが，組織の本でもある。この本の中に「リーダー」という単語が750回，「組織」は674回出現する。MIの皮を被った組織論の本と言える。ただし，組織自体について詳細に論じる部分は他の本に任せている。巻末の引用文献リストを見てほしい。ビジネス書として日本でもよく知られている本が見つかる。ピーター・ドラッカー，スティーブン・R・コヴィー，ダニエル・ピンクなどの名前を聞いたことがあるという人が多いはずだ。いずれもビジネス書ランキングの上位に入る本の著者である。翻訳者としてはすでに翻訳された本を引用する場合は，新たに訳し直すのではなく，翻訳本から引用する必要があり，斜め読みだが目を通すことになった。精神科医・行動療法家としての私が普段は触れない本なので——患者さんの前で『7つの習慣——成功には原則があった！』というタイトルの本を開くのは気が引ける——，私としては勉強になった。私も経営者の端くれであり，たとえ従業員が数人だけという会社であっても，社長として組織論を知らないというわけにはいかない。

　逆に言えば，MIだけを学ぶつもりの人にはこの本は向いていない。また，組織運営についても学びたい人にとっては，この本は組織論の紹介にはなっても

組織論の代わりにはならない。長年，MIを実践し，人に教える立場からしみじみ感じるのは，自分が他人に対してすることは最後に自分に返ってくるということである。MIを使って人に接すればするほど，「自分はいったい何者か？　何をしたいのか？」と自問し，明快な答えを持つ必要がでてくる。「MIをしたいだけ」「組織運営をしたいだけ」はもちろん答えにならない。MIや組織を通じて，自分が何をしたいのか，自分自身が「説得力のあるビジョンを持っている必要がある」（本書，p.4）。

　この本を翻訳していて，一つ思い出したことがある。組織については日本にも誇るべきものがある。2006年にネバダ大学のWilliam T. O'Donohue先生から，J. K. Likerの『The Toyota Way』を読むことを勧められた。ミシガン大学の教授が社会学研究者の立場で書いた，トヨタ論の決定版である。まさしくビジネス書だが，私自身が感動し，2010年の日本行動療法学会第35回大会でトヨタ・シンポジウムを開くことになった。トヨタを知らない人は誰もいないと思う。カイゼン，自働（・）化，「後工程はお客様」はどうだろうか？　トヨタウェイ・リーダーを検索すると，次のような名言が見つかる。「リーダーは黙って失敗を処理する。ボスはやり方を胸に秘める。リーダーはやり方を教える。ボスは仕事を苦役に変える」（「トヨタイムズ」──https://toyotatimes.jp/report/roushi_2020/054.html）。

　40年，精神医療の現場にいてしみじみ思うのは，医療に組織論が欠けていることである。もちろん医学部の授業にはなかった。けれども，医師免許があれば自動的にチーム医療の中のリーダーになる。そして同じ病院で長く勤めれば，最後は自動的に院長になる。組織論を知らず，ビジョンもないまま，医療のリーダーをしているのが普通の医師であり，私でもある。この本を翻訳する中で，改めて私は "What do you want to do?"（何をしたいか？）とコリーンに尋ねられている気がする。

　この本をMIのテキストの一つとして開いた読者には，ぜひ，引用文献にあるビジネス書とLikerの『ザ・トヨタウェイ』にも触れてほしい。

2024年11月

原井宏明

索　引

人名索引

Bandura, A.	72
Brown, B.	222
Collins, J.	145
Drucker, P.	7
Einstein, A.	36
Gordon, T.	58, 92
Miller, W. R.	19, 170, 210
Pink, D.	62
Quinn, R. E.	7
Rogers, E.	194
Rollnick, S.	19, 170, 210

事項索引

アルファベット

DARN CAT	25, 164, 181
EARS	180
E-P-E	237
MINT	viii
MIのスピリット	21, 22
MIの四つのプロセス	27
OARS	63

PDSAサイクル 259

あ

アメーバ戦略	149
維持トーク	197
委任型リーダーシップスタイル	33
イノベータ	194
ヴァルネラビリティ	4, 110
思いやり（コンパッション）	70

か

ガイド・スタイル	24
関わる	27, 60
学習コミュニティ	278
価値観	75
願望	165, 171
聞き返し（reflections）	63, 65
業績評価	236
計画する	27, 219, 251
結果への無関心	111
後期多数派	194
コーチ	279
心構え	286
コミットメントトーク	25

さ

サーバントリーダー	7
サマライズ（summaries）	63, 67
自己効力感	72
自己実現的予言	34

自己振り返り 48
指示型リーダーシップスタイル 32
支持型リーダーシップスタイル 32
指示モード 24
実装者 8
指導型リーダーシップスタイル 33
重要性と自信 170
受益者 42
障害物 58
詳述すること（elaboration） 180
情報提供の許可を得る 187
初期採用者 194
スーパーバイザー 8
スピリット 21
脆弱性のサイン 222
責任回避 111
積極的傾聴 58
説得 92
絶望の谷 253
是認（affirmations） 63, 64
前期多数派 194

た

対応型組織 89
チーム 280
チームダイナミクス 109
チームの健全性 114
チェンジトーク 25, 164
　　――への反応 180, 210
　　実行―― 25, 181
　　準備―― 25, 181
追従モード 24
抵抗（変化への） 73
デュアルリーダーシップ 9
動機づけ面接（MI） 4, 15, 19
　　［▶「MIのスピリット」「MIの四つのプロセス」
　　も参照］
トラウマ焦点化認知行動療法（TF-CBT） 174
トランスフォーメーショナル・リーダーシップ ..
　　13
トレーナー 275

な

能力 165, 171

は

パートナーシップ 95
引き出す 27, 40, 163, 193
引き出す質問 171
ビジョナリー 8
必要性（変化の） 172
評価尺度 173
開かれた質問（open-ended questions） 63, 64
品質管理サークル 266
フォーカス（する） 27, 93, 125, 143
　　性急な―― 93
ブレーンストーミング 155
平衡 40

ま

間違い指摘反射 20, 60
マネージャー 8
マネジメントチーム 109
目標／ミッション 76

や

やりがい 228
優先順位 150
四つのプロセス 27

ら

ラガード 194
リーダーシップ 7, 8
　　［▶「デュアルリーダーシップ」「トランスフォー
　　メーショナル・リーダーシップ」も参照］
理由（変化する） 165, 172
両価性 70, 73, 87
ロードブロック 58
ロールモデル 11, 101

著者について

コリーン・マーシャル Colleen Marshall（MA, LMFT）は，臨床，リーダーシップ，マネジメントの分野で豊富な経験を持ち，行動衛生のための大規模な組織で幹部や上級管理職を歴任。現在は，医療技術・サービス企業である Behavioral Health Operations for Well の運営ディレクターであり，新興企業，非営利団体，医療機関のコンサルタントおよびトレーナーとして活躍している。彼女は Motivational Interviewing Network of Trainers（MINT）のメンバーであり，会長，会計，理事，新人トレーナーのトレーナーを務める。動機づけ面接の大規模な実装に関するコンサルティングや指導に携わり，地域，国内，国際会議での講演にも招かれている。

アネット・ソガード・ニールセン Anette Søgaard Nielsen（PhD）は，南デンマーク大学臨床研究所教授。主にデンマーク最大級のアルコール使用障害治療施設のリーダーとして，また小規模な研究チームの責任者として，リーダーシップとマネジメントに豊富な経験を持つ。1997年より MINT のメンバーであり，理事および TNT のトレーナーを務める。アルコール使用障害のエビデンスに基づく治療を中心に，多数の査読付き論文，章，書籍，その他の出版物の著者または共著者である。

監訳者

原井宏明（はらい・ひろあき）

原井クリニック院長，（株）原井コンサルティング＆トレーニング代表取締役。IFAPA。ABCT
フェロー。精神科専門医。精神保健指定医。日本認知・行動療法学会常任編集委員・代議員・
専門行動療法士。MINT認定動機づけ面接トレーナー。日本動機づけ面接学会名誉理事。
1984年岐阜大学医学部卒業，ミシガン大学文学部に留学。国立肥前療養所精神科，国立菊池
病院精神科，医療法人和楽会なごやメンタルクリニックを経て2019年から現職。

著書 『対人援助職のための認知・行動療法──マニュアルから抜け出したい臨床家の道具箱』
（金剛出版，2010），『方法としての動機づけ面接──面接によって人と関わるすべての人のため
に』（岩崎学術出版社，2012），『図解 やさしくわかる強迫性障害』（共著，ナツメ社，2012），『「不
安症」に気づいて治すノート』（すばる舎，2016），『認知行動療法実践のコツ──臨床家の治
療パフォーマンスをあげるための技術』（金剛出版，2020），『動機づけ面接を始める・続ける・
広げる』（金剛出版，2025）など。

訳書 『CRAFT 依存症患者への治療動機づけ──家族と治療者のためのプログラムとマニュ
アル』（監訳，金剛出版，2012），『医師は最善を尽くしているか──医療現場の常識を変えた11
のエピソード』（みすず書房，2013），『死すべき定め──死にゆく人に何ができるか』（みすず
書房，2016），『動機づけ面接 第3版（上・下）』（監訳，星和書店，2019），『動機づけ面接を身に
つける〈改訂第2版〉──一人でもできるエクササイズ集（上・下）』（星和書店，2023）など。

訳者

大出めぐみ（おおで・めぐみ）

幼少期をイギリスとシンガポールで過ごす。2014年慶應義塾大学法学部法律学科卒業後，日
本航空株式会社にて航空機の購買業務に従事し，海外航空機メーカーとの契約交渉などを担
当。その後渡仏し，2020年にパリのEMLYON Business Schoolにてラグジュアリーブランド
マーケティングの修士号を取得して帰国。現在は海外輸出ビジネスを立ち上げ，海外顧客向
けにブランドヴィンテージ品を輸出する事業を営む。

組織の変化と動機づけ面接
医療・福祉領域におけるリーダーのために

2025年 3 月20日　印刷
2025年 3 月30日　発行

著者―――― コリーン・マーシャル
　　　　　　アネット・S・ニールセン
監訳者――― 原井宏明
訳者―――― 大出めぐみ

発行者――― 立石正信
発行所――― 株式会社 金剛出版
　　　　　　〒112-0005 東京都文京区水道1-5-16　電話 03-3815-6661　振替 00120-6-34848

装幀◉戸塚泰雄(nu)　　本文組版◉石倉康次　　印刷・製本◉太平印刷社
ISBN978-4-7724-2089-1 C3011　　©2025 Printed in Japan

JCOPY 〈㈳出版者著作権管理機構 委託出版物〉
本書の無断複製は著作権法上での例外を除き禁じられています。複製される場合は、そのつど事前に、
㈳出版者著作権管理機構（電話03-5244-5088、FAX 03-5244-5089、e-mail: info@jcopy.or.jp）の許諾を得てください。

動機づけ面接（MI）を
始める・続ける・広げる

［編著］原井宏明

A5判　並製　280頁　定価3,960円

「動機づけ面接（MI）は，面接を技術にする」。
MIを最前線で利用する執筆者が，
MIをどう学び，臨床にどう役立てているかを紹介。

認知行動療法実践のコツ
臨床家の治療パフォーマンスをあげるための技術

［著］原井宏明

A5判　並製　256頁　定価3,740円

OCD関連疾患，恐怖症などを主な対象とし，
エクスポージャーや動機づけ面接を中心とした行動療法を
長年実践してきた著者による治療論。

職場にコンパッションを目覚めさせる
人と組織を高める静穏なパワー

［著］モニカ・ウォーライン　ジェイン・ダットン
［監訳］秋山美紀　岸本早苗　菅原大地
［訳］浅田仁子

A5判　並製　296頁　定価4,180円

職場でコンパッションを広めよう！
思いやり溢れる会社では皆が働きがいを見つけられ，
業績も伸びるという好循環が生まれていく。

価格は10％税込です。